Johannes Schopp

Eltern Stärken
Die Dialogische Haltung
in Seminar und Beratung
Ein Leitfaden für die Praxis

4., überarbeitete Auflage

Johannes Schopp

Eltern Stärken
Die Dialogische Haltung
in Seminar und Beratung
Ein Leitfaden für die Praxis

4., überarbeitete Auflage

Verlag Barbara Budrich, Opladen, Berlin & Toronto 2013

Gedruckt auf säurefreiem und alterungsbeständigem Papier.

Die Deutsche Bibliothek – CIP-Einheitsaufnahme
Ein Titeldatensatz für die Publikation ist bei Der Deutschen Bibliothek erhältlich.

ISBN 978-3-8474-0126-1

Satz & Gestaltung: disegno visuelle kommunikation, Wuppertal, www.disenjo.de
Titelgrafik: Symbolgrafik: Ulrike Horn
Lektorat: Sigrid Weber
Korrektorat: Ursula Behnen, Daniel Bleeser
Symbolgrafiken: Ulrike Horn
Fotos: Helmuth Voßgraff/Matthias Graben
Druck: paper & tinta, Warschau

Printed in Europe

Von unseren Kindern lernen wir mindestens soviel wie sie von uns. Deswegen widme ich dieses Buch meinen Kindern sowie meinen Nichten und Neffen.

für:

Vincenc
Janina
Caroline
Sebastian
Maximilian
Elias
Tim
Hannah

„Jede lebendige Situation hat wie ein Neugeborenes, trotz ihrer Ähnlichkeit ein neues Gesicht, nie dagewesen, nie wiederkehrend. Sie verlangt eine Äußerung von dir, die nicht schon bereit liegen kann. Sie verlangt Gegenwart, Verantwortung, Dich."

Martin Buber

Inhalt

Danksagung

Im Sommer 1996 entstehen erste Skizzen dieses Buches im Urlaub in der Nähe von Bonn. Seitdem sind viele Jahre des Nachdenkens und der Auseinandersetzung mit dem Dialog ins Land gegangen, in denen ich meine Erfahrungen und mein Wissen aus Begegnungen mit Menschen in Seminaren und aus Büchern zusammengetragen habe. Das Buch entstand gleichsam im Dialog. Insbesondere durch die Rückmeldungen der vielen Eltern und Teilnehmer meiner Ausbildungsgruppen und durch ihr Vertrauen in meine Kompetenz als Dialogbegleiter ist dieses Konzept so geworden, wie es vor Ihnen liegt.

Mein besonderer Dank gilt Wilfried Reifarth vom Deutschen Verein für Öffentliche und Private Fürsorge, der für mich Lehrer war und Freund wurde und durch dessen Vorleben ich die entscheidenden Impulse für meine eigene Seminarpraxis erhielt. Ich lernte Fortbildungsseminare als gemeinsame Lernzeit auf unterschiedlichen Ebenen zu verstehen und Großgruppen als Wissenspool zu schätzen. Durch ihn wurde ich maßgeblich angeregt mich mit den Texten von Martin Buber auseinander zu setzen.

Ingo Gerstenberg, Gründer und langjähriger Leiter des Dan-Casriel-Instituts in Hadamar, habe ich zu verdanken, dass ich mit meinen eigenen Eltern Frieden schließen konnte, eine Voraussetzung dafür, dass ich heute offen und wohlwollend auf Eltern zugehen kann. Durch seine gelebte Haltung konnte ich die wertvolle Erfahrung machen, was mit „Heilung durch Begegnung" gemeint sein kann.

Bei der konkreten Entstehung dieses Buches und bei den Bearbeitungen wurde und werde ich immer wieder liebevoll, (un-)geduldig und mit profunder Sachkenntnis von meiner Frau Jana Marek unterstützt und ermutigt aber auch hart konfrontiert. Sie war und ist eine meiner schärfsten Kritiker und leidenschaftliche Ideengeberin. Gleichzeitig erfuhr und erfahre ich von ihr – gerade in Zeiten des Zweifelns – den entscheidenden Rückhalt.

Das Buch erhielt seinen besonderen Ausdruck durch die unermüdliche freundschaftliche Begleitung von Rainer Noltenius, ehemaliger Leiter des Fritz-Hüser-Instituts in Dortmund, der mich dazu veranlasste, gegen meine anfängliche Überzeugung, mit zahlreichen Beispielen aus Elternseminaren die Kernaussagen des Dialogs für Außenstehende nachvollziehbarer zu machen.

Zahlreiche andere Menschen haben mein Manuskript in verschiedenen Phasen entweder direkt mit ihren Ideen und Fragen, mit ihrer Kritik und wertvollen Anmerkungen oder aus der Ferne mit wohlwollender Unterstützung begleitet und mich dadurch ermutigt, durchzuhalten. Dazu zählen neben vielen ungenannten die Leiter meiner Dialogprozess-Begleiter-Ausbildung Freeman Dhority und Martina Hartkemeyer aus Osnabrück, Winfried Palmowski aus Erfurt, Cornelia Muth aus Bielefeld sowie Wolfgang Schäfer und Roland Lutz vom Landschaftsverband in Münster. Thomas Borowski und mein langjährig bester Freund Jens Kotulla gaben mir durch ihre wertvollen Tipps die Unterstützung, die ich für den langen Atem brauchte.

Meiner Kollegin Rosi Borggräfe gebührt Dank für ihre Idee, Eltern auf der Suche nach den „Schätzen" ihrer Kinder einen Edelstein als Anker mitzugeben.

Mein Bruder Henry schließlich brachte seine Kompetenz im Setzen und Gestalten von Büchern ein, als es galt, mit einem ansprechenden Manuskript einen Verlag und unterschiedliche Erstleser und Kritiker zu finden. Unterstützung bei der grafischen Gestaltung erhielt ich von Helmuth Voßgraff und Matthias Graben, die mir die Fotos aus Elternseminaren honorarfrei zur Verfügung stellten und vor allem vom Verlag an der Ruhr für die Abdruckgenehmigung der zehn ausdrucksstarken Kinderzeichnungen aus: „Hallo, wie geht es dir?", die in meinem Konzept eine wichtige Rolle bei der Bearbeitung der Gefühle spielen.

Auf einer Tagung im Frühjahr 2004 lernte ich Sigrid Tschöpe-Scheffler als Forscherin kennen, die die Qualität von Elternkursen an humanistischen Maßstäben misst, die meinem Verständnis vom Dialog sehr nahe kamen und kommen. Ihr Menschenbild sowie die anthropologischen Grundlagen ihres Forschungsansatzes aber auch ihre vielen aufmunternden persönlichen Worte gaben mir die Stütze, die ich brauchte, um mein lange geplantes Buch endlich fertig zu stellen.

Schließlich geht mein herzlicher Dank an die Verlegerin dieses Buches Barbara Budrich und an Sigrid Weber, die mir beide mit ihrem freundlichen, engagierten und sorgfältigen Lektorat halfen, den Text sprachlich abzurunden und ansprechend darzustellen.

Im Laufe der vergangenen fünf Jahre seit der Erstveröffentlichung meines Buches erhielt ich zahllose positive Rückmeldungen sowie Änderungs- bzw. Ergänzungsvorschläge von Lesern. Vor allem den Teilnehmerinnen und Teilnehmern der Ausbildungsgruppen für Dialogbegleitung bin ich dankbar für die vielen Anregungen, die in diese aktualisierte Ausgabe eingeflossen sind.

Die Träger der beiden bundesweiten Zertifikatskurse zur Dialog-Begleitung nach dem Konzept: „ELTERN STÄRKEN – Ermutigung zum Dialog", der Landschaftsverband Rheinland und das Paritätische Bildungswerk Bundesverband e. V., tragen maßgeblich zur Verbreitung des Dialogs bei. Für die engagierte persönliche Unterstützung gebührt vor allem Martina Leshwange (LVR) und Maria Rocholl (PB) ein besonderer Dank.

Vorwort zur 4. Auflage

Gerald Hüther

Es freut mich sehr, dass dieses Buch von Johannes Schopp nun in einer neuen Auflage vorliegt. Nicht nur deshalb, weil es einen sehr praktischen Ansatz für die Arbeit mit Eltern vorstellt, der zu einer nachhaltigen Veränderung ihrer Beziehung zu ihren Kindern führt. Diese Neuauflage ist in meinen Augen auch Ausdruck einer anhaltenden und sich weiter verstärkenden Suche nach solchen Hilfestellungen für Eltern, die sich nicht mehr länger in der Präsentation eines Sammelsuriums von Ratschlägen und Rezepten zur Verbesserung elterlicher Erziehungskompetenz erschöpfen, sondern die es stattdessen Eltern ermöglichen, ihren Kindern auf eine andere Weise als bisher zu begegnen: Mit einer dialogischen, oder – einfacher ausgedrückt – mit einer liebevolleren, achtsameren und respektvolleren Haltung.

Dass es die inneren Einstellungen und Haltungen sind, die darüber entscheiden, wie ich mich verhalte, was ich sage, was ich tue, was ich wie bewerte, worauf ich achte, worum ich mich kümmere und wie ich anderen Menschen begegne, ist eine relativ neue Erkenntnis. Bisher ging man davon aus, dass es das Ziel pädagogisch- therapeutischer Bemühungen sein müsse, ungünstige Verhaltensweisen durch günstigere zu ersetzen. Durch Aufklärungs- und Trainingsprogramme sollten Eltern dazu gebracht werden, neue Verhaltensmuster einzuüben und dann auch zu Hause, in der Familie einzusetzen, sogar „Elternschulen" wurden eingerichtet und die Super-Nanny führte im Fernsehen exemplarisch vor, wie sich Eltern ihren Kindern gegenüber zu verhalten haben.

Genützt hat all das wenig, und inzwischen wissen wir auch weshalb: Weil es etwas gibt, was das Verhalten steuert und was sich eben nicht durch kluge Ratschläge und Trainingsprogramme verändern lässt. Es ist die dem jeweiligen Verhalten zugrundeliegende und dieses Verhalten steuernde innere Haltung. Die müsste sich ändern, wenn man erreichen möchte, dass sich jemand künftig anders verhält.

Niemand kommt aber mit seinen ungünstigen inneren Einstellungen und Haltungen zur Welt. Die erwirbt man erst, und zwar durch ungünstige eigene Erfahrungen. Und die ungünstigste Erfahrung, die ich als Mensch machen kann und die viele schon sehr früh zu machen gezwungen sind, ist die so genannte Opferhaltung, also die innere Überzeugung, ich bin inkompetent, ich kann nichts gestalten, ich bin den Verhältnissen hilflos ausgeliefert. Verbunden ist diese Haltung mit dem Gefühl eigener Schwäche und Bedürftigkeit.

Das aus dieser inneren Einstellung resultierende Verhalten ist selten günstig. Für Kinder ist das, was ihre Eltern aus einer solchen Einstellung heraus tun und sagen, was sie daraus lernen und welche Schlussfolgerungen sie daraus für sich selbst ziehen, eine Katastrophe.

Wer sich selbst nichts zutraut, traut auch anderen nichts zu. Wer sich selbst als Opfer erlebt, macht auch andere zu Opfern, wer selbst ratlos ist, macht auch andere ratlos.

Weil es immer Beziehungserfahrungen sind, die zu solch ungünstigen inneren Einstellungen und Haltungen führen, müssten Eltern und Kinder Gelegenheit bekommen, andere, günstigere Erfahrungen im Umgang miteinander zu machen. Diejenigen, die solche günstigeren Beziehungserfahrungen ermöglichen könnten, sind die Eltern, nicht die Kinder. Damit aber Eltern diese Rolle übernehmen können, brauchen sie Stärkung, brauchen sie Kraft und Zuversicht, brauchen sie genug (Selbst-)Vertrauen, dass ihnen diese Art von Beziehungsgestaltung auch gelingt. Und genau das, die Stärkung dieser elterlichen Gestaltungskompetenz und ihres Selbstwirksamkeitsgefühls ist es, was Johannes Schopp mit diesem Ansatz der dialogischen Haltung in seiner beraterischen und begleitenden Tätigkeit erreicht und in diesem Leitfaden beschreibt. Glücklicherweise nicht als graue Theorie, sondern in einer leicht verständlichen Sprache und mit vielen praktischen Beispielen und Anregungen für die konkrete Umsetzung. Deshalb handelt es sich bei diesem Buch nicht um einen weiteren Ratgeber auf dem ohnehin schon mit Tipps und Ratschlägen überfüllten Büchermarkt, sondern es beschreibt einen ganz anderen, einen zukunftsweisenden Ansatz.

Ein Ansatz, der nicht auf kurzzeitige Effekte und Scheinerfolge abzielt, sondern auf nachhaltige Wirkungen.

Ich bin sicher, dass diese überarbeitete Auflage nicht die letzte sein wird.

Göttingen, im Mai 2013   Gerald Hüther

Vorwort zur 4. Auflage

Sigrid Tschöpe-Scheffler

Wie kann es gelingen, wahrhaft interessiert und offen für das zu werden, was Mütter, Väter und Kinder bereits an Wissen und Können, individueller Erfahrung, biografischen Erkenntnissen, Lebensleistungen, Intuition und Expertentum für ihr eigenes Leben mitbringen?

Johannes Schopp zeigt in seiner sehr anregenden Publikation, nun bereits in der 4. Auflage, dass dies nur durch echten Dialog möglich ist. Dialog ist nicht in erster Linie eine Methode, auch wenn er eingeübt werden muss, sondern eine Haltung, die eine auf Prozesshaftigkeit angelegte existentielle Begegnung mit sich selbst und dem anderen initiiert.

Mir scheint es, dass diese Haltung inzwischen nicht nur in der Zusammenarbeit mit Eltern „angekommen" ist, sondern dass sich daraus auch ein Paradigmenwechsel insgesamt für die Familienbildung abzeichnet.

Es ist ein großer Verdienst der dialogischen Arbeit, wie sie von Johannes Schopp und seinen Mitarbeiterinnen und Mitarbeitern in Publikationen und Aus- und Fortbildungen gelebt und präsentiert wird, dass Menschen spüren, wie bedeutungsvoll zwischenmenschliche Erfahrungen und Begegnungen für sie selbst sind, und sie diese darum in ihre (nicht nur pädagogische) Arbeit und in ihr Leben übertragen wollen.

Der Autor zeigt sehr eindringlich, dass es nicht in erster Linie die Konzepte, Trainings und Methoden sind, die Menschen in der Tiefe zusammenführen, sondern individuelles Wachstum und eigene Entwicklung erst in der tiefen Begegnung mit dem Anderen realisiert werden können.

Ich wünsche dem Autor, seinem großen Anliegen und damit auch seiner Publikation weiterhin eine große Verbreitung, noch viele Auflagen und interessierte Leserinnen und Leser, die durch dieses Buch angeregt werden, selbst dialogisch unterwegs zu sein, sich für die Standpunkte des Anderen ernsthaft zu interessieren und mit ihnen (und sich selbst) in einen echten Dialog zu treten.

Vorwort zur 1. Auflage

Sigrid Tschöpe-Scheffler

Das dialogische Elternseminar „ELTERN STÄRKEN" entspricht so gar nicht dem aktuellen Trend in „Sachen Erziehung". Mit Lösungen für Erziehungsprobleme lässt sich anscheinend zur Zeit besonders dann Quote erzielen, wenn mit klar vorgegebenen Rezepten schwierige Kinder zu (äußerlich!) angepassten und braven Kindern gemacht werden. Und wie das geht, erklären den „unwissenden, dummen" Eltern von oben herab die Erziehungs-Expertin „Supernanny" aus der RTL Fernsehserie oder andere Rezeptwissenverteiler auf dem kommerziellen Ratgebermarkt in der Rubrik: Wie bekomme ich schnell ein braves, gut funktionierendes Kind, ohne mich selbst verändern zu müssen.

In dieser Publikation „ELTERN STÄRKEN" von Johannes Schopp werden wir nichts davon finden: kein Fastfoodprogramm für erziehungsschwierige Kinder, keine Sündenbocksuche und schon gar kein Expertenwissen, das Eltern suggeriert, es gäbe den einen einzig richtigen Weg in der Erziehung. Wer das sucht und konkret wissen will, was Eltern tun müssen, wenn Kinder z.B. nicht ins Bett wollen, zu viel fernsehen, ihre Geschwister schlagen oder ihre Aggressionen an den Haustieren auslassen, wird in den dialogischen Elternseminaren und auch in diesem Buch (zum Glück!) keine Expertenantworten bekommen.

Der Dialogbegleiter/die Dialogbegleiterin leiten einen gemeinsamen Denkprozess an, in dem sie sich als Professionelle zurück nehmen. Im Dialog finden die Eltern "IHRE" konkrete Antwort und sie bekommen Vertrauen in ihre eigene Intuition. Diejenigen, die sich auf das Dialogische dieses Konzepts einlassen, bekommen statt eindeutiger Rezepte etwas anderes: sie landen bei sich und ihren eigenen Erfahrungen, Gefühlen, Lebensthemen, Sehnsüchten, Problemen, aber auch bei ihren Stärken und Fähigkeiten, zu denen sie möglicherweise vorübergehend den Zugang verloren haben.

Johannes Schopp nimmt mit seinem Konzept die Eltern als Expertinnen und Experten in eigener Sache ernst, mutet ihnen zu, eigene Wege in der Erziehung zu finden, indem er sich auf einen radikalen Dialog einlässt. In der vorliegenden

Publikation beschreibt er seine Erfahrungen und setzt sie in einem Leitfaden für Multiplikatoren in der Elternbildung um.

Das Dialogische Konzept ist zwar ein eigenständiges und in sich schlüssiges Konzept, könnte aber darüber hinaus alle anderen Elternbildungskonzepte um den Aspekt des Dialogischen erweitern helfen.

Erziehung ist in erster Linie Selbsterziehung, das ist mühsam, erfordert einen langen Atem, eigene Antworten und geht schon gar nicht „ratzfatz" (ein Lieblingswort der „Supernanny").

Der Expertenrat, mit dem der Autor arbeitet, sind die Eltern selbst, weil er die **Stärken der Eltern** voraussetzt, mit ihnen rechnet, auf sie setzt – radikal, grundsätzlich. Wenn davon ausgegangen wird, dass jeder Mensch über ein grundsätzliches Entwicklungs- und Selbstentfaltungspotenzial verfügt, wird damit auch die Möglichkeit der Entwicklung von Selbstheilungskräften vorausgesetzt. Dies geschieht durch eine kooperative und wertschätzende Gestaltung von Beziehungen, in denen Autonomie und die Ressourcen des Menschen einen hohen Wert haben. Das ist die Grundlage dafür, dass eigene Stärken und Fähigkeiten wieder aktiviert und eine Kraft entwickelt werden kann, die bei den Anforderungen der Lebensbewältigung und im Umgang mit Erziehungsschwierigkeiten hilfreich ist.

Da die Entwicklung von Kindern und Jugendlichen in besonderem Maße von der **Qualität der Eltern-Kind-Beziehung** abhängt, können Unterstützungsangebote für Eltern insbesondere dann als erfolgreich angesehen werden, wenn sie es vermögen, **Eltern zu ermutigen in einen selbstreflexiven Prozess zu treten**, in dem sie sich mit anderen Eltern über ihre Erziehungsmaßnahmen austauschen und erfahren, dass sie selbst geachtet werden und Wertschätzung durch die anderen bekommen. Durch einen offenen Austausch mit anderen Eltern in der dialogischen Begegnung entstehen neue Sichtweisen, die Eltern helfen, ihr Repertoire an Handlungsspielräumen zu erweitern und selbst offen zu werden für neue, entwicklungsfördernde Verhaltensweisen. Als Folge davon sind **Einstellungsänderungen** möglich, die durch Selbstwahrnehmung, Fremdwahrnehmung, Ressourcenorientierung, Einsicht und Erprobung im Erziehungsalltag zustande kommen können.

Im Gegensatz dazu halte ich es für außerordentlich problematisch, wenn Eltern mit „Erziehungsrezepten" oder abstrakten Informationen konfrontiert werden, von deren unreflektierter Umsetzung in die eigene Erziehungspraxis sie sich schnelle Konfliktlösungsstrategien erhoffen.

Bei der Auswahl geeigneter Elternkurse ist m.E. eines der wesentlichen Qualitätskriterien, **ob das Konzept des Elternkurses angstfreie Räume, Anregungen und Möglichkeiten zur Selbstreflexion und Selbsterkenntnis bietet** (vgl. Tschöpe-Scheffler 2003a, b). All das sind für die dialogischen Elternseminare grundlegende Voraussetzungen.

Aus diesem Grund möchte ich diesem Buch eine „Quote" gegen den Trend wünschen, da hier nicht nur ein Leitfaden für die Praxis vorliegt, sondern eine alte humanistische Lern- und Erziehungskultur zwischen Eltern und ihren Kindern aber auch zwischen Experten und Eltern als Experten in eigener Sache wieder neu ins Bewusstsein kommt. Es ist die Kultur der radikalen Achtung des Anderen, wie sie nicht nur von Martin Buber, sondern auch von Janusz Korczak, Maria Montessori, Martin Luther King und vielen anderen gelebt und vermittelt wurde. Es ist höchste Zeit, nicht nur im Sinne einer gewaltfreien Erziehung, sich darauf wieder neu zu berufen.

Einführung

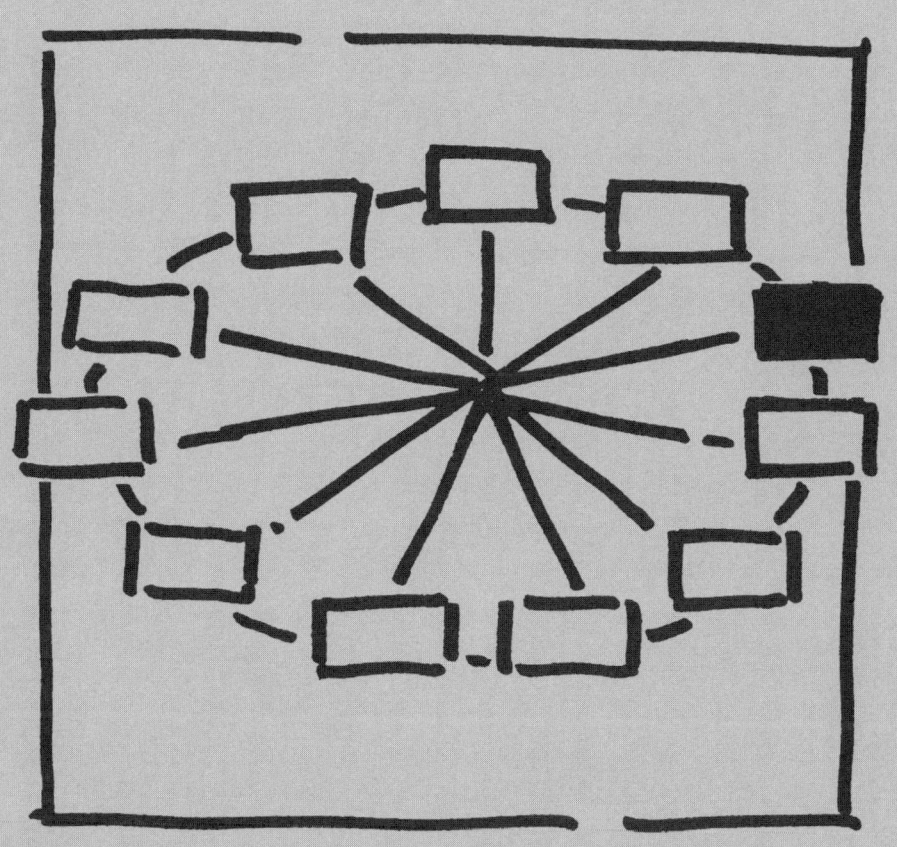

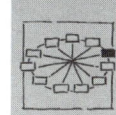

Einführung

Die meisten Eltern handeln in der Überzeugung, das Beste für ihre Kinder zu tun. Dabei stoßen sie jedoch immer wieder an Grenzen, die in der Natur der Sache liegen. Kinder sind von Geburt an individuelle Wesen, die ihren eigenen Willen und eigene Vorstellungen haben, die sie mit zunehmendem Alter immer weiter entwickeln. Von daher gibt es ganz natürliche Reibungspunkte zwischen den Interessen der Eltern und denen ihrer Kinder. Darüber hinaus bedeutet Elternsein ganz pragmatisch, Tag für Tag, Woche für Woche und Jahr für Jahr eine Vielzahl von Entscheidungen zu treffen und im Dschungel der Möglichkeiten zwischen „richtig" und „falsch" abzuwägen.

Darum suchen heute mehr Eltern denn je Halt und Unterstützung, um im Zusammenleben mit ihren Kindern die selbst gestellten bzw. gesellschaftlich formulierten Anforderungen bewältigen zu können. Dabei stand ihnen noch nie so viel pädagogisches und psychologisches Wissen zur Verfügung: In Elternzeitschriften, Internetplattformen und anderen Ratgebern werden sie geradezu überschwemmt mit Vorschlägen für gelingende Erziehung. Doch durch die Vielzahl sich widersprechender Tipps nimmt die Verunsicherung zu. Wem soll man vertrauen? Was war zuerst da, die Ratlosigkeit oder die Ratgeber?

Auf der anderen Seite suchen auch professionelle Experten nach Alternativen bzw. Ergänzungen für die so genannten „Eltern-Erziehungs-Konzepte". Der vorliegende Leitfaden widmet sich genau diesem Punkt. Er will zeigen, welche Bedeutung die Dialogische Grundhaltung im Rahmen von Seminaren und Beratung haben kann, damit Eltern wieder an sich und ihre Kompetenzen glauben lernen. Eine wichtige Voraussetzung dafür, Kinder auf dem Weg zu innerlich starken, lebensfrohen und zuversichtlichen Persönlichkeiten zu begleiten.

Die Dialogische Haltung stellt die einzigartige Existenz eines jeden Menschen in den Mittelpunkt. Sie betont den Respekt vor der Unterschiedlichkeit, vor unterschiedlichen, auch von der Norm abweichenden Lebenswegen, vor dem Tempo individueller Entfaltung und vor der Unvollkommenheit menschlicher Existenz. Dieser Einstellung liegt die Annahme zugrunde, dass jede und jeder durch den Dialog ermutigt werden kann, das Vertrauen in die eigene Urteilsfähigkeit und das Gespür für den eigenen „richtigen" Weg wieder zu finden. Das macht die Men-

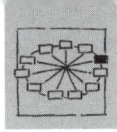

schen langfristig unabhängiger vom Urteil sogenannter Experten und deren Wissen und es stärkt sie. Im Titel des Buches ELTERN STÄRKEN verbinden sich also gleichzeitig die Grundannahme, dass Eltern die eigenen Stärken bereits in sich tragen, und das Ziel, diese mit der Begleitung im Dialog wieder zu finden.

Diejenigen, die sich auf den Dialog einlassen, erfahren Wertschätzung und Anerkennung, sie erleben, was es heißt, gehört zu werden und sich Gehör zu verschaffen. Ohne *dem* perfekten Ideal nachzueifern, das es im Leben nicht geben kann, werden sie ermutigt, ihr eigenes Ideal zu finden, das sich wandeln und entwickeln darf. Die Verantwortung für ihren individuellen „Lernzuwachs" bzw. „-rückschritt" trägt jede/jeder für sich.

„Wir sagen nicht, wir haben eine neue Denkweise, sondern wir sagen es gibt viele Denkweisen, die uns nützlich sein können."

L. Freeman Dhority

Dialog ist eine Form, die eigene Achtsamkeit (wieder) zu entdecken und zu verfeinern. Achtsamkeit „schult" auch die Wahrnehmung für die Augenblicke des Staunens über das Wunderbare, aber auch das Komische und das Andere bzw. Fremde im Zusammenleben zwischen Erwachsenen und Kindern. Für das Leben gibt es kein Rezept. Das Zusammenleben mit Kindern hat etwas mit Experimentieren zu tun. Es ist ein gemeinsamer Lebens- und Entwicklungsweg.

Im Dialog geht es konkret nicht darum, was ich anderen Menschen vermittle oder beibringe, sondern wie ich mit ihnen in Beziehung trete. Im Dialog soll niemand um-erzogen oder durch Training dazu gebracht werden, bestimmte Verhaltensweisen abzulegen und sich andere anzueignen. Unter sensibler Dialogbegleitung geschieht gegenseitige Unterstützung ohne Belehrung. Die Philosophie, die dahinter steckt ist, dass niemand – auch nicht die Dialogbegleitung – weiß, welcher Schritt gerade in diesem oder jenem Augenblick in der jeweiligen Familie der richtige ist.

Im Dialog nehmen sich die Teilnehmer – die Dialogbegleiter eingeschlossen – anders, persönlicher wahr, ohne sozialromantisch zu verschmelzen. Der Dialog meint den ganzen Menschen, und die Betonung liegt auf dem Wort Mensch. Funktionen und Titel spielen im Dialog keine Rolle. „Im Dialog [ist] kein Platz für das Autoritätsprinzip, Überordnungen und Unterordnungen..." (Bohm 2000, S. 92). Wer sich auf den Dialog einlässt, versteht, warum niemand ein Anrecht auf die objektive „Wahrheit" hat. Jeder nimmt seine Sicht als seine Wahrheit wahr.

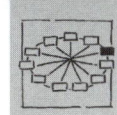

Radikaler Respekt für Verschiedenheit bedeutet, dass wir unsere Ansichten über generell „Richtiges" und generell „Falsches" aufgeben müssen. Unter dieser Prämisse ist die Frage neu zu beantworten, wer „Experte" ist und für welchen Bereich.

Eckpunkte einer Dialogbegleitung in diesem Sinne sind:
· Es gibt keine allgemeingültigen „Rezepte".
· Eltern werden beim Suchen eigener Antworten auf ihre Fragen begleitet.
· Eltern werden sich bewusst, dass Fehler zum Leben dazugehören.
· Im gegenseitigen Verständnis füreinander spüren Eltern Entlastung und lernen, wieder über sich und ihre Situation zu schmunzeln oder zu lachen.
· Eltern sind Fachleute und Verantwortliche in eigener Sache.
· Eltern sind gleichwertige und gleichwürdige Dialogpartner.
· Wir können niemanden verändern. Ziel ist es, die Überzeugung der Eltern zu bestärken, selbst wirksame und eigenverantwortliche Lebensgestalter zu sein.

Das folgende Beispiel soll diese Prinzipien veranschaulichen.

Ermutigt durch die vertrauensvolle Atmosphäre in der Dialogrunde einer Gesamtschule berichtet eine Mutter über ihren eigenwilligen Umgang mit dem Fernsehkonsum ihrer acht- und elfjährigen Töchter. Immer dann, wenn sie zu Besorgungen die Wohnung verlässt, schließt sie das Zimmer ab, in dem sich der Fernseher befindet. Die beiden Töchter sollen nicht unkontrolliert fernsehen.

Als Dialogbegleiter kommt es jetzt darauf an, den „Raum" für ein offenes und ehrliches Gespräch über den Umgang anderer Eltern mit dem Fernsehkonsum ihrer Kinder und deren Erfahrungen zu schaffen. Wenn jede und jeder bei sich bleibt, wird vermieden, dass die Protagonistin in der Rolle der „schlechten" Mutter ihr Verhalten rechtfertigen muss. Gleichzeitig ermöglicht ein solches Vorgehen, dass andere Mütter und Väter angstfrei und ohne Schönfärberei von ihren gelingenden oder scheiternden Auseinandersetzungen erzählen.

In diesem Fall brauchte die Mutter den Erfahrungen der anderen Eltern nur zuzuhören. In ihrem persönlichen Abschlusswort bedankte sie sich später bei der Gruppe, dass sie sich von niemandem bloß gestellt gefühlt habe. Sie wolle zuhause einmal über alles nachdenken und das eine oder andere, was sie an diesem Tag von anderen gehört habe, ausprobieren.

„Beziehung ist Gegenseitigkeit. Mein Du wirkt an mir, wie ich an ihm wirke."

Martin Buber

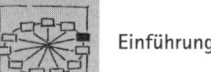

Das Beispiel macht auch deutlich, dass sich Dialogbegleitung, so wie ich sie hier beschreibe, erheblich von Veranstaltungen im Vortragsstil oder von verhaltenstherapeutischen Trainingskursen unterscheidet. Der Schwerpunkt im Dialog liegt auf Gegenseitigkeit und Gleichwürdigkeit (Juul 2004) zwischen den Dialogpartnern, während sich die Kommunikation beim Vortrag in der Regel auf einer belehrenden „Einbahnstraße" bewegt und wenn überhaupt, dann oft nur Diskussionen „um des Kaisers Bart" entstehen. Das macht nicht nur müde, passiv und unmündig. Noch schwerer wiegt, dass Eltern sich noch unfähiger fühlen, wenn sie merken, dass es ihnen nicht gelingt, das Gehörte und scheinbar so Einfache und Vernünftige im Zusammenleben mit ihren Kindern erfolgreich umzusetzen.

Frustrierende Erfahrungen dieser Art, die ich sowohl in der Rolle als Vater von zwei Kindern als auch als Fachreferent in der Prävention und der Elternbildung machte, waren für mich der Anlass, mich mit dem Dialog zu beschäftigen.

Mein persönlicher Weg zum Dialog

Der Entwicklungsprozess zum hier vorliegenden Konzept ELTERN STÄRKEN vollzog sich über mehrere Jahre. Geformt und gefestigt wurde mein Dialogisches Verstehen in zahlreichen selbsterfahrungsbezogenen Lernprozessen auf Fortbildungen und in therapeutischen Intensivphasen, in die auch philosophische Auseinandersetzungen einflossen. Die theoretische Reflexion der Praxis mit Hilfe der wissenschaftlichen Literatur, vor allem die Lektüre der Schriften von Martin Buber, halfen mir zu verstehen, wie meine neue Seminarpraxis auszusehen hatte. An einem Beispiel wird es vielleicht nachvollziehbarer.

Im Frühjahr 2000 kehrte ich mit einer Seminargruppe in Heppenheim für ein paar Stunden in dem Haus ein, in dem Martin Buber bis zu seiner Emigration nach Israel im Jahr 1938 mit seiner Familie gelebt und 1923 sein bekanntestes Werk „Ich und Du" verfasst hatte. Der Besuch in der heutigen Gedenkstätte berührte mich tief. Während der einwöchigen Seminararbeit lasen wir uns in einer Runde von knapp vierzig Frauen und Männern Stück für Stück aus eben diesem „Ich und Du" vor, etwa sechs bis achtmal jeden Absatz. Jede und jeder las in der eigenen Tonlage, der eigenen Mundart oder in der Sprache des Herkunftslandes. Zunächst hatten wir Schwierigkeiten mit der Sprache Martin Bubers, da sie uns ungewohnt fremd vorkam. Doch mit der Zeit und fast unmerklich, wurde jedem von uns, ohne die Worte

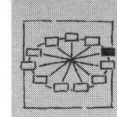

zu analysieren, auf seine Art klar, was sie ihm bedeuteten. Jeder für sich nahm aus ihnen mit, was für ihn wichtig war. Ich spürte, es war mein Verständnis der Worte von Buber und nicht das Verständnis unserer deutsch-israelischen Seminarleitung, es war auch nicht die Interpretation der übrigen 38 Augen- und Ohrenpaare im Raum. Wir lasen nur gemeinsam, ohne uns gegenseitig von unserer Sicht in endlosen Diskussionen überzeugen zu wollen.

Es geschah etwas Merkwürdiges in jenen inspirierenden Tagen im April 2000. Bubers Idee vom „Dialog", von „Begegnung", von dem, was er das „Zwischen" nennt, und von der „Anderheit des Anderen" bekamen für mich durch das gemeinsame Lesen einen tieferen, ungeahnten Sinn. Aus den Worten Vertrauen, wachsen lassen, achtsam sein, Liebe, den anderen nicht verändern wollen, allein sein, anders sein und Respekt füreinander haben, wurden lebendige Begriffe.

Im Laufe der Jahre flossen bei der Entstehung des vorliegenden Buches nicht nur die Philosophie des Dialogs von Martin Buber, David Bohm, William Isaaks, Peter Senge und Freeman Dhority, Johannes und Martina Hartkemeyer, sondern auch Ansätze der humanistischen Psychologie, der konstruktivistischen Erkenntnistheorie, des systemischen Denkens, der ressourcenorientierten Konzeption der Salutogenese nach Aaron Antonovsky, der Präventionsansatz der Förderung allgemeiner „Lebenskompetenzen", der durch Botwin und andere als „Life Skills"-Ansatz bekannt wurde und das Therapiekonzept der „Lebensschule" von Walther H. Lechler für mich sinngebend zusammen.

Jeder Mensch, dem ich begegne, ist mein Lehrer

Die Konzepte „Salutogenese", „Life Skills" und der „Lebensschule" verbindet der Kerngedanke, dass das Leben selbst, mit all seinen Herausforderungen, die auch Krisen einschließen, die beste „Schule" zum Erlernen konstruktiver Strategien der Lebensbewältigung ist. Von Walther H. Lechler habe ich gelernt zu sehen, dass letztlich alle Menschen, jeder auf seine Weise, um ihren „richtigen" Weg durchs Leben ringen, auch und gerade die Menschen, die wir aus pädagogischer Sicht für emotional und sozial inkompetent, für „auffällig", „süchtig" oder „krank" erachten. Erziehung verstanden als Beziehung unter dem Aspekt des Suchens und der Unterstützung der Kinder bei ihren Suchbewegungen zu betrachten, ebnet den Weg zum Dialog. In den Elternrunden geht es im Grunde immer wieder darum,

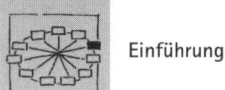

die eigenen Erfahrungen im Meistern des Lebens mit anderen zu teilen und die Erfahrungen anderer zu nutzen.

Der Begriff „Elternschule", der gerne im Umgang mit Elternkursen genannt wird, ist aus Sicht des Dialogs allerdings unpassend. Mit dem Begriff Schule wird zu häufig Belehren, Bewerten und Sanktionieren von Defiziten assoziiert und löst daher entweder Abwehr oder Langeweile aus. Zum einen kann dies erklären, warum so viele Menschen, die zwar den Austausch mit anderen Eltern bräuchten, dennoch den Elternseminaren fernbleiben und dafür mit dem Etikett „bildungsfern" stigmatisiert werden. Andererseits befürchte ich, dass bei denen, die den Weg in Elternkurse finden, anstelle von Unsicherheit eine neue Abhängigkeit auf Seiten der Eltern entstehen kann, wenn sie versuchen, die gelernten „Ratschläge" zu befolgen. Reinhart Wolff spricht in diesem Zusammenhang von „professionellem Autoritarismus". Die Fachleute lehren, und die Eltern sollen lernen, es gibt ein klares „Subjekt-Objekt-Verhältnis".

Eltern reflektieren ihren Weg, und im Rahmen dialogischer Seminare tun sie dies gemeinsam mit der Dialogbegleitung. Es geht also weniger darum, dass Eltern und ihre Kinder „erzogen" werden müssen sondern mehr darum, dass Eltern sich darüber klar werden, dass sie ein Teil dieser Entwicklungsgemeinschaft sind, dass ihr Verhalten auf Kinder wirkt und dass sie selbst auch mitwachsen und lernen müssen. Im Dialog reden wir nicht von Beschulung, sondern von gemeinsamem Lernen von Eltern, Kindern und Fachkräften, die ja oft auch selbst wieder Eltern sind. Insofern findet der Dialog in einer Atmosphäre statt, in der jede und jeder des anderen Lehrer ist und dabei gleichzeitig Lerner bleibt.

Raum für echte Begegnung

Der Dialog ist ein Weg zu einer anderen Form des Miteinanders. Der Prozess des Dialogführens macht deutlich, wie unser Denken durch unsere Emotionen, Wünsche, Absichten, Unterstellungen und Ängste beeinflusst wird. Im Dialog ist Raum für das Aufspüren von Annahmen und Wertvorstellungen, die unserem Handeln zugrunde liegen. Im Dialog mit anderen kommen wir zu uns selbst und erleben unsere Zugehörigkeit zu unseren Mitmenschen. Es geht um das Führen und Geschehenlassen von echten Gesprächen, oder wie Martin Buber sagt um „wahre Begegnung".

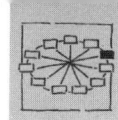

In **Kapitel 1** gehe ich der Frage nach, wie es gelingen kann, gemeinsam mit Eltern den Schlüssel zur eigenen Stärke und zu den Potenzialen ihrer Kinder zu finden, anstatt permanent nach Fehlern zu fahnden. Im Bewusstsein der eigenen Fähigkeiten erwachsen Stärke und Zuversicht, die im Beziehungsprozess benötigt werden.

Mit den Merkmalen einer Dialogischen Grundhaltung und dem Wesen des Dialogs sowie seiner Bedeutung für persönliches Wachstum setze ich mich in **Kapitel 2** ausführlich auseinander. Unter anderem beschreibe ich Dialogische Kernfähigkeiten und wie die Dialogische Haltung erlernt werden kann.

Dialog unter den oben genannten Vorzeichen ist mehr als Wissensvermittlung. Er ist Austausch über die Sachaspekte eines Themas, Erfahrungen und Verhaltensweisen, eigenes Empfinden und Ängste, die Konfrontation mit der eigenen Lebensgeschichte und nicht zuletzt geht es um sinnvolle Lebensperspektiven. Insofern spielt sich das Lernen in der Gruppe auf ganz unterschiedlichen Ebenen ab, die ich anhand des Konzeptes der „Fünf Ebenen im Dialog" in **Kapitel 3** beschreibe. Dialog ist kein Verhaltenstraining, sondern bedeutet Auseinandersetzung mit Beziehung und Begegnung mit sich selbst und eigenen Lebensidealen. Selbst-Erfahrenes und Selbst-Gelerntes stärkt Eltern und ihre Familien langfristig und nachhaltiger, als dies mit referiertem und antrainiertem Wissen der Fall ist.

Seminare über Kindererziehung drehen sich immer um mehr oder weniger gelingende „Alltags- und Lebensbewältigung". Naturgemäß macht das Ringen darum, das Leben zu meistern, vor den Dialogbegleitern nicht halt. Auch ihnen bieten die Seminare Raum zum Lernen. Unter dieser Prämisse ändert sich das Selbstverständnis der Seminarleiter. Sie werden von Wissensvermittlern und Lehrern selbst zu Lernern und zu wachstumsfördernden Begleitern. Welche Konsequenzen dies für ihre Arbeit als Dialogbegleiter hat, beschreibe ich in **Kapitel 4**.

So, wie wir den Dialog in jeder Elterngruppe oder in der Eins-zu-Eins-Beratung neu versuchen, ist jeder Dialog einmalig. Wir konstruieren jeden Augenblick neu in einer wirklichen Begegnung. Indem wir einen sicheren Raum für Verschiedenheit schaffen, können wir die individuell unterschiedlich erlebte „Wirklichkeit" unserer sozialen Umgebung zulassen und uns an ihr erfreuen. Zu „benutzen" ist

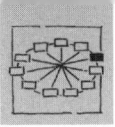

deshalb das Konzept Dialogischer Elternarbeit wie die „Skizze einer Landkarte". Wir wissen vorher nicht, wenn wir von A nach B wollen, welche Umleitungen, Hindernisse aber auch abschüssigen Strecken unseren Weg behindern bzw. beschleunigen. Den Weg müssen wir immer wieder neu gehen. Dialogische Seminare sind immer als Prozess zu verstehen. Beispielhaft beschreibe ich in **Kapitel 5** zwei Seminarabende, die jederzeit erweitert und variiert werden können.

All diejenigen, die eine Methodensammlung erhoffen, mit der Dialogische Elternarbeit auf jeden Fall gelingt, werden enttäuscht sein. Ihnen liegt kein „Patentrezept-Buch" vor. Insbesondere liegt mir daran, Mut zu machen, andere Wege in der Elternarbeit zu gehen und einen neuen Blick auf Eltern zu werfen. Handlungsalternativen und Beispiele in diesem Buch sind als Anregung gemeint. Im **Kapitel 6** finden Sie unter „Einstiegshilfen und Übungen für Dialogisches Arbeiten" u. a. Geschichten, Zeichnungen und anderes Material, das Sie selbstverständlich als Kopiervorlage benutzen können.

Genauso wenig, wie wir im Dialog Eltern ein bestimmtes Verhalten vorschreiben, beschreibt das Buch **den** richtigen Weg, wie Dialog gelingt. Von Krishnamurti stammt der Satz: „Es gibt keine Methode, es gibt nur Achtsamkeit." Es ist dem Dialogprozess angemessen, das Konzept nicht starr zu übernehmen, sondern schöpferisch anzuwenden und kreativ zu verändern, zu ergänzen und weiter zu entwickeln.

An wen richtet sich das Buch?

„Wanderer, deine Fußstapfen sind der Weg, und nichts sonst. Wanderer, einen Weg gibt es nicht, den Weg machst du beim Gehen. Beim Gehen machst du den Weg, und blickst du zurück, so siehst du den Pfad, den du nie wieder betreten musst. Wanderer, einen Weg gibt es nicht, nur Wirbel im Wasser des Meeres."

Antonio Machado

Das Buch beruht überwiegend auf Erfahrungen und ist als Hilfestellung für alle diejenigen gedacht, die in unterschiedlichen Zusammenhängen mit Eltern und Kindern zusammenarbeiten bzw. zusammenleben oder Elternarbeit in Form von Seminaren oder individueller Elternberatung durchführen, ganz gleich, nach welchem Konzept sie arbeiten. Letztlich richtet es sich an alle Menschen, die mit Eltern, Kindern und sich selbst im Kontakt sind. Ich denke hier an MitarbeiterInnen von Einrichtungen der Familienbildung und -beratung, LehrerInnen, SozialpädagogInnen und SozialarbeiterInnen, MitarbeiterInnen der Polizei, ErzieherInnen, BeraterInnen, ÄrztInnen, PsychologInnen, FortbildnerInnen, Eltern, die als MultiplikatorInnen tätig sind und alle am Dialog Interessierten.

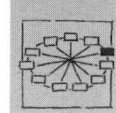

Der Dialog bereichert darüber hinaus mit seiner Perpektiven-Vielfalt jede Form von Elternbildung, unabhängig vom theoretischen Hintergrund und der pädagogischen Ausrichtung des Konzeptes.

Die Schwierigkeit, einen offenen Prozess zu beschreiben

Mein Versuch, den Dialogprozess mit Eltern darzustellen, hat mich manche verzweifelte Stunde gekostet. Das führte u.a. dazu, dass ich mich damit herumschlug, nie die endgültig letzte, vollständige Beschreibung abliefern zu können und daher nie fertig zu werden – denn alles ist ja „im Fluss". Wie sollte und konnte ich also das „festhalten", was von meiner Intention her stets neu gedacht und erkundet werden soll?

Ich fragte mich auch, ob ich den Kollegen hier nicht etwas verkünde, was sie ohnehin schon praktizieren? Und wenn es etwas Neues ist, sind meine Vorstellungen und mein Verständnis vom Dialog in der gegenwärtigen, von Sachlichkeits- und Effizienzdenken, Sparzwängen und Qualitätsmanagement bestimmten Diskussion überhaupt zeitgemäß?

Andere werden mir den Vorwurf machen, zu illusorisch und zu utopisch an der Realität vorbeizudenken. Der erste Kommentar einer Lehrerin, als sie von meinem Vorhaben hörte, ein Buch über Dialogische Elternarbeit zu schreiben, war: „Die Eltern kommen doch gar nicht erst zu uns in die Schule", um dann fortzufahren, „und dann müssten die erst mal verstehen lernen, was ich meine. Und richtig reden lernen, müssten sie auch." In ihren Augen sind viele Eltern von heute einfach zu blöd. Sie glaubt nicht, dass ein Dialog mit „solchen" Eltern klappt.

Diese Bemerkung brachte mich u.a. dazu, besonderen Wert auf die ausführliche Beschreibung zu legen, wie es gelingen kann, eine positive Grundhaltung gerade zu den Menschen zu entwickeln oder zurückzugewinnen, denen gemeinhin wenig bis gar keine erzieherische Kompetenz mehr zugetraut wird und denen wir eher misstrauisch gegenüber treten.

Ein letzter Gedanke

Es ist nicht einfach, ein Dialogisches Seminar mit einem hohen Anteil an Selbst-erfahrung zu leiten. Es erfordert eigene Erfahrung mit dieser Arbeitsweise und die Reflektiertheit des Dialogbegleiters. Sollten Sie sich langfristig stärker auf Dialog-begleitung spezialisieren, wäre es sicher ratsam, eine eigene Fortbildung in Dialogischer Elternbildung bzw. eine Ausbildung zum Dialogprozess-Begleiter zu absolvieren. Ich möchte Sie allerdings ermutigen, sich auf neue und ungewohnte Lernerfahrungen erst einmal einzulassen, eigene Ängste zu überwinden und den Dialog mit Eltern einfach mal auszuprobieren, denn: Es lohnt sich!

Johannes Schopp,
Hagen im Juli 2013

1 Wie Eltern ihre Potenziale entdecken können

Wer nach Potenzialen im Menschen sucht, unterstellt, dass diese über ein grundsätzliches Entwicklungsvermögen verfügen. In Anlehnung an das Konzept der „Salutogenese" von Aaron Antonovsky gehe ich der Fragestellung nach, *was uns stärkt und was uns gesund hält.* Ich gehe davon aus, „dass sich in jedem von uns ein Kraftzentrum befindet, welches das Leben erhält und mit einer universellen Kraft verbunden ist" (Satir 1994, S. 53) – wie ausgebrannt auch immer der Mensch sein mag. Ziel Dialogischer Elternseminare ist es, sich mit Bezug auf die Erziehung dieser Kraftquellen zu besinnen, sie neu zu beleben und sie für die Bewältigung des Lebensalltags der Eltern selbst und ihrer Kinder nutzbar zu machen.

Die Suche nach Potenzialen verstehe ich als Aufspüren von Stärken, Fähigkeiten und verschüttetem Wissen. Sie bedeutet grundsätzliche Lebensbejahung. Wer **Zugang zu seinen Fähigkeiten** hat, kann Kraft entwickeln, die ihm bei den Anforderungen im Umgang mit seinen kleinen oder heranwachsenden Kindern hilfreich ist. Viele Eltern kommen mit einem Defizitgefühl in die Seminare. Sie kommen sich eher schwach denn stark vor. Sie brauchen zu allererst einen Ort, an dem sie auf offene Ohren und Verständnis stoßen. Wenn dieses Verständnis gleichbedeutend mit „Verstehen wollen" ist, ist der erste Schritt in die richtige Richtung getan. Erkundende Fragen sind ein Schlüssel dazu.

Alle Eltern haben grundsätzlich den Wunsch und die Fähigkeit, alles möglichst „richtig" zu machen. Sie alle wollen ihre Kinder „gut" erziehen, unabhängig davon, ob sie aus vermeintlich pädagogischer Sicht „gute" Eltern sind oder nicht. Sie alle werden in den Seminaren in ihrem Sein ernst- und angenommen.

Wer sich mit Beziehung, Lernen und Lehren beschäftigt, weiß, dass ständiges „Herumreiten" auf Fehlern und Unzulänglichkeiten bzw. die Orientierung an so genanntem „idealen" Modellverhalten nur in den seltensten Fällen die Motivation und Bereitschaft fördern, sich auf etwas Neues einzulassen oder sich gar „zu ändern". Im Gegenteil: Der Dauerblick auf Schwächen behindert einen Lernzuwachs eher, als dass er nützt.

Auf unsere Kinder bezogen heißt das: Begleiten wir ihren manchmal unbeholfen wirkenden Wachstumsprozess auch mit seinen Misserfolgen respektvoll und wertschätzend oder abwertend und sanktionierend? Betrachten wir unsere

Kinder als bloßen Kostenfaktor, als „Störung" unserer Entfaltungsmöglichkeiten, oder nehmen wir sie als Geschenk, als Bereicherung unseres Lebens und als Zukunftspotenzial auch der Gesellschaft wahr?

Fragen als Schlüssel zu den Stärken

Offene Fragen sind Ausdruck einer Suchhaltung. Die meisten Eltern kommen in der Regel mit einem Sack voller Fragen, die sie am liebsten möglichst einfach und klar – am besten aus berufenem Referenten-Munde – beantwortet haben möchten.

Wie erkenne ich, ob mein Kind sich richtig entwickelt?
Was soll ich machen? Unsere Jessica macht in letzter Zeit, was sie will.
Mein Sohn reagiert überhaupt nicht mehr. Mein Mann und ich können ihn nicht mehr erreichen. Was können wir tun?
Ich kriege meine beiden Kinder nicht vor dem Fernseher weg. Was meinen Sie, wie ich am besten vorgehen soll?
Unser Sohn Till ist in der Schule das letzte Halbjahr total abgesackt und fast nur noch mit einer Clique zusammen, die alle kiffen. Wie sollen wir ihn davon weg kriegen?
Ist man schon süchtig, wenn man jeden Abend drei Flaschen Bier trinkt? etc.

Ein sachkundiger Leiter hätte sicherlich spontan einige Antworten parat, die sich jedoch nicht selten als flüchtige Illusionen erweisen. Auch gut gemeinte und vermeintlich fundierte „schlaue" Beiträge von Eltern und Seminarleitung verfehlen oft ihren Zweck. Vor allem aber werden die Fragenden durch einen solchen Informationsaustausch zunehmend passiver.

Als Dialogischer Seminarleiter weiß ich, dass der Such-Prozess für die Gruppe bzw. für Fragesteller beim Finden des eigenen „Schatzes", der eigenen Stärken wichtiger ist als eine schnelle Lösung von außen. Auch wenn beispielsweise eine Mutter oder ein Vater bereits mögliche Antworten nennen, die diesen hilfreich sind, kann es sinnvoll sein, weitere Optionen mit Einzelnen oder der Gruppe herauszuarbeiten. Warum das? Die gefundene Lösung mag im Einzelfall für den Fragenden oder für andere in der Gruppe neue Perspektiven beispielhaft aufzeigen, anderen wiederum hilft diese „Lösung" überhaupt nicht weiter. Das, was

allen langfristig im Alltag hilft, sind insbesondere eigene Gedanken und Selbstreflexion, sich selbst Fragen zu stellen.

Der Sinn einer Frage liegt darin, dass keine Antwort parat liegt, sonst wäre die Frage eine verkappte Antwort. Eltern finden kein Gerüst und keine Vorgabe vor, woran sie sich festhalten könnten. Und wenn sie selbst ihre Antwort gefunden haben, müssen sie die Verantwortung dafür tragen. Es gibt auch nicht Lob oder Tadel, nicht ein: „Oh, das ist klasse!" Jede Antwort ist richtig.

„Es kommt mir oft vor, als wäre alles, was ich lerne und lese, erfunden. Was ich aber selber finde, das ist, als wäre es in Wahrheit schon immer dagewesen."

Elias Canetti

Aus der Antwort allein ergibt sich noch kein Handeln. Handeln ist wiederum ein Prozess, der neue Fragen und neue Antworten produziert und erfordert. Der Weg entsteht beim Gehen. Die Verantwortung wächst beim Handeln, da es um eine selbst gesteckte Aufgabe und damit um einen selbst definierten Weg geht und nicht um eine vordefinierte Botschaft, bei der ich denjenigen, die die Botschaft aufgestellt haben, das mögliche Scheitern in die Schuhe schieben kann.

Eltern bringen also ihr Thema bzw. ihre Problemstellung in die Gruppe ein. Als Dialogbegleiter lasse ich das Gesagte zunächst unkommentiert im Raum stehen oder wiederhole es lediglich. Oder ich bedanke mich bei der Mutter oder dem Vater für ihre persönliche Schilderung, wenn sie sich mit ihrem Beitrag besonders angreifbar gemacht haben. Ein Blick in den Kreis kann mir dann zeigen, ob und was die vorgetragenen Äußerungen bei den Einzelnen auslösen. Ich lasse mich als Dialogbegleiter aber in der Regel konsequent nicht dazu verleiten, vorschnelle Antworten zu geben. Ich öffne stattdessen den „Raum" für die Fragestellungen der Teilnehmenden und lade die Anwesenden ein, sich am Lösungsprozess zu beteiligen. Mit anderen Worten, ich mache das individuelle Anliegen zum „Beratungs-Gegenstand" des Dialogs in der Gruppe.

Kennen andere im Raum etwas Ähnliches?
Kommt Ihnen das Problem bekannt vor?
Wenn ja, wie gehen Sie damit um?
Wie sind Sie in der entsprechenden Situation vorgegangen?
Welche Hilfe haben Sie sich geholt?
etc.

Welche Art Fragen aber sind besonders geeignet, Potenziale, neue Gedanken für neue Lösungen bei den Eltern frei zu setzen bzw. vermitteln den Besuchern der Seminare, dass ihre eigenen Erfahrungen, Wahrnehmungen, Lebensziele auch tatsächlich im Mittelpunkt stehen? Die Fragen sollten weder stereotyp sein, noch die Antwort bereits mitliefern. Sie müssen in verständlicher Sprache formuliert und der jeweiligen Elterngruppe angepasst werden, und sie sollten die Neugier der Eltern wecken für die Suche nach Antworten. Das folgende Beispiel zeigt, wie man durch Fragen ungeahnte Ressourcen entdecken kann.

„Echtheit ist nur über die Absichtslosigkeit wirklich echt."

Wilfried Reifarth

Der oben genannte Vater, der beschrieb, dass sein Sohn Till in der Schule leistungsmäßig abgesackt sei und nur noch mit seinen Freunden „kiffe", kann durch ressourcenorientierte Fragen seinen Blick erweitern. Er könnte durch entsprechende Fragen andere Seiten an Till entdecken und darauf stoßen, dass es an der Schule einige Lehrer gibt, die Till durchaus engagiert und aktiv erleben. Man könnte weiter gemeinsam erkunden, was das Besondere an dem Verhältnis zwischen den jeweiligen Lehrern und dem Schüler ausmacht und was der Vater eventuell für sein Verhältnis zu seinem Sohn daraus ableiten kann. Der festgefahrene väterliche Blick auf das Fehlverhalten des Sohnes wäre auch „aufzuweichen", wenn er sich bei genauem Nachdenken klar machen würde, dass sein Junge z.B. einen guten „Draht" zu seinem Patenonkel pflegt und dort grundsätzlich sehr hilfsbereit, also gar nicht so „zu" und passiv wirkt, wie es der Vater ursprünglich als unumstößliche „Wahrheit" beschrieb. Andere Eltern können das eine oder andere aus dieser „öffentlichen" Aufarbeitung für ähnlich gelagerte Situationen in ihrem Familienleben lernen.

Ich setze den Fragen der Eltern also neue, „angemessen ungewöhnliche" Fragen (Andersen 1990) entgegen, die helfen sollen, das in Vergessenheit Geratene, das Übersehene, auszuleuchten. Eine Auswahl der Fragen, die ich in der Anlage 10 zum Seminarablauf in Kapitel 6 gesammelt habe, unterscheiden sich z.B. von Fragen, die mit „Warum?" beginnen und vor allem Ursachen zu ergründen suchen. Warum-Fragen haben sich die Eltern vermutlich schon tausendmal gestellt, und die bringen kreislaufartig immer nur dieselben stereotypen Antworten hervor, ohne die Betroffenen ihrer eigenen Antwort einen Schritt näher zu bringen.

Die Fragen, die hier gemeint sind, werden jeweils aus einer anderen Perspektive (zeitliche, räumliche, Beziehungs-, Zukunfts- und positive Perspektive etc.) gestellt und zeigen damit die Realität, die bisher vom eigenen einseitigen Blick überlagert wurde. Oft sind wir halt in mehr als einer Hinsicht „blind".

In meinen o.g. Beispielen würde ich etwa folgendermaßen nachfragen:

Ist Ihr Mann/Ihre Frau/PartnerIn der gleichen Ansicht?
Sehen andere das Problem genauso wie Sie?
Gibt es Zeiten, in denen Sie das Problem nicht wahrnehmen? Woran merken Sie das, und was ist für Sie dann anders?
Wofür interessieren sich Ihre Kinder noch?
Was, glauben Sie, kann Ihr Kind am besten?
Was, glauben Sie, würde sich Ihr Sohn von seiner Mutter/seinem Vater am meisten wünschen?

Mit *neuen* Fragen erhöht sich die Wahrscheinlichkeit, auch wirklich *neue* Einsichten zu gewinnen.

Gewöhnlich werden Seminare mit sogenannten Impulsreferaten eröffnet, „um alle auf den gleichen Wissensstand zu bringen". Diese Vorgehensweise passt nicht zum Dialog und zwar aus zwei Gründen: Erstens wird es einen „gleichen" Wissensstand nie geben. Der Dialog betont ja gerade die Verschiedenheit. Zweitens soll der Dialog die Eltern einladen selbst nachzudenken, statt in einer passiven Konsumhaltung zu verharren. Deshalb ersetzen **Impuls-Fragen** übliche Impulsreferate.

„Alles Fragen ist ein Eindringen. Wo es als Mittel der Macht geübt wird, schneidet es wie ein Messer in den Leib des Gefragten. Es ist bekannt, was man da finden kann."

Elias Canetti

Entscheidend für den „Erfolg" des hier beschriebenen Vorgehens, ist allerdings, dass Eltern und Dialogbegleiter gegenseitig **echtes Interesse** und **ehrliche Neugier** spüren. Scheinfragen irritieren die Eltern und vermitteln ihnen das Gefühl, bei „falscher" Beantwortung der Lächerlichkeit preisgegeben zu sein. Dies gilt im Übrigen analog für den Umgang der Eltern mit ihren Kindern. Die Kinder stellen sich auch deshalb häufig „taub", weil sie die verborgene Absicht ihrer Eltern spüren, sie auszufragen, anstatt sich wirklich für sie zu interessieren.

Fragen können neben dem Dialogischen auch einen manipulativen Charakter haben (vgl. Gilsdorf 2004, S. 300). Ein Dialogischer Seminarbegleiter muss sich immer wieder dessen bewusst sein, dass die von ihm gestellten Fragen nicht nur der Informationsgewinnung dienen, sondern gleichzeitig auch Information schaffen. „In jeder Frage versteckt sich nämlich eine implizite Aussage, die die gewohnte Art, wie [...] die Dinge gesehen werden, potenziell verstören kann" (v. Schlippe u. Schweitzer 1996, S. 137).

Im Seminargeschehen achte ich darauf, dass die Fragen möglichst so formuliert sind, dass sie *den* Teil ihrer Beziehung zu ihren Kindern erkunden, den die Eltern als „gelungen" bezeichnen, wie z. B.: „Nehme ich mein Kind wahr, in dem, wie es ist, und was es ausmacht?" oder „Was schätze ich an meinem Kind besonders?" (Letztgenannte Frage steht auf einem Plakat geschrieben, das an der Wand hängt.) Immer wieder bin ich über die unterschiedlichen, manchmal verlegenen Reaktionen auf diese simple Frage erstaunt. Würde ich danach fragen, was ihnen missfällt oder was ihnen auf die Nerven geht, wüssten viele Teilnehmer ad hoc eine Menge aufzuzählen. Durch die Botschaft, die in der positiven Frageperspektive steckt, werden die Eltern daran erinnert, einmal anders, mit der wohlwollenden „Goldenen Brille" auf ihre Kinder zu blicken.

Fragen schärfen auch das Bewusstsein dafür, dass niemand sonst mir die Verantwortung dafür abnehmen kann, dass ich selbst auf *meine* Fragen auch *meine* Antworten finden muss. Der Wissenszuwachs findet zwar durch den Gruppenprozess statt, wird jedoch ganz individuell und sehr unterschiedlich wahrgenommen. Dadurch wird plausibel, dass das Wissen keine Allgemeingültigkeit für alle Teilnehmer besitzen kann. Die Wirkungen einer Frage sind individuell sehr unterschiedlich. Je nachdem, wo die Eltern erreicht werden, beschäftigen sie sich weit über den Seminarabend hinaus mit den Impulsen, die durch die Fragen ausgelöst wurden.

Von der Defizit- zur Ressourcenorientierung

Wie gelingt es, den Blick auf positive Aspekte des eigenen Lebens zu richten, anstatt immer auf das nicht Funktionierende, auf die Katastrophen, auf das Chaos? Zahlreiche Eltern vergessen in der Sorge um ihre Kinder ganz, deren Fähigkeiten und Anstrengungen zu würdigen.

Der Blick auf die **Stärken der Eltern** orientiert sich an den Erkenntnissen des Medizinsoziologen und Stressforschers Aaron Antonovsky, der seit Mitte des letzten Jahrhunderts die **„Ursprünge der Gesundheit"** untersuchte (vgl. Antonovsky 1997, S. 17). Unter dem Begriff „Salutogenese" (Salus, lat.: Unverletztheit, Heil, Glück; Genese: griech.: Entstehung) hat er den Paradigmenwechsel hin zur ganzheitlichen Gesundheitsförderung entscheidend mit geprägt. Die salutogenetischen Fragestellungen lauten: *Was stärkt uns? Was schützt uns? Was hält Menschen trotz vieler potenzieller gesundheitsgefährdender Einflüsse körperlich, emotional und sozial gesund?*

„Eine problemorientierte Sicht ist mehr vergangenheitsorientiert – eine lösungsorientierte Sicht ist eher zukunftsorientiert."

Winfried Palmowski

Im Gegensatz dazu, sagt er, steht die heute immer noch vorherrschende Denk- und Handlungsprämisse der pathogenetischen Sichtweise (Pathos, griech.: Leid, Leiden, Leidenschaft). Diese fragt vorrangig danach, warum jemand krank, auffällig, süchtig oder gewalttätig wird, mit dem Ziel, die endgültig wirksame Strategie zu finden, mit der zukünftige Störungen möglichst vermieden werden können. Antonovsky benutzt zur Erklärung seines Ansatzes folgende Metapher: „Die pathogenetische Herangehensweise möchte Menschen mit hohem Aufwand aus einem reißenden Fluss retten, ohne sich darüber Gedanken zu machen, wie sie da hineingeraten sind und warum sie nicht besser schwimmen können" (Bengel u.a. 2000, S. 24f.).

Das gleiche Denken herrscht oft auch bei Eltern vor. Aufgrund ihrer Unsicherheit vertrauen sie ihren Selbsthilfekräften wenig. Zur eigenen Beruhigung suchen sie schon bei kleinsten „Auffälligkeiten" psychologische Beratungsstellen auf, um dort mit Hilfe von Tests Störungssymptome (wie beispielsweise Dyskalkulie, oder Aufmerksamkeits-Defizit-Syndrom/ADS), feststellen zu lassen.

In den Seminaren schildern Mütter oder Väter oft, dass ihre Kinder nur deswegen auffällig geworden seien, weil an der betreffenden Schule oder im Wohnumfeld der Familie oder aus anderen Gründen, die außerhalb der Familie liegen, etwas nicht in Ordnung sei. Ein typisches Thema ist immer wieder: der „schlechte Einfluss" der Clique oder die „falschen" Freunde, die das eigene Kind vom „rechten" Weg abbringen.

Wenn nur der Schüler, der meine Tochter zum Haschischkonsum oder zum Schule schwänzen verleitet hat, von der Schule verwiesen würde, würde sicher alles wieder anders, oder
Mein Sohn wäre allein niemals darauf gekommen zu klauen,

hoffen sie. Am liebsten würden sie Maßnahmen von örtlichen Beratungsstellen, von der Schulbehörde oder von der Polizei fordern. Die sofortige Vermeidung des Problems wäre ihr größter Wunsch.

Auch hier versuche ich als Dialogbegleiter, die Elterngruppe sowohl über ihre konkreten Ängste als auch Erfahrungen im Umgang mit ähnlich gelagerten Situationen miteinander ins Gespräch zu bringen.

Wer kennt ähnliche Ängste bei sich oder bei Leuten, die Ihnen nahe stehen?
Ist Ihnen bekannt, wie diese Personen mit der entsprechenden Situation
umgegangen sind?
Wollen Sie von anderen hören, wie sie an Ihrer Stelle handeln würden?
Gibt es jemanden hier im Raum, der so etwas noch nie erlebt hat?
Was haben Sie bisher unternommen?
Wer, glauben Sie, könnte die richtige Person sein, die Ihnen oder Ihrem Kind
jetzt am besten helfen könnte?

Dieses Vorgehen entlastet gerade diejenigen Eltern, die zuvor eine konkrete
Situation aus ihrem Erziehungsalltag geschildert hatten. Sie lernen im Dialog,
bestimmte Dinge anders einzuordnen; denn es wird offensichtlich, dass sich
einerseits bestimmte „jugendtypische" Verhaltensweisen durchaus „auswachsen"
können oder sich im Laufe der Zeit von selbst regulieren, dass wir andererseits
aber auch nicht alle Macht in der Hand haben, das Verhalten unserer Kinder stö-
rungsfrei zu steuern.

„Es ist ernüchternd, dass es kein Rezept gibt, aber ich weiß jetzt, dass ich mein
Kind begleiten und mit ihm im Gespräch bleiben muss."
„Manchmal muss man wohl hoffen und darauf vertrauen, dass es gut laufen
wird."
„Wir haben die Zügel nicht in der Hand; ein Schuss Glück ist auch dabei."

Dies sind drei Rückmeldungen aus Elternseminaren. Womöglich merken jene
Eltern, deren brennende Probleme in der Gesprächsrunde betrachtet wurden, im
Verlauf des Abends aber auch, dass sie viel zu wenig von ihrem Kind wissen, und
sie hören von anderen, wie sie den Kontakt mit ihren „Halbwüchsigen" halten bzw.
wiederherstellen können. Sie sehen durch den Dialog meist eher einen Ausweg,
als wenn ich als Fachreferent eine „kluge" fachliche Antwort gegeben hätte.

„Vom Erziehen habe ich niemals sehr viel gehalten, das heißt, ich habe stets starke Zweifel daran gehabt, ob der Mensch durch Erziehung überhaupt irgendwie geändert, verbessert werden könne."

Hermann Hesse

Antonovsky propagiert übrigens auf keinen Fall die völlige Aufgabe der pathogenetischen Orientierung, sondern plädiert dafür, „die beiden Orientierungen als
komplementär zu betrachten" (Antonovsky 1997, S. 30). Er sieht Gesundheit und
Krankheit nicht als Gegensätze, sondern als Endpunkte eines Kontinuums.

krank (-) ------------------------------- (+) gesund

Wir alle, sagt er, bewegen uns Zeit unseres Lebens immer zwischen diesen beiden Polen „gesund" (+) und „krank" (-) wie ein Seiltänzer, der immer wieder die Balance auf dem Hochseil findet, während er von der einen zur anderen Seite schwebt (Antonovsky 1997, S. 91). Der Mensch ist nicht *entweder* krank *oder* gesund, sondern er ist *sowohl-als-auch* krank und/oder gesund. Beides gehört also untrennbar zu unserem Leben.

„Gemeinsam durchlebte Konflikte stärken die Beziehung, vermiedene Konflikte schwächen sie."

Mathias Wais

„Antonovskys sozialpsychologisches Konzept der Stressoren und Widerstands-ressourcen ist ein wichtiger Beitrag, das Leben als etwas uneinheitliches zu begreifen, das solange lebbar bleibt, bis der Tod eintritt" (aus: Philosophische Überlegungen zu A. Antonovsky, Weinheim 2000/ Internet). Die Protagonisten des „fit-for-fun Lifestyles" mit ihrem Körper-Gesundheits-Kult müssen sich damit genauso konfrontiert fühlen, wie Lehrer, die sich unkomplizierte und leicht führbare Schüler wünschen, und Eltern, die die Hoffnung auf ein störungsfreies Aufwachsen ihrer Kinder noch nicht aufgegeben haben.

„Krisenklau"

Als ich den Titel „Gesund ist, wer noch krank werden kann" in einer Aufsatzsammlung von Walther H. Lechler (1997), dem bekannten Suchttherapeuten aus Bad Herrenalb, zum ersten Mal las, fielen mir sofort die Sätze unserer Hebamme ein, die uns jungen Eltern erklärte, wie wichtig die sogenannten Kinderkrankheiten für die gesunde Entwicklung eines jeden Kindes seien. Sie würden helfen, Abwehrkräfte im Körper zu aktivieren.

Eine ähnliche Einstellung finden wir bei Janusz Korczak, der schon 1929 das bedingungslose „Recht des Kindes auf Achtung" forderte (Korczak 2002, S. 27ff.). Damit ist u.a. gemeint, „dass Erwachsene Kindern durch ihre Ängste und (Über-)Fürsorge wesentliche Erfahrungs- und Lebensmöglichkeiten nehmen. Dem Erwachsenen wird damit zugemutet, Ängste um das Leben des Kindes und eigene Vorstellungen von dem geraden, gefahrlosen Weg in eine glückliche Zukunft des Kindes genau zu überprüfen und – falls nötig – zugunsten neuer Einstellungen zu revidieren" (Tschöpe-Scheffler 2003a, S. 62f.). Das Beispiel der kleinen Elisabeth aus meiner Nachbarschaft veranschaulicht diesen Gedanken:

Das knapp 13-monatige Mädchen macht ihre ersten Gehversuche, als sie im Garten über eine kleine Sockelkante – und offenbar vor Schreck schreiend – zu Boden fällt, ohne sich allerdings dabei zu verletzen. Der stolze Vater, ein Maurer, füllt diese kleine Stufe sofort fachmännisch mit Beton auf, im guten Glauben, sein kleines Töchterchen vor zukünftigen Gefahren schützen zu müssen. Beim ersten kleinen Sturz über eine Sockelkante im Garten wird dem Mädchen von ihrem Papa der „Stolperstein" aus dem Weg geräumt. Ihr wird die Chance verwehrt, zukünftig an der gleichen Stelle selbst auf etwaige Unebenheiten zu achten.

Manche Eltern erfüllen ihren Kindern aus Furcht vor einem „gesunden" Konflikt (fast) jeden Wunsch, nehmen ihnen damit aber die Chance, an einer klaren Entscheidung, die auch ein „Nein" bedeuten kann, zu wachsen. Im guten Glauben, das Richtige zu tun, ziehen wir unsere Kinder eher aus dem reißenden Fluss, als dass wir ihnen zeigen, wie man in den entsprechenden Situationen besser schwimmt.

Walther H. Lechler sprach in diesem Zusammenhang auf einem seiner Vorträge davon, dass gerade ein solcher „Krisenklau" dazu führe, dass die Menschen geschwächt würden. Er versuchte darzustellen, dass ihnen dadurch die Chance genommen werde, die Probleme eigenverantwortlich lösen zu können.

Der Diplompsychologe Mathias Wais hat diesen „Krisenklau" an einem Fallbeispiel in seinem Buch: „Suchtprävention beginnt im Kindesalter" (Wais 2002) einmal recht konkret skizziert:

„Beginnen wir [also] im Kindergarten. Der vierjährige Kevin weint jeden Morgen herzzerreißend, wenn die Mutter ihn im Kindergarten abgeben will. Er klammert sich an sie und brüllt, als ginge es auf die Schlachtbank. Die Mutter ist hin- und hergerissen, bleibt schließlich jeden Morgen noch etwas länger da, damit Kevin unter ihrem Schutz den Schritt in die neue Welt tun kann. Sie versucht, ihn in das Spiel der anderen Kinder hineinzulotsen. Sie lockt ihn zum Kaufladen, spielt selbst mit ihm. Er aber weicht nicht von ihrer Seite. Nach ein paar Wochen kommt Kevins Mutter zu dem Schluss, dass es für den Jungen zu früh sei, in den Kindergarten einzutreten. Sie meldet ihn wieder ab und will es in einem halben Jahr noch einmal versuchen. – Was hat Kevin jetzt wohl gelernt? Auf jeden Fall

hat er einen im Moment anstehenden Entwicklungsschritt nicht vollzogen. Die Mutter hatte ihn davor bewahrt.

In der Schule dann hat er Mühe mit der Rechtschreibung. Kevins Vater nimmt an, dass die Lehrerin, eine noch sehr junge Frau, nicht in der Lage ist, den Kindern Lesen und Schreiben richtig beizubringen. Auf dem Elternabend greift er sie an. Schließlich macht er eine Eingabe an die Schulleiterin, dann ans Schulamt. Kevin kommt in die Parallelklasse. Dort kaspert er herum und verweigert jedes Schreiben. Die Eltern bringen Kevin zu einem Kinderpsychotherapeuten. Als auch diese Maßnahme die Leistungen im Diktat nicht verbessert, wird die Therapie abgebrochen und Kevin bekommt einen Privatlehrer, der begleitend zum Unterricht in der Grundschule jeden Tag zu Kevin nach Hause kommt und mit dem Jungen Rechtschreibung übt. Das hilft. Als allerdings ein vorher nicht geübtes Diktat 32 Fehler bringt, sind die Eltern bestürzt. Kevin aber, die Ruhe selbst, sagt: „Das hat mir Herr Petersen auch nicht beigebracht".

So geht es weiter, bei Kevin wie bei vielen anderen Kindern. Der Vater besorgt die Lehrstelle, bessert, als Kevin über das geringe Lehrgeld mault, hintenherum das Lehrgeld auf, indem er dem Lehrherrn monatlich hundert Euro für Kevin zusteckt. Als Kevin 16 ist, will er sich bei amnesty international engagieren. Aber die Eltern haben es ihm freundlich und beharrlich ausgeredet. Er sollte in seinem Alter doch noch nicht mit so schrecklichen Dingen wie politischer Verfolgung und Folter konfrontiert sein. Damit er mehr junge Leute kennen lernt und unbeschwert seine Jugend leben kann, bezahlen sie ihm immer neue Tanzkurse.

Als die Mutter wegen einer sehr schmerzhaften rheumatischen Erkrankung die Hausarbeit kaum mehr erledigen kann, bietet Kevin an, Putzen und Abwasch zu übernehmen. Die Eltern wollen das aber nicht, er soll seine Freizeit genießen. Sie stellen eine Haushaltshilfe ein.

Konflikte und Probleme – innerfamiliäre wie auch außerfamiliäre – werden von Anfang an und noch, bis er fast 17 ist, von Kevin ferngehalten. Er soll eine unbeschwerte Kindheit haben und Schule und Ausbildung sind ja Belastung genug. Mit 16 klaut Kevin ein Moped – er hat selbst zwei – und verkauft es an einen Freund. Der Vater weigert sich, dem Besitzer Ersatz zu leisten, weil der das Moped ja ungesichert abgestellt habe.

Anderen Kindern und Jugendlichen wird nicht nur alles, was nach Belastung aussieht, abgenommen und die Verantwortung entzogen für ihr eigenes Tun und Streben, sondern sie sind auch noch ständigen Ermahnungen und Warnungen

ausgesetzt, deren Grundtenor ist: Die Welt ist gefährlich (böse, undurchschaubar, voller Versuchungen), deshalb halte dich von ihr fern" (Wais 2002, S. 19ff.).

Es ist gewiss nicht einfach, einen Menschen, den man liebt, Fehler machen zu sehen, wenn man ihm eigentlich nur helfen will, mit einem bestimmten Lebenskonflikt fertig zu werden. Das Beispiel zeigt einmal mehr, dass gerade dieses Helfen-Wollen um jeden Preis das Gegenteil des erhofften Erfolgs bringen kann. Zahlreiche Eltern plagen sich in diesem Zusammenhang häufig mit Entscheidungen, die der Alltag ihnen abverlangt, wie:

*„Sollen wir gegenüber unseren Kindern Verbote zum Umgang mit für ‚schlecht'
gehaltenen Freunden aussprechen?"*
„Soll ich meine Tochter täglich früh aus dem Bett und zur Schule treiben, obwohl sie schon alt genug ist, alleine aufzustehen?"
*„Hat es Zweck, die Kinder immer wieder in der Schule „heraus zu pauken",
wenn sie ‚Mist gebaut' haben?"*
*„Hat es einen Sinn, mit „Stubenarrest" zu verhindern, dass der Sohn auf eine
Fete geht, weil dort vermutlich Alkohol getrunken wird?"*
„Ist es richtig, das Taschengeld zu erhöhen, wenn es permanent nicht reicht?"
*„Was mache ich, wenn ich merke, dass mein Kind heimlich raucht oder Alkohol
trinkt?"*
„Ich komme nicht mehr an meine Tochter heran, was soll ich machen?"

Viele Eltern erwarten auf diese Fragen gar nicht unbedingt immer eine Antwort. Die Frage nach dem „Wozu?" („Was glauben Sie, hat Ihr Kind davon, dass es sich so oder so gebärdet?" o.ä.), bringt in vielen Fällen Erleichterung. Meistens tut es den Eltern schon gut, einfach mit anderen Eltern über ihre Entscheidungszweifel zu reden und Gehör zu finden.

Antonovsky benutzt in diesem Zusammenhang wieder die Metapher des Flusses als Abbild des Lebens und verbindet damit die Vorstellung, dass wir Menschen alle in verschiedenen Flüssen mit Strömungen, Strudeln oder anderen Gefahrenquellen *schwimmen.* Für ihn gehört zum Leben nicht nur unvermeidlich, sondern **notwendigerweise ein Ungleichgewicht,** d.h. Herausforderungen, an denen wir Menschen unsere Stärken *stärken* können.

„Eine Krise kann einen Menschen durchlässig machen."

Wilfried Reifarth

47

„Meine fundamentale philosophische Annahme ist", sagt er, „dass der Fluss der Strom des Lebens ist. Niemand geht sicher am Ufer entlang. Darüber hinaus ist für mich klar, dass ein Großteil des Flusses sowohl im wörtlichen wie auch im übertragenen Sinn verschmutzt ist. Es gibt Gabelungen im Fluss, die zu leichten Strömungen oder in gefährliche Stromschnellen und Strudel führen. Meine Arbeit ist der Auseinandersetzung mit folgender Frage gewidmet: ‚Wie wird man, wo immer man sich in dem Fluss befindet, dessen Natur von historischen, soziokulturellen und physikalischen Umweltbedingungen bestimmt wird, ein guter ‚Schwimmer'?" (Antonovsky 1997, S. 92).

Für diejenigen Menschen, denen der Boden unter den Füßen zu schwinden scheint, deren Kinder beispielsweise bei Diebestouren oder bei nächtlichen Graffittiausflügen erwischt werden oder in die Drogenszene abzurutschen drohen oder magersüchtig werden, ist Antonovskys These vom *notwendigen Ungleichgewicht* nicht unbedingt leicht nachvollziehbar. Sie wollen am liebsten jetzt und sofort von einem „Rettungsboot" aufgenommen werden und nicht erst langwierig *„schwimmen"* lernen bzw. es ihren Kindern beibringen müssen. Doch auch in weit weniger brisanten Lebensabschnitten können sich die sogenannten „Kleinigkeiten" in der Summe zu Bergen auftürmen. Veränderungen in Ehe und Partnerschaft, Veränderungen mit der Geburt des ersten Kindes, Veränderungen im Beruf, in der Pubertät der Kinder etc., mit anderen Worten der ganz normale Alltag wird jedoch je nach Grundhaltung und momentaner Lebenssituation der Einzelnen als Belastung oder als Herausforderung wahrgenommen.

„Lernen heißt Neugier wecken, über sich selbst und andere mehr zu erfahren."

J. Brown

Die meisten Besucher der Elternseminare empfinden es allerdings als tröstlich und entlastend, durch den offenen Dialog zu erfahren, dass das Störende, Auffällige, das Belastende und das Kranke genauso zum Leben gehören wie das ersehnte Gute, Funktionierende und Gelingende. Wichtig ist es, zu verstehen, dass alles im Leben diese zwei Seiten hat, eine Licht- und eine Schattenseite, dass zu allem immer auch sein Gegenteil gehört. Wir können im Leben nicht alles „richtig" machen. Eltern und Kinder müssen ständig Entscheidungen treffen. Dabei werden Fehler gemacht. **Stärke heißt, auch schwach sein zu dürfen.**

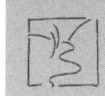

Diese Erkenntnis selbst hilft zwar weder, die empfundenen Probleme zu beseitigen bzw. Fragen zu beantworten, noch den Einzelnen ihre konkrete Angst zu nehmen, sie macht aber Mut zum offenen wahrhaftigen Dialog.

Die Balance im Leben finden wir in der Konfrontation zwischen äußeren Anforderungen und inneren Ressourcen. Wir wachsen an der aktiven Auseinandersetzung mit den uns gestellten „Aufgaben". Um im Bild des Flusses zu bleiben: Die Teilnehmer der Seminare werden dabei begleitet bzw. angeleitet, selbst gute „Schwimmer" bzw. gute „Schwimmlehrer" ihrer Kinder zu werden, mit anderen Worten, den Kopf über Wasser zu halten.

„Lernen bedeutet, ‚Wissen' mit anderen zu teilen."

Peter Senge

> *„Ich glaube, gesund bedeutet nicht den Gegensatz zu körperlich krank, zu körperlichem Defektsein – gesund bedeutet: Ich bin glücklich! ‚Gesund' ist ein gleichbedeutender Ausdruck für ‚glücklich', ein Synonym für ‚glücklich'. ‚Glücklich' bedeutet nicht, dass ich keine Sorgen mehr habe, keine Probleme, keine Konflikte, keine Spannungen, keine Auseinandersetzungen, dass ich keine Katastrophen mehr durchleben muss, dass alles nur eitel Freude wäre, sondern dass ich trotz Konflikten, trotz Problemen, trotz Katastrophen in der Lage bin, es mit dem Leben aufzunehmen. Dass ich gelernt habe, es gibt immer Wege der Hilfe, immer wieder Möglichkeiten, es zu schaffen, auch wenn ich zunächst einmal sehen und zugeben muss, dass ich mit ‚meinen' Möglichkeiten am Ende bin."*
> *Walther H. Lechler*

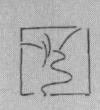

Von der passiven Haltung zur aktiven Lebensbewältigung

Die individuelle Fähigkeit, gestärkt durchs Leben zu kommen, entspricht einer Persönlichkeitseigenschaft, die Antonovsky „Sense of Coherence" (SOC) nennt. Eckhard Schiffer übersetzt dies mit „Sinn für Kohärenz" und meint damit „das sichere Gefühl eines inneren Zusammenhaltes, [...] das zur Identität gehört, um gesund zu bleiben" (Schiffer 2001, S. 90). Die Kernbegriffe des „Kohärenzgefühls" (in der Übersetzung von Alexa Franke) beschreibt Antonovsky wie folgt: die Zusammenhänge des Lebens **„verstehen"**, die Herausforderungen, die es immer wieder an uns stellt, annehmen und **„handhaben"** können und dem eigenen Dasein eine entsprechende **„Bedeutung"** beimessen. Sinn für Kohärenz meint also eine aktive Haltung und einen eigenverantwortlichen Umgang mit dem eigenen Leben im Gegensatz zur passiven Opferhaltung. Auf eine Kurzformel gebracht, meint die Idee vom Kohärenzgefühl den Ausdruck positiver optimistischer Lebenseinstellung sowie Zuversicht im Umgang mit den Schwierigkeiten des Lebens. Diese Haltung mobilisiert Selbstheilungskräfte auch dann, wenn sie mal blockiert, lahmgelegt oder fehlgeleitet sein sollten. Diesen Sinn für den inneren Zusammenhalt und die Bindung zur „Außenwelt" zu schärfen, ist ein Anliegen von ELTERN STÄRKEN.

Folgerichtig wird in den Seminaren bei der Aktivierung der Potenziale der Blick auf die Stärken der Eltern gerichtet. Die Reflexion ihrer eigenen Verhaltensmuster, ihrer Zweifel, Sorgen und empfundenen Unzulänglichkeiten haben dabei ebenfalls Raum.

Auf dem Bewusstsein für die eigenen Fähigkeiten kann man aufbauen. Und es hat sich in jahrelanger Erfahrung mit Dialogischer Elternarbeit gezeigt, dass eben dies eine Quelle der Kraft für Eltern ist, Alltagssituationen, oder einfach ihr Leben mit ihren Kindern besser zu bewältigen. Hier beispielhaft einige Äußerungen von Eltern:

„Kinder sollten mehr spielen, als viele Kinder es heutzutage tun. Denn wenn man genügend spielt, solange man klein ist, dann trägt man Schätze mit sich herum, aus denen man später sein ganzes Leben lang schöpfen kann. Dann weiß man, was es heißt, in sich eine warme, geheime Welt zu haben, die einem Kraft gibt, wenn das Leben schwer wird. Was auch geschieht, was man auch erlebt, man hat diese Welt in seinem Innern, an die man sich halten kann."

Astrid Lindgren

„Ich habe begriffen, dass ich zunächst einmal über mich selbst reden, also bei mir anfangen muss."

„Ich habe gespürt, dass ich nicht alleine bin."

„Ich bin verunsichert, weil ich jetzt weiß, dass ich nichts weiß, aber das ist auch in gewisser Weise beruhigend."

„Ich habe festgestellt, dass ich es schon ganz richtig mache, so wie ich meine Kinder erziehe."

„Manches kann man offensichtlich nur laufen lassen und hoffen, dass es gut läuft."

„Es ist ernüchternd, dass es keine Rezepte gibt, aber ich weiß, dass sie nicht wirken würden."

„Ich muss nicht mein Kind verändern wollen, sondern meine Einstellungen verändern."

Eltern werden auf diese Weise in ihrer Kompetenz in Beziehung zu treten gestärkt und damit auf lange Sicht unabhängiger von „Rat-Schlägern" aller Art, auch den wohlmeinenden.

Die Orientierung an Ressourcen hilft uns, zu erkennen und nachzuvollziehen, dass jeder und jede von uns – zwar unterschiedlich stark ausgeprägt und gewichtet – Sinn- und Lebenskräfte in sich trägt. Sie lässt uns begreifen, wie wichtig die Suche derselben für uns als Menschen ist, dass zum Leben zwangsläufig Höhen und Tiefen gehören und dass Krisen auch Wachstumschancen beinhalten. Nicht zuletzt wird uns durch das Erleben im Seminar bewusst, welche Faktoren eine besondere Rolle bei der Entfaltung dieser jedem innewohnenden schützenden Faktoren spielen. Die kognitive Einordnung, also die Bewusstheit über diese Zusammenhänge werden die Seminarteilnehmer immer dann besonders spürbar erfahren, wenn es gelingt, die sehr persönlichen Lebensgeschichten in einem „echten", in einem „wahrhaftigen" Dialog mitzuteilen. Wenn dieser Prozess annähernd gelingt, kann der Dialog auch als eine Art Katalysator für *„gefühlte Einsichten"* (Reifarth) verstanden werden.

Eltern im Karussell-gespräch

„Wenn man die Aufmerksamkeit konse-quent auf Ressourcen und Lösungen statt auf Fehler und Defizite richtet, regt man Lösungsprozesse an, so lautet ein Wirkprinzip systemischer Kommuni-kation in Therapie und Beratung"

Christa Hubrig

Die Elternseminare sollen zu förderst einen „Raum" für eine Begegnung schaffen. Hartkemeyer und Dhority bezeichnen diesen „Raum" als „Container" (con-tenere lat.: zusammenhalten). Damit ist eine sichere, angstfreie Atmosphäre, eine leben-dige Mitte gemeint, die es allen Anwesenden ermöglicht, sich offen und vorbe-haltlos in der Gruppe einzubringen und in die Gedankenwelt eines Anderen zu begeben, mit Bubers Begrifflichkeit gesprochen: dem Anderen „von Wesenskern zu Wesenskern" zu begegnen. Mein Anliegen ist es, Ihnen im nächsten Kapitel zu erläutern, was den Dialog zu eben diesem Katalysator macht und wie sich der Dialog auf die Stärkung der Persönlichkeit auswirkt.

2 Das Wesen des Dialogs

Im Allgemeinen wird unter Dialog ein Gespräch zwischen zwei Personen verstanden. Man unterhält sich, redet, tauscht Argumente und Wissen aus, streitet vielleicht miteinander oder debattiert. Der Dialog, wie er hier beschrieben ist, meint aber etwas grundsätzlich Anderes.

Unter Dialog in der Elternbildung verstehe ich den gemeinsamen Austausch unter gleichwertigen und gleichwürdigen Partnern, mit dem Ziel, im gemeinsamen Denkprozess Antworten auf brennende Fragen der Teilnehmer zu suchen. Wer sucht, muss etwas finden wollen, was ihm zuvor unbekannt war, er muss also offen sein, etwas Neues lernen und verstehen zu wollen.

Anders als bei traditionellen Lehr-Konzepten geht es im Dialog nicht primär um die Vermittlung von Wissen und Fakten, im Vordergrund stehen vielmehr Fragen. Der Dialog hat auch nicht den Zweck, am Schluss der Veranstaltung aus den unterschiedlichen Gedanken der Eltern einen Konsens zu konstruieren im Sinn einer allgemeingültigen pädagogischen Botschaft. Im Dialog bleiben die unterschiedlichen Sichtweisen und Einstellungen nebeneinander stehen, das Wissen des Leiters ebenso wie das der übrigen Teilnehmerinnen und Teilnehmer. Die Beteiligten verstehen und begreifen ihre wesenmäßige Unterschiedlichkeit. Diese wahrzunehmen, sie anzunehmen und zu respektieren, auch und gerade das, was einem fremd vorkommt, stehen zu lassen und nicht zu überwinden suchen, darin liegt ein Kerngedanke des Dialogs.

Auf diese Weise kann sich das Unbegreifliche im Anderen und in seinem Denken, was oft als bedrohlich empfunden wird, als Reichtum menschlicher Vielfalt herausstellen und entlastend wirken. Dass dies häufig auch von den Eltern so gesehen wird, zeigen die folgenden Beispiele von persönlichen Schlussworten:

„Die Vielschichtigkeit hat mir jede Menge Anstöße gegeben."
„Die Ehrlichkeit und Toleranz untereinander fand ich gut – hätte ich nicht für möglich gehalten, wo sich doch nur wenige kannten und der Kreis so groß war."
„Die Meinungsvielfalt war schön heute Abend und auch irgendwie beruhigend."
„Mir ist klar geworden, dass ich vielmehr die Unterschiedlichkeit achten muss, die meiner Kinder und die anderer Menschen überhaupt."

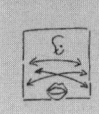
Im gemeinsamen Denken und im Austausch darüber können neues Wissen sowie neue Gedanken in Gang kommen, von denen vorher niemand eine Ahnung hatte. Der Dialog soll diesem Unerwarteten dienen, das Unerwartete darf nicht der Meinung des Seminarleiters oder irgendeiner „höheren" wissenschaftlichen Erkenntnis „geopfert" werden. Damit würde die wesentliche Chance des Dialogs, nämlich die Potenziale im Einzelnen zu entdecken, verschenkt. „Stärken" im Dialogischen Sinn versteht sich als gegenseitiges Unterstützen auf der horizontalen Ebene, nicht das Stärken eines vermeintlich „Schwächeren" durch den vermeintlich „Stärkeren" aus einem vertikalen Machtgefälle heraus. Dieser Ansatz setzt ein anderes, ein wirklich radikales Verständnis von Dialog jenseits von Technik und Methode voraus.

Es geht um die **gelebte Dialogische Grundhaltung.** Dialog lässt eine Atmosphäre entstehen, die eine offene und wahrhaftige Begegnung miteinander erleichtert, und er ist gleichzeitig eine Voraussetzung dafür. Dialog setzt verborgene Kräfte frei, er ist der „Schlüssel" im Umgang mit den teilnehmenden Eltern.

Dialog heißt „nicht bloß Auskunft suchen von unten und Auskunft geben von oben, auch nicht bloß Fragen und Antworten hinüber und herüber, sondern echtes Wechselgespräch, in das der Lehrer mit seiner ganzen Person unmittelbar und unbefangen eintreten muss."

Martin Buber

Der Mensch braucht nach Buber existentiell **Begegnung** und Kontakt in diesem Sinne. Kontakt bedeutet, dass der „Lehrer" gegenüber den „Schülern" nicht belehrend auftritt, sich und sein Wissen nicht über sie stellt, sondern ihnen „von Wesen zu Wesen" (Buber) begegnet. Die Begegnung wirkt sich dann als heilend und persönlichkeitsstärkend für den Einzelnen aus, wenn echte Wechselwirkung im Austausch von Erfahrungen möglich wird.

Beim Tabu-Thema „Schlagen" habe ich wiederholt die spürbare Entlastung der Eltern erlebt, wenn sie ohne Schuldgefühle vor anderen Vätern und Müttern gestehen konnten, dass sie in eskalierenden Situationen ihre Kinder schlagen. Das klingt dann etwa folgendermaßen:

„Mir ist schon öfters die Hand ausgerutscht."
„Ich konnte einfach nicht anders, ich war am Ende."
„Als sich letzte Woche mein Sohn im Supermarkt auf dem Boden herum gewälzt hat, habe ich ihm eine geklebt."

So oder ähnlich klingen die Versuche der Eltern, ihre Hilflosigkeit zum Ausdruck zu bringen. Gewalt gegenüber Kindern ist eben keine Ausnahme und auch keineswegs das Problem unterprivilegierter Schichten, und oft geht es um mehr als physische Gewalt. Der Dialog schafft ein Klima, in dem man offensichtlich angstfreier nachdenken und sich öffnen kann. „Schlagende" Eltern nehmen sich nicht länger als Verlierer wahr, sondern als Menschen, die nicht perfekt sind und sein müssen. Das gemeinsame offene Reflektieren stärkt sie aber in ihrem Bemühen um eine gewaltfreie Erziehung.

Dialog ist mehr als eine Kommunikationsform

Dialog meint nicht eine geschickte Gesprächsführung, sondern bewusste Aufmerksamkeit sich selbst und dem anderen gegenüber. Im Seminar, in dem diese Form des Dialogs praktiziert wird, geht es um ein Stück gelebtes Leben, in dem Erziehung zu einem Dialogischen Verhältnis werden kann (vgl. Tschöpe-Scheffler 2003a, S. 61). Dahinter steht die Idee, dass die Eltern, wenn sie die Wirkung von Aufmerksamkeit und Achtsamkeit erleben können, dann auch achtsamer und feinfühliger auf ihre Kinder zugehen können.

„Es gibt keine Methode. Es gibt nur Achtsamkeit."

Krishnamurti

Der Begriff „Dialog", wie ihn Buber gemeint hat, bezieht sich nicht allein auf das „Sprechen" als solches, sondern vielmehr darauf, dass menschliche Existenz in ihrem tiefsten Wesen Beziehung ist (Fuhr/Gremmler-Fuhr 1991). Es handelt sich hierbei jedoch nicht um eine besonders emotionale, „personenhafte Beziehung" (Buber 1997, S. 272) zwischen den Mitgliedern der Elterngruppe im Sinn von Sympathie. Sie alle müssen sich auch nicht sehr gut kennen oder verstehen, wie man zunächst annehmen könnte. Vielmehr sollten sie sich als Wesen mit ganz unterschiedlichen Lebensgeschichten und Ausdrucksmerkmalen zeigen und den Anderen ebenso wahrnehmen und bestätigen.

Als Dialogbegleiter trete ich mit den Teilnehmern in Beziehung. Das gleiche vollzieht sich *zwischen* den Teilnehmern und mir. Und in diesem „Raum", der sich *zwischen* den Seminarteilnehmern entfaltet, Buber nannte ihn auch den „Atemraum des echten Gesprächs" (Buber 1997, S. 249), entfaltet sich das ‚Dialogische'. Demnach ist „die Bedeutung des Dialogs weder in dem einen noch dem anderen Partner, noch in beiden zusammen zu finden, sondern vielmehr in ihrem Austausch" (Friedman 1987, S. 23). Die Vorstellung Bubers vom Dialog unterscheidet

sich somit deutlich von einer „Methode zur Gesprächsführung" im Sinn von „aktivem Zuhören". Sie beinhaltet vielmehr die innere Haltung anderen Menschen gegenüber, und diese bedeutet ein echtes Interesse an den Menschen, denen ich gerade gegenüber sitze.

Impuls-Fragen beispielsweise, die nur dazu dienen, eine Diskussion in Gang zu setzen, verkommen zur Farce oder zu Scheingefechten, wenn der Fragende kein echtes Interesse an den Antworten hat.

Als Dialogbegleiter trete ich glaubwürdig mit Eltern in Beziehung, wenn ich mich den von mir gestellten Fragen selbst stelle. Das gleiche gilt auch für die Eltern im Verhältnis zu ihren Kindern. Beispielsweise sollten sie sich über den eigenen Fernsehkonsum klar werden, bevor sie ihre Kinder ermahnen, doch endlich mal etwas „Vernünftiges" zu tun, anstatt vor dem Bildschirm zu hocken. Ebenso wichtig ist das Bewusstsein über das eigene Konfliktverhalten, die Essgewohnheiten, die Gesundheitseinstellung etc.

„Das Miteinander-sprechen, der Dialog, den Buber meint, ist nicht an die Rede, die Wortsprache gebunden; entscheidend ist die Haltung oder die ‚innere Haltung' der Menschen; so kann ein Beieinander-sein, in dem Menschen schweigen, dialogischer sein, als ein eifriges Gespräch."

Thomas Reichert

Nicht nur das echte Interesse füreinander und das Zuhören an sich verleihen dieser Art Begegnung für manche Menschen eine „heilende" Wirkung, sondern die Wahrhaftigkeit dessen, wie sich jeder Einzelne in den Gruppenprozess einbringt. „Was immer in anderen Bereichen der Sinn des Wortes ‚Wahrheit' sein mag, im Bereich des Zwischenmenschlichen bedeutet es, dass Menschen sich einander mitteilen als das, was sie sind. Es kommt nicht darauf an, dass einer dem anderen alles sage, was ihm einfällt, sondern darauf, allein, dass er zwischen sich und den anderen keinen Schein sich einschleichen lasse" (Buber 1997, S. 280).

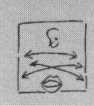

Das ANDERE im Anderen wird bestätigt und respektiert

Einfühlendes Verstehen des jeweils Individuellen ist eine der wichtigsten Voraussetzungen erzieherischen Handelns. Dazu ist ein tiefes Verständnis von der Andersartigkeit oder – mit Bubers Worten ausgedrückt – „Anderheit" und damit der „Respekt vor dem ‚Eigen-Sinn'" (Tschöpe-Scheffler 2003a, S. 63) erforderlich. „Auch für die Erwachsenen schwierige und fremde Persönlichkeitsanteile des Kindes werden anerkannt und als zur Person zugehörig geachtet. Wenn Erziehung im Sinne von Beziehung zu einem Dialogischen Prozess gleichrangiger Interaktionspartner/innen werden soll, dann bedeutet dies, dass man, wie Korczak, der individuellen Erfahrung des Kindes einen hohen Wert beimisst" (ebenda).

Zu lange basierte das Grundverständnis von Erziehung darauf, „Anderheiten" durch Sanktionieren, Erziehen und Therapieren zu revidieren und, wenn das nicht gelang, wenigstens durch Anpassungsdruck abzumildern. Viele Eltern und Pädagogen handeln noch heute nach dieser Prämisse. In unserer Gesellschaft wirken nach wie vor soziale Auslesemechanismen, weil Menschen diese Grundverschiedenheit nicht verstehen oder ertragen können. Dies belastet das Zusammenleben in Familien.

Als ich einmal das Konzept ELTERN STÄRKEN in einer Lehrergruppe vorstellte, kam es bei dem Begriff *„Bestätigen des Anderen im Anderen"* zu einer heftigen Kontroverse zwischen zwei Teilnehmerinnen und mir. Ich könne gut reden von *Bestätigen*, „aber wie soll ich denn die Vernachlässigung gewisser Eltern bestätigen?", hallte es mir entgegen.

Der Unterton dieses Einwurfes verriet mir, dass die beiden Teilnehmerinnen die Worte *„bestätigen"* mit *„gut heißen"* von Verhaltensweisen verwechselt hatten. Ich glaubte mich schon am Ende des Dialogs, da es nur noch um schlagkräftige Argumente ging. Durch das Öffnen des Gesprächs lud ich alle im Raum ein, sich einzubringen.

Ich führte in der Runde den so genannten „Sprechstein" ein, ein Symbol des Dialogs einiger Indianerstämme Nordamerikas. Nur derjenige, der den Stein in der Hand hielt, durfte sich äußern. Nach dem Redebeitrag musste der Stein in die Mitte auf den Boden gelegt werden. Erst als die Person wieder saß, konnte jemand anders den Stein aufnehmen und seinerseits in Ruhe einen Wortbeitrag leisten. Die Art dieses Gesprächs, auf die ich im Kapitel „Dialogische Kernfähigkeiten" noch einmal näher eingehe, brachte sehr schnell das Wesentliche zu Tage.

Auf diese Weise gelang es, wieder zum Dialog zurück zu kehren, und durch die Rückmeldungen der anwesenden Lehrer wurde der Unterschied deutlich zwischen der **Bestätigung als Mensch** und der Billigung kritikwürdiger Verhaltensweisen.

Ein wichtiges Thema in Bezug auf die Akzeptanz der Anderheit ist die Pubertät. Diese Zeit wird von Erziehungsberechtigten stets als eine besonders anstrengende Phase empfunden, in der aus den umgänglichen, „lieben" Kindern stachelige und unnahbare Wesen werden. Ihre Kinder werden ihnen oft sehr fremd, und das Eigenwillige und „Eigensinnige" nährt die Ängste vieler Eltern, ihr Sohn oder ihre Tochter könnten abdriften.

Auch die Jugendlichen selbst empfinden die Zeit des Heranwachsens als schwierig. Eltern und andere Erwachsene werden plötzlich als behindernde und überflüssige Instanz empfunden.

Ich thematisiere die Frage der Liebe und der Wertschätzung an dieser Stelle ganz bewusst noch einmal, weil das Nachdenken, **ob** ich mein Kind oder besser, **was** ich an meinem Kind noch liebe, viele an ihre Grenzen bringt, erst recht, wenn gegenseitiges Unverständnis, Wut aufeinander und Sprachlosigkeit zu Hause die Regie führen. Dabei benötigen unsere Heranwachsenden erst recht in dieser wichtigen Umbruchphase die Bestätigung als Mensch in ihrer Anderheit, wie auch immer diese zum Ausdruck kommt. Auch jetzt brauchen sie einen verlässlichen und stabilen Elternkontakt, der eine harte Auseinandersetzung trägt, der sie innerlich wachsen lässt, obwohl sie uns häufig signalisieren, dass sie Abstand suchen und uns Erwachsene total „uncool" finden. Manchmal müssen wir nur genauer das Bauschild [„Wegen Umbau geschlossen"] an der „Großbaustelle"

unseres heranwachsenden Kindes zur Kenntnis nehmen. Vielleicht gelingt es uns dann eher, die Pubertät als eigene Lernzeit zu sehen. Mit einer größeren Gelassenheit können wir geduldiger aus einer gewissen Distanz beobachten, wie sich unser „Kind" entpuppt. Ein Schritt zu dieser Gelassenheit ist der Dialogische Erfahrungsaustausch, wie er in den folgenden Beispielen zustande kam.

Eine Mutter berichtet über ihre Situation, die sie heute im Rückblick auf damals „als sehr schmerzhafte, aber dann doch vorübergehende und inzwischen abgeschlossene Abnabelung" des mittlerweile 23-jährigen Sohnes erlebt habe.

Eine andere Mutter sieht sich schon seit Jahren in einem „Krieg" mit ihrer Tochter (16 J.), der „vermutlich mit einer Katastrophe enden wird, wenn das so weiter geht!"

Ein Vater beklagt, er wäre froh, wenn es überhaupt zu einer Auseinandersetzung mit seinem 17-jährigen Sohn käme. Aber „der ist ja nur ‚flüchtig', gar nicht mehr greifbar zur Zeit, nur noch ‚zu', völlig abgeschlossen."

Eine Teilnehmerin, die bis zu diesem Zeitpunkt kaum wahrnehmbar war, schildert vor der Gruppe ihre Erinnerungen. „Wir hatten damals bei dem zweiten Sohn aus meiner ersten Ehe ein ähnliches Problem. Wir hatten eine Zeit lang überhaupt keine Verbindung mehr zu ihm. Tage lang blieb er über Nacht weg, bis ihn eines Tages die Polizei nach Hause brachte, weil sie ihn beim Klauen erwischt hatten. Wir haben ihn dann vor lauter Erleichterung nur in die Arme genommen und uns ausgesprochen. Danach ist er eigentlich nie wieder nachts weggeblieben. Und der Kontakt zu seinem Vater wurde auch mit diesem Ereignis schlagartig besser. Das war eine schreckliche Zeit damals, kann ich Ihnen sagen."

Eine andere Mutter öffnet sich aufgrund dieser „besonderen" Atmosphäre mit der Geschichte einer Familie, zu der ihre neunjährige Tochter Vanessa immer zum Spielen geht. Sie berichtet, dass in diesem Haushalt auch ein größerer Junge, der Stiefbruder des Schulkameraden von Vanessa, lebt. „Die Mutter dieser Familie versucht schon seit Jahren, ihren geschiedenen Mann, der immer wieder bei ihr aufkreuzt, obwohl er eine eigene Wohnung hat, von der Flasche zu bekommen. Sie lässt ihn aber auch immer rein." Der sei aber ganz oft sehr aggressiv auch zu den Kindern. Und das Verhalten des Vaters im Alkohol habe auch schon auf den „Großen" abgefärbt. „Der trinkt auch schon seit seinem zwölften Lebensjahr." Nun fragt sie den Kreis, wie sie sich verhalten soll.

„Ich habe nie eine bessere, eine teilnehmendere Art des Zuhörens gekannt als die seine. Es war ein vollkommenes Lauschen."

Stefan Zweig
über Rainer Maria Rilke

Ein Mann meldete sich zu Wort und erzählte über seine Sucht. „Ich habe mit 19 angefangen zu trinken. Als meine Frau mit unserem Sohn schwanger war und ich mir am laufenden Band Eskapaden erlaubte, drohte sie mir damit, mich rauszuschmeißen. Ab dem Tage bin ich trocken, aber ich weiß, dass ich immer noch Alkoholiker bin und dass ich gefährdet bleibe mein ganzes Leben."

Bei solchen Schilderungen füllt sich der Seminarraum mit gespannter Aufmerksamkeit; ein **„lebendiges, existentielles Zuhören"** findet statt. Dadurch werden bei allen Teilnehmern unterschiedliche Gefühle und Erinnerungen aus dem eigenen Leben ausgelöst.

„Ich war heute Abend ganz bei mir, wurde ständig an meine Kindheit und Jugend erinnert, habe das alles Revue passieren lassen."
„Ich glaube, mich hat in meiner Jugend ein Schutzengel davor bewahrt, auch abzugleiten wie meine damaligen Freunde."
„Machen wir uns doch nichts vor, war es bei uns damals etwa anders?"
„Ich bin froh, dass ich ganz behütet aufgewachsen bin, wenn ich das alles höre."
„Ich habe heute viel über Alltagssüchte erfahren." etc.

In Momenten dieser Art geschieht wohl eine „Begegnung", wie ich sie beschreiben will, zwischen bis dahin fremden, ganz und gar unterschiedlichen Menschen, unterschiedlicher sozialer und ethnisch-religiöser Herkunft. Diese Erfahrung bietet kein Lehrbuch oder Referat über die Bedeutung gegenseitiger Annahme. Wieder zu Hause, können die Eltern ihre eigene Erfahrung von Angenommensein vielleicht an ihre Kinder weitergeben.

Wenn im Seminar ein Dialog zu Stande kommt, kann das gelingen, was ich oben zu beschreiben versucht habe, nämlich, dass das *Andere* der Anderen, das Fremde, plötzlich seine Fremdheit verliert und sogar als eine Bereicherung wahrgenommen und gewürdigt werden kann. „Anderheit meint die Einzigartigkeit und die klare Getrenntheit des anderen Menschen von mir selbst, ohne die Basis der gemeinsamen Menschlichkeit zu verkennen" (Fuhr/Gremmler-Fuhr 1991). Dialog heißt also keine gefühlsduselnde Verschmelzung oder Gleichmacherei der Einzelnen, sondern auch und gerade Distanz.

Es fällt vielen Menschen gewiss nicht leicht, andere Menschen als Ganzes mit ihren Eigenarten und „Macken" grundsätzlich zu bejahen. Das geht uns mit Kolleginnen und Kollegen, mit unserer Partnerin oder unserem Partner und erst recht mit unseren eigenen Kindern so. In bestimmten Entwicklungsphasen mögen wir uns gar nicht vorstellen, dass wir mit *diesem* Kind verwandt sind. So fremd ist es uns manchmal. Die meisten von uns haben aber sicher schon am eigenen Leib zu spüren bekommen, dass die grundsätzliche Bestätigung unserer ganzen Person, die sich auch in Vertrauen äußert, sich unheimlich gut anfühlt und uns aufbaut. Viele wachsen geradezu über sich hinaus. Wie schwer wir uns auch immer tun mit dem *Anderen*, „wir existieren als Personen, die in ihrer Einzigartigkeit von Personen bestätigt werden müssen, die wesentlich anders sind als wir selbst" , betont Friedman (1987, S. 177) ausdrücklich.

Carl Rogers veranschaulicht diesen ständig fließenden Austausch und die Wechselbeziehung von Dialog und Einzigartigkeit in einer seiner letzten Äußerungen über Bestätigung:

„Wenn ich nicht geschätzt und gewürdigt werde, dann fühle ich mich nicht nur sehr reduziert, sondern mein Verhalten wird tatsächlich von meinen Gefühlen beeinflusst. Wenn ich geschätzt werde, dann blühe ich auf und entfalte mich, dann bin ich ein interessantes Individuum. In einer feindseligen oder gleichgültigen Gruppe bin ich in keiner Hinsicht bemerkenswert. [...] Ich wünschte, ich hätte die Kraft, in beiden Arten von Gruppen ähnlicher zu sein, aber die Person, die ich in einer freundlichen und interessierten Gruppe bin, ist faktisch anders als die Person, die ich in einer feindseligen oder ablehnenden Gruppe bin. Schätzen oder Lieben und Geschätzt- oder Geliebt-werden werden somit als sehr wachstumsfördernd erlebt. Ein Mensch, der anerkennend, nicht besitzergreifend, geliebt wird, blüht auf und entwickelt sein eigenes, einzigartiges Selbst. Der Mensch, der nicht besitzergreifend liebt, wird selbst bereichert. Das ist jedenfalls meine Erfahrung" (Rogers 1980, in: Friedman 1987, S. 178).

„Solange es eine menschliche Gesellschaft gibt, hat etwas stattgefunden, was als Heilung durch Begegnung anerkannt werden kann. Die Eltern, die Lehrerin, die Krankenschwester, der Schamane und der Medizinmann – wer immer anderen die Hand reicht (oder auflegt) bzw. anderen hilft – wirkt an Heilung durch Begegnung mit."

Maurice Friedman

Wenn es gelingt, diesen wertschätzenden zwischenmenschlichen Austausch – vorausgesetzt er ist wahrhaftig – in den Elternseminaren für alle lebendig werden zu lassen, vollzieht sich das, was Buber mit dem Begriff **„Begegnung"** umschreibt. „Begegnung" im oben beschriebenen Sinn stellt für ihn einen Wert an sich dar,

aus dessen Kern heraus ein Wachstums- und Heilungsprozess für beide Seiten der an Beratung bzw. an Seminaren Beteiligten erwachsen kann.

Begegnung in der Seminargruppe heißt im Kontakt sein miteinander, sich selbst und den anderen näher kommen, Wissen miteinander teilen, die anderen nicht nur respektieren, sondern ihnen auch wirklich zuhören und sie verstehen wollen. Einander begegnen heißt: voneinander lernen, anstatt sich gegenseitig vom „richtigen" Weg überzeugen zu wollen. Für die meisten Eltern ist ohnehin von größerer Bedeutung, gehört und verstanden zu werden, als sich analytisch aufbereitete Verhaltensmaßregeln oder wissenschaftliche Erkenntnisse anhören zu müssen.

Das Sein ist wichtiger als der Schein

„Wo aber das Gespräch sich in seinem Wesen erfüllt, zwischen Partnern, die sich einander in Wahrheit zugewandt haben, sich rückhaltlos äußern und vom Scheinenwollen frei sind, vollzieht sich eine denkwürdige, nirgendwo sonst sich einstellende gemeinschaftliche Fruchtbarkeit."

Martin Buber

Es gehört offensichtlich zum Menschsein dazu, dass wir uns über unsere Wirkung in der Öffentlichkeit Gedanken machen. *Was denken die anderen über mich? Wie nehmen sie mich wahr?* etc. Wir möchten Profil zeigen und Position beziehen. „Dieser Hang zum *Scheinen* entspringt dem Bedürfnis des Menschen nach Bestätigung und seinem Wunsch, lieber falsch bestätigt zu werden, als überhaupt nicht" (Friedman 1987, S. 180).

Auf gewöhnlichen Pflegschaftsabenden drückt sich das Scheinenwollen u.a. in Debatten aus, in denen verschiedene Themen kontrovers diskutiert werden, und darin, nach Möglichkeit keine „Fehler" in der Erziehung zuzugeben. Eine solche Diskussion unterscheidet sich jedoch fundamental vom Dialog. Im Dialog stehen sich Menschen gegenüber, die sich im Idealfall wahrhaftiger begegnen, die sich zu erkennen geben, die sich zeigen, wie sie sind und was sie berührt. Dialog erfordert Hinwendung in rückhaltloser Offenheit. Im Dialog gibt es selbstverständlich auch gegensätzliche Meinungen und Standpunkte, jedoch setzt der Dialog darauf, dass durch die gegenseitige Erkundung unterschiedlicher Meinungen die Dialogpartner ohne Gruppendruck und ohne indirekten Druck der Leitung (durch fachliche Statements) zu neuen Sichtweisen und Einsichten kommen.

Der Dialog ermutigt Eltern, sich freimütiger auch im Bezug auf kleinere Themen wie den Umgang mit dem Taschengeld oder mit der „Beteilung der Kinder an Familienaufgaben" oder mit dem Herumkutschieren mit „Mama's Taxi" einzubringen. Sie trauen sich eher, auch mal Unausgegorenes von sich zu geben, wenn

sie die Erfahrung machen, dass sie für ihre Offenheit nicht „bestraft" werden. Ich habe wiederholt erlebt, dass Eltern sehr überrascht und erleichtert waren, dass der Elternabend die Möglichkeit zum Austausch ließ. Hier einige solcher Rückmeldungen:

> „Einen Elternabend in dieser Form kannte ich noch nicht. Besonders fand ich aber gut, dass wir alle miteinander reden mussten, und das müssen wir ja auch mit unseren Kindern."

> „Die Gespräche im Kreis haben mich angeregt, über mein Verhalten zu meinen Kindern nachzudenken. Ich habe gelernt, mich mit den Augen meiner Kinder zu sehen. Was dabei heraus kam, war nicht immer angenehm. Bin ich ein gutes Vorbild für meine Kinder?"

> „Mir hat die Offenheit gut getan, in der Gruppe über meine Probleme zu sprechen. Die Veranstaltung hat viel zum Nachdenken angeregt. Ich würde mir eine Fortsetzung wünschen."

> „Ich bin zum Überdenken meines eigenen Verhaltens angeregt worden. Das war heute für mich das Wichtigste."

> „Ich habe heute Eltern kennen gelernt, die genau mit den gleichen Ängsten und den gleichen Sorgen an die Erziehung ihrer Kinder gehen wie wir. Das entlastet mich sehr, weil ich auch erkannt habe, dass ich manche Dinge meiner Kinder überbewerte. Ich möchte versuchen, besser auf die Bedürfnisse meiner Kinder einzugehen."

> „Ich würde auf jeden Fall wieder ein solches Seminar besuchen. Wir lernen, uns selbst zu vertrauen, wenn man erzählt und anderen zuhört."

> „Solche Elternabende würde ich gerne öfter mitmachen, weil der Gedankenaustausch mit anderen Eltern die Möglichkeit eröffnet, eigene Vorstellungen und Verhaltensweisen immer wieder zu überprüfen."

„Es war heute sehr kurzweilig und interessant und anregend. Damit meine ich vor allem den Austausch von Erfahrungen. Dazu haben die Methoden beigetragen."

„Wir wurden behutsam an ein offenes Gespräch herangeführt. Die Meinung anderer Eltern hat mich etwas beruhigt, dass ich auch mal an meine eigene Kindheit denken sollte und nicht so dramatisieren sollte."

In herkömmlichen Diskussionen um „Erziehungsfragen" kommt es vorrangig auf das Verteidigen von „Wissen" und Meinungen, auf Positionsbehauptung und Rechthaben an. *Was ist „richtig" und pädagogisch wertvoll?, Was sollte eine Mutter oder ein Vater auf jeden Fall vermeiden?* etc. Es geht längst nicht ausschließlich um Inhalte, sondern auch um eloquentes Auftreten, um das äußere Erscheinungsbild der Diskutierenden, darum, wie man sich „verkauft" und welchen Eindruck man hinterlässt. Über „Gewinnen" und „Verlieren" am Ende eines Rededuells entscheidet die geschickteste Rhetorik, das cleverste Ausspielen von Macht.

Für David Bohm ist „eine Diskussion fast wie ein Pingpong-Spiel, bei dem Leute Meinungen vor- und zurückschlagen und dessen Ziel es ist, zu gewinnen oder Punkte für sich zu sammeln. Vielleicht greift man die Meinung eines anderen auf, um die eigene zu untermauern – man mag mit einigen Ansichten übereinstimmen und andere ablehnen – aber der Kernpunkt ist das Gewinnen des Spiels. Bei einer Diskussion ist das sehr oft der Fall" (Bohm 2000, S. 33). In der Diskussion wird schon Gedachtes meist nur wiederholt. Im Dialog aber sollen neue Gedanken generiert werden.

Ein weiterer Nachteil von Debatten: Sie führen oft weg vom „Wesentlichen", verlieren sich häufig an der Oberfläche und verhindern einen tieferen Zugang der Beteiligten zum Thema. Eine Debatte trennt Kontrahenten und erzeugt eine Koalitionsbildung, der Dialog erzeugt Nähe und gegenseitiges Verständnis durch Anerkennung der Unterschiedlichkeit. In Abbildung 2 sind die Unterschiede zwischen Debatte und Dialog noch einmal gegenüber gestellt.

Diskussion	Dialog
Wissen vorweisen	Wissen gemeinsam herausfinden
Antworten geben	Fragen stellen
Gewinnen oder verlieren	Miteinander teilen
Ungleichheit	Gleich(-würdig)
Macht	Respekt, Achtung
Eine Sache beweisen	Zuhören und verstehen wollen
Eine Position verteidigen	Neue Möglichkeiten erkunden

Abb. 2:
Debatte vs. Dialog ,
Quelle: Seminarunter-
lagen (Hartkemeyer/
Dhority 2002)

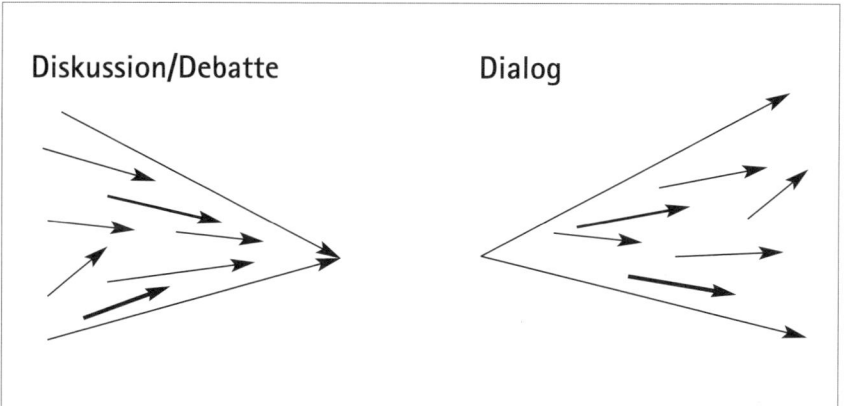

Abb. 3

Diskussion/Debatte   Dialog

Skizzen: Hartkemeyer/Dhority, 2002

Gut reden können und sicheres Auftreten machen in unserer Gesellschaft einen besonders guten Eindruck. Fragen stellen wird oft als Schwäche ausgelegt. An dieser Stelle erinnere ich an die selbstverliebten „Vielredner", die mit endlosen Monologen einen ganzen Elternabend allein gestalten. Die Rede ist hier von gruppenerfahrenen Funktionsträgern in Schulen, Vereinen und in der Elternschaft, die versuchen, die Elternzusammenkünfte zur Selbstdarstellung zu missbrauchen.

Um einen Dialog mit einer beliebigen Gruppe von Menschen, die unter Umständen mit einer anderen Grunderwartung und eben unterschiedlichen Dialogischen Fähigkeiten zusammenkommt, in Gang zu setzen, kommt es in erster Linie auf die Dialogischen Kompetenzen des Seminarleiters an. Gelingen oder Misslingen des Dialogs hängen ganz entscheidend von seiner inneren Haltung und von seiner Fähigkeit, selbst dialogisch kommunizieren zu können, ab; oder, wie David Bohm sagt: „dass der Geist des Dialogs vorhanden ist" (Bohm 1996, S. 33). Wie aber lerne ich, diesen „Geist des Dialogs" zu leben und in eine Gruppe zu tragen und zwar so, dass er die Teilnehmer erreicht? Diese Dialogischen Kompetenzen beschreibe ich in Kapitel 4 eingehender. Ist das Dialogische aber überhaupt erlernbar?

Wie die Dialogische Haltung erlernt werden kann

Das Dialogische ist zunächst einmal eine innere Haltung und Einstellung, aus der heraus mein Handeln geleitet wird. Diese Haltung ist, anders als der Erwerb methodischer Kompetenzen, ein Teil meiner Persönlichkeit, die Schritt um Schritt im Alltag durch den Wechsel von bewusster Erfahrung in der Praxis und Reflexion derselben sichtbar wird. Mit Praxis meine ich in diesem Zusammenhang nicht ausschließlich den beruflichen Kontext. Ich weiß aber aus eigenem Erleben, wie viel schwieriger es ist, beispielsweise mit den eigenen Kindern, den Partnern oder Kollegen, alltäglich Dialog zu leben. Emotionale Beteiligung und Verletzlichkeit verhindern oftmals das Leben einer Dialogischen Haltung in persönlichen Beziehungen. Solange langjährig „eingeübte" und unhinterfragte Verwicklungen nicht bearbeitet werden, lassen diese uns in alten mentalen Modellen* verharren.

* „mentale Modelle: tief verwurzelte Annahmen, Einstellungen, Weltanschauungen, kulturelle Prägungen, Gefühle, Überzeugungen, Dogmen, die uns und unsere Interaktion prägen. Diese „heimlichen Spielregeln" bestimmen unsere Wahrnehmungen, indem sie aus der Wirklichkeit das vermeintlich Evidente herausfiltern, also das, was uns gewiss zu sein scheint. Eine wichtige Aufgabe in den *Dialogseminaren* ist es, uns unsere mentalen Modelle bewusst zu machen und uns zu befähigen, die darauf gründenden *Annahmen und Bewertungen [zu] „suspendieren", in der Schwebe [zu] halten."

Weil dies so ist, gehört zur Ausbildung neuer Dialogbegleiter in der Elternarbeit der seminarbegleitende „Arbeitsauftrag", im Privatleben die Tauglichkeit des Dialogischen Konzeptes immer wieder zu testen. Sie können sich sicher vorstellen, dass man den Dialog nicht einfach aus Büchern erlesen kann. Sinnvollerweise sollte er mir im persönlichen Alltag vertraut werden, mir in „Fleisch und Blut" übergehen.

„Alles Mittel ist Hindernis. Nur wo alles Mittel zerfallen ist, geschieht Begegnung."

Martin Buber

Die Dialogischen Berater Reinhard Fuhr und Martina Gremmler-Fuhr haben in langjähriger Erfahrung einen Ansatz entwickelt, der einen Berater zu einem **lernenden Begleiter** werden lässt, der in der Lage ist, Dialogische Prozesse zu initiieren. Sie unterscheiden vier Lernbereiche. Bei allen Bereichen gehen sie davon aus, dass sich der Dialogbegleiter, wenn er Einzelnen bzw. Gruppen gegenübertritt, in einer „grundlegenden Ambivalenz" befindet. Diese besteht darin, dass er zum einen die Menschen, mit denen er zu tun hat, so respektieren muss, wie sie sind oder besser, wie er sie wahrnimmt. Gleichzeitig muss er sich dessen bewusst sein, dass er sie durch sein Handeln, durch seine Fragen und Interventionen etc. in ihrer Entwicklung unterstützt, also an einer Veränderung ihres So-Seins mitwirkt (vgl. Fuhr/Gremmler-Fuhr 1991, S. 31).

Entscheidend ist und bleibt dabei der Veränderungswille der Dialogteilnehmerinnen und -teilnehmer selbst.

Der **erste** Lernbereich bezieht sich auf die **grundlegenden Einstellungen und Haltungen des Dialogbegleiters,** mit denen er auf seine Besucher als eigenständige Wesen zugeht. Gemeint sind damit z.B. folgende Fragen:

- *Habe ich eine positive oder eine negative Einstellung Eltern gegenüber?*
- *Glaube ich daran, dass Eltern an einer guten Entfaltung ihrer Kinder interessiert sind? Wenn ja, halte ich sie für fähig, diese eigenverantwortlich zu bewerkstelligen?*
- *Halte ich Eltern für ebenbürtig mir als Leiter gegenüber?*
- *Gehe ich davon aus, dass Eltern Fachleute in eigener Sache sind, die mein generalisiertes Fachwissen als Leiter gleichrangig ergänzen?*
- *Brauchen Eltern Unterstützung und Verständnis, oder brauchen sie Belehrung und klare Ansagen?*
- *Bin ich als Pädagoge „Besserwissender" oder „Anderswissender"?*

Wenn wir Eltern begegnen, sollten wir sie nicht als „Klienten" behandeln, als „cliens" im Sinne von unmündig, sondern als Verantwortliche für ihre eigene Lebenssituation und -bewältigung sowie für die ihrer Kinder.

Der **zweite** Lernbereich meint das **Selbstverständnis des Begleiters,** welches sein Menschenbild, die persönlichen Wertungen bis hin zur persönlichen Sinnfindung einschließt. Dies ist deshalb eine besondere Herausforderung an mich als leitende Person, weil ich mir immer wieder klar machen muss, „dass ich [meine] eigenen Bedürfnisse nicht strikt von der professionellen Rolle abspalte, sondern in diese integriere und mir bewusst bin, dass ich ganz Mensch bin, wenn ich die Rolle des Beraters innehabe" (ebenda, S. 32). Mit anderen Worten, niemand von uns gibt seine Persönlichkeit vor einem Seminar an der Garderobe ab, weder Teilnehmende noch Seminarleiterin oder -leiter. Als Dialogbegleiter bin ich auch Mann, Sohn, Vater, Ehemann bzw. Partner.

Vor Beginn des Seminars lenke ich die eigene Achtsamkeit auf die Gedanken und Gefühle, die durch das Eintreffen der Eltern bei mir ausgelöst werden:

- *Wie ist jemand gekleidet, wie tritt er auf?*
- *Welche Sprache spricht dieser oder jene?*
- *Welche Fantasien und Vorannahmen lösen die unterschiedlichen Signale der Ankommenden bei mir aus?*

Beispiele für dieses Phänomen:
- *Aufgrund unbewältigter Erfahrungen mit den eigenen Eltern, könnte es mir schwer fallen, die Eltern des Seminars wirklich freundlich willkommen zu heißen.*
- *Nehmen wir einmal an, als Seminarleiter habe ich aufgrund von Vorurteilen eine starke Abneigung gegen Frauen, die sich stark schminken, oder aber unscheinbar und schwach wirken.*
- *Ich unterstelle Menschen, die mit einem Notizblock den Raum betreten, dass sie ausschließlich an Fakten und wahrscheinlich nicht an einem Dialog interessiert sind.*
- *Ich unterstelle Menschen in ärmlicher Kleidung einen geringen Intellekt.*

- *Frauen mit einem Kopftuch, die mir aus religiösen Gründen nicht zum Gruß die Hand reichen, nerven mich vielleicht, wenn ich der Auffassung bin, dass Frauen im Islam nur unterdrückt werden.*
- *Eltern, die im Seminar zu verstehen geben, wie viele Stunden sie selber all-abendlich vor dem Fernseher verbringen, könnte ich eventuell verachten, wenn ich selbst seit Jahren den Fernseher abgeschafft habe.*
- *Menschen mit einer Alkoholfahne beäuge ich misstrauisch.*
- *Einige Menschen sind mir auf Anhieb unsympathisch, ohne dass mir klar wird, warum; etc.*

Der **dritte** Lernbereich betont die **Bedeutung der wesensmäßigen Unterschied-lichkeit**. „Der Dialog lebt von Unterschieden, denn wo alles identisch ist, ist Austausch sinnlos" (ebenda, S. 32). Das Pendeln zwischen bisher unvereinbaren Meinungspolen muss ich mit meinen Seminarteilnehmern aushalten. Darin steckt die Chance, wirklich etwas Neues zu kreieren, neue Antworten zuzulassen.

- *Ich lade alle ein, sich wirklich offen zu zeigen, etwas von sich und den eigenen Einstellungen preiszugeben.*
- *Ich beanspruche für meine Auffassung von Erziehung und Beziehungsge-staltung keinen „Wahrheitsbonus".*
- *Ich gestehe jedem Menschen zu, die Rückschlüsse aus den eigenen Erfah-rungen selbst zu ziehen. Eltern sind und bleiben die Verantwortlichen ihrer Kinder.*

Entscheidend ist nicht, die allgemeingültige „Wahrheit" herauszufinden, sondern unterschiedliche Perspektiven und Lebensentwürfe anzuerkennen und nebenein-ander stehen zu lassen. Ein Dialogischer Seminarleiter „braucht die Fähigkeit, solche Uneindeutigkeiten auszuhalten, statt zu überspringen" (Fuhr/Gremmler-Fuhr 1991, S. 33). Als Pädagogen können wir ohnehin niemanden verändern, allenfalls neugierig machen auf sich selbst und uns mit der Bereitschaft des anderen verbünden, über sich selbst nachzudenken.

„Von jeder Wahrheit ist das Gegenteil ebenso wahr."

Hermann Hesse

Im Vordergrund des **vierten** Lernbereichs schließlich stehen die Konsequenzen und die praktischen Auswirkungen, die die drei ersten Lernbereiche auf mein **Beziehungsverständnis** zwischen mir als Begleiter und den Eltern haben.

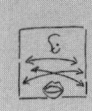
Einerseits kommen die Eltern mit dem Anspruch und dem Wunsch, dass ihnen geholfen werden möge, andererseits kann und will ich ihnen nichts „beibringen", will sie höchstens begleiten und mit Fragen motivieren, zu eigenen Antworten zu kommen. Die ersten drei genannten Bereiche schließen vor allem auch Änderungen im Selbstverständnis der Leiterrolle ein. Für viele bedeutet dies sicher ein radikales Umdenken vom „Belehren" hin zum „gemeinsamen Lernen", vom Helfen wollen hin zum Unterstützen im Finden eigenverantwortlicher Lösungswege.

Trotz jahrelanger Erfahrung in Dialogischer Beratung und Seminararbeit ertappe ich mich immer wieder dabei, dass ich doch hin und wieder Tipps und Ratschläge mit dem Anspruch von „Wahrheit" erteile.

Ausgehend vom Verständnis dieser vier Lernbereiche, kommt es darauf an, die Balance

- zwischen mitfühlender Sorge für die individuellen Probleme,
- dem Respekt vor der Eigenständigkeit jedes Einzelnen
- und meinem eigenen Selbstverständnis in der Begegnung mit den Eltern zu finden.

Wichtig! Nicht dem möglichen Impuls folgen, **für** die Eltern Antworten zu finden, sondern **mit** ihnen suchen.

Die folgenden beiden Beispiele sollen diese Herangehensweise verdeutlichen.

Eine Mutter teilt im Kreis ihre Ängste über die momentane Entwicklung ihrer 15-jährigen Tochter Sandra mit. Meine Aufgabe ist es nun nicht, ihr schnell aus meiner Sicht die Zusammenhänge zu erklären, ihr voreilig alternative Wege zu zeigen, sondern den Raum für einen Dialog über das beschriebene Problem zu öffnen, die Mutter und andere einzuladen, ihre Sicht der Dinge darzulegen. Durch Fragen würde ich die Übrigen dazu auffordern, in einem inneren Dialog Lösungsvarianten für deren eigene Lebensverhältnisse zu suchen und würde gegebenenfalls mich selbst fragen, wie ich eine ähnlich gelagerte Situation handhaben würde.

Ein Vater will von mir als Leiter direkt wissen, wie er mit der Aggressivität seines Sohnes Nils gegenüber seiner kleineren Schwester umgehen soll. Auch in diesem „Fall" ist entscheidend, dass diese Frage so in den Raum gestellt wird, dass alle an dem gemeinsamen Denkprozess beteiligt werden. Ich mache das wie folgt: „Wie sehen die anderen das? Kennt jemand hier im Raum ähnliche Streitigkeiten unter Geschwistern?" etc.

Solche oder ähnliche Fragen beziehen nicht nur alle ein, sondern sie lockern auf, bringen einige zum Schmunzeln, was so eine Art Bestätigung der Frage ist. Natürlich kennen viele der Anwesenden Streitigkeiten unter Geschwistern aus eigener Erfahrung. So wird ihnen bewusst, dass sie mit ihren Sorgen nicht allein stehen und dass mit diesen im Seminar sorgsam umgegangen wird. Spätestens jetzt merken die meisten Teilnehmer, dass gemeinsam im Dialog wesentlich mehr Antworten gefunden werden, als es einer allein schaffen würde.

Dieser komprimierte Überblick über die vier Lernbereiche verdeutlicht, „dass die wichtigste Bedingung für die Befähigung, ein guter Dialogischer Begleiter zu sein, darin besteht, dass er selbst ein erfahrener Lerner sein muss" (ebenda, S. 33). Seine professionelle Kompetenz im herkömmlichen Sinn, wird von der personalen

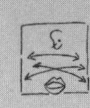

Kompetenz gleichrangig ergänzt. Denn „nur, wenn er auch selbst ein transformativ Lernender bleibt, kann er andere Menschen bei deren Persönlichkeitsentwicklung im Sinne dialogischen und ganzheitlichen Denkens begleiten und unterstützen" (ebenda, S. 34).

Die Bausteine eines Dialogischen Selbstverständnisses lassen sich folgendermaßen zusammenfassen:

- Zum Anderen als Person in Beziehung treten,**
- Neugier und ein unverbrauchter Blick auf mein Gegenüber,*
- wirkliches Interesse für den Anderen,*
- Akzeptieren und Bestätigen des Andersseins,*
- Anwalt sein für die Lernmöglichkeiten des Anderen,*
- als Seminarleiter selbst noch etwas lernen wollen.

*Fuhr/Gremmler-Fuhr 1991, S. 123ff.
**Friedman 1987, S. 82

Dialogische Kernfähigkeiten

In ihrem Buch „*Miteinander Denken: Das Geheimnis des Dialogs*" empfehlen Hartkemeyer und Dhority zehn grundlegende „Kernfähigkeiten" für den Dialog-Prozess. Diese Kompetenzen entwickelte Dhority aus seiner Arbeit in Peter Senges „organizational Learning Center" des MIT der Bostoner Universität und aus seiner Erfahrung als Mitbegründer des MIT „Dialogue Projects". Sie sind als weitaus mehr als nur geübte Fertigkeiten zu verstehen. Sie fordern uns heraus, wesentliche Seinsqualitäten zu entwickeln und auszudrücken. Schon die erste Kernfähigkeit: „Die Haltung eines/einer Lernenden einzunehmen" konstatiert, dass es sich um eine *HALTUNG* und nicht um eine Kommunikationstechnik handelt.

Dialogische Schlüsselkompetenzen, wie: „von Herzen sprechen", „radikalen Respekt zeigen", „sich öffnen", „Zuhören" etc. tragen dazu bei, eine produktive Lernatmosphäre zu schaffen, in der Eltern zu gestärkten Erziehern und Begleitern ihrer Kinder und Jugendlichen werden. Allerdings werden die „Kernfähigkeiten" in Elternseminaren nicht direkt thematisiert. Für die Arbeit mit den Elterngruppen habe ich die **Einladung zum Dialog** (Abb. 4) aus den „Kernfähigkeiten" abgeleitet.

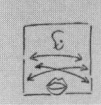

Sie können im Seminarraum ausgehängt werden. Entscheidender ist jedoch, dass Dialogbegleiter sie verinnerlicht haben und sie gemeinsam mit den Eltern vorleben.

Einladung zum Dialog

Jede und Jeder genießt den gleichen Respekt.

Ich mache mir bewusst, dass meine „Wirklichkeit" nur ein Teil der ganzen „Wahrheit" ist.

Ich genieße das Zuhören.

Ich brauche niemanden von meiner Sichtweise zu überzeugen.

Ich verzichte darauf, (m)eine Lösung über den Lösungsweg meines Gegenübers zu stellen.

Wenn ich von mir rede, benutze ich das Wort „Ich" und spreche nicht von „man".

Bevor ich rede, nehme ich mir einen Atemzug Pause.

Ich rede von Herzen und fasse mich kurz.

Ich vertraue mich neuen Sichtweisen an.

Ich nehme Unterschiedlichkeit als Reichtum wahr.

Abb. 4:
Einladung zum Dialog

Anhand der Begrifflichkeiten von Hartkemeyer und Dhority zeige ich nun die persönlichkeitsstärkende Bedeutung des Dialogs für den Einzelnen und die Gruppe im Rahmen Dialogischer Elternseminare auf.

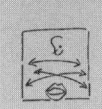

Die Haltung eines Lerners verkörpern

Die Haltung eines Lernenden einzunehmen, ist wahrscheinlich eine der schwierigsten Übungen für Seminarleiter. Unsere kulturelle Konditionierung sowie das professionelle Selbstverständnis legen uns nahe, dass wir als Seminarleiter als die „wissenden" Experten aufzutreten haben, um glaubwürdig zu erscheinen. Wir sollen in Erziehungsfragen bewandert sein, uns in der Entwicklungspsychologie und Bindungstheorie auskennen, die Wirkungsweise von Drogen und nichtstofflichen Süchten differenziert darstellen können und am besten „Patentrezepte" für richtiges Verhalten im Konfliktfall bereithalten.

Viele der „Wahrheiten", die wir verkünden, stammen aus eigenen Studien und aus der Literatur, die wir gelesen haben und deren Inhalte wir überzeugend finden. Weitere, die uns plausibel erscheinen, übernehmen wir aus Berichten anderer Menschen, wiederum andere entspringen unseren eigenen Erfahrungen. Immer, wenn Seminarleiter über ihre eigene Lebenserfahrung sprechen, wirken sie am authentischsten und glaubwürdigsten. Das liegt daran, dass wir genau über dieses kleine Segment von Wissen wirklich tiefere Erkenntnisse haben. Aber die gesamte Wahrheit, eine Art objektive Wahrheit quasi, gibt es nicht, allenfalls diesen oben beschriebenen kleinen (persönlichen) Einblick.

Dennoch rücken einige Kollegen **ihr** Wissen immer noch in den Vordergrund des Seminargeschehens, weil sie glauben, dass dies von ihnen verlangt wird oder, weil sie der Überzeugung sind, dass sie nicht nur besser und fundierter informiert sind, sondern im Leben auch besser klar kommen als die Eltern in den Seminaren. Einige Eltern nehmen bisweilen die gleiche Haltung ein, als wüssten sie im Prinzip schon alles und wirken deshalb entweder gelangweilt, distanziert oder belehrend. Sie kommen mit der Einstellung: „Es kann ja nicht schaden, ein Elternseminar zu besuchen, aber so richtig Neues werde ich bestimmt nicht hören."

Erkunden statt verkünden

In den ELTERN STÄRKEN-Seminaren sind wir alle Lernende. Wer sich nicht von vornherein als „Wissender" versteht, sondern mehr Fragen als Antworten hat, hat gute Chancen, Dinge zu erfahren, die ihm vorher verborgen waren, seinen Horizont also tatsächlich zu erweitern. Er geht allerdings auch ein gewisses Wagnis ein, im positiven Sinne irritiert zu werden.

Die Haltung eines Lerners erfordert Offenheit und die Bereitschaft, sich einzuge-
stehen, dass er im Grunde von allem nur einen Teil weiß, jedoch seinen Blick erweitern möchte. Eine solche Grundhaltung ermöglicht einen offenen Lernraum,
in dem alte Denk- und Verhaltensmuster hinterfragt werden können. Und die Bereitschaft, etwas ganz Neues zuzulassen, schafft die Voraussetzung eines wirklichen Zuwachses an Wissen.

Die Grundhaltung des Lerners zeigt sich folgendermaßen:
- *Ich lasse mich auf Neues und Fremdes ein.*
- *Ich bin nicht besser – ich bin anders.*
- *Ich gestehe mir ein, dass ich nur einen Teil der Wirklichkeit kenne.*

*„Im Anfängergeist gibt
es viele Möglichkeiten.
Im Geist des Experten
gibt es wenige."*

*Shunruju Susuki
(Zen-Meister)*

Radikalen Respekt zeigen

Jede Mutter und jeder Vater haben unabhängig von ihrer mitgebrachten Problem-
und Fragestellung, ob sie „gut" oder „schlecht" mit ihren Kindern umgehen bzw.
zurecht kommen, ein Recht darauf, in ihrer ganzen, einzigartigen Persönlichkeit
wahrgenommen und bestätigt zu werden. „Gegenseitige Bestätigung ist wesentlich, um ein Selbst zu werden [...] Echte Bestätigung bedeutet, dass ich meinen
Partner als real existierendes Geschöpf bestätige, während ich mich gleichzeitig
mit ihm auseinandersetze" (Friedman 1987, S. 23).

*Kürzlich hörte ich auf einer Veranstaltung mit Lehrerinnen und Lehrern über
Dialogische Elternarbeit, dass ich an dieser Stelle nun wirklich zu weit ginge. „Ich
kann doch Eltern, die ihre Kinder misshandeln, nicht respektieren", platzten zwei
Lehrerinnen gleichzeitig heraus. Ich bat die Gruppe, über die Bedeutung von
Bestätigung und Respekt, einen Dialog zu führen, um einerseits die Verschieden-
artigkeit der Standpunkte in dieser Frage sichtbar zu machen und andererseits
mich als alleinig kompetenten und normsetzenden Fachmann aus dem Fokus zu
nehmen.*

*Der traditionelle Weg wäre vielleicht gewesen, den beiden Teilnehmerinnen zu
erklären, wie wichtig **„Bestätigung als Mensch"** für alle Eltern ist. Alternativ
hätte ich sie durch entsprechende Gesten oder eine vielsagende Mimik spüren
lassen können, was es heißt, abgewertet und verurteilt statt angenommen und
angehört zu werden.*

In meinem persönlichen Beitrag zu diesem Dialog gab ich zu verstehen, dass ich Besuchern, die von sich preisgeben, dass sie manchmal „aus Verzweiflung" ihre Kinder schlagen, besondere Dankbarkeit entgegenbringe dafür, dass sie in der Elternrunde erschienen sind und für ihren Mut, sich der Öffentlichkeit zu stellen.

Nach dem „Gesetz gegen Gewalt in der Familie", haben Kinder einen Anspruch auf gewaltfreie Erziehung. „Körperliche Bestrafungen, seelische Verletzungen und andere entwürdigende Maßnahmen sind unzulässig" (§ 1631, II BGB). Für die Gesetzgeber steht nicht in erster Linie die Kriminalisierung elterlichen Fehlverhaltens, sondern der **Respekt vor Kindern** im Vordergrund (vgl. Tschöpe-Scheffler 2003a, S. 45). Gehen wir einmal davon aus, dass den meisten Erziehungsberechtigten auch ohne Gesetz bewusst ist, dass Kinder durch jede Form von Entwürdigung, Demütigung, Missachtung und Unterdrückung Verletzungen davon tragen. Im Seminar macht es allerdings nur dann Sinn, an die Einhaltung der gesetzlichen Regel zu appellieren, wenn es gleichzeitig gelingt, mit den Eltern gemeinsam Handlungsstrategien für scheinbar ausweglose Situationen zu entwickeln. Wir können von außen den Eltern „erzählen", vorhalten und vorschreiben, was wir wollen. Zu Änderungen gehören Einsichten und die entsprechende Kompetenz. Daher auch die zweite Intention des Gesetzes, **Eltern mit Respekt** zu **begegnen** und sie in ihrer elterlichen Kompetenz zu stärken.

„Die Hauptvoraussetzung zur Entstehung eines echten Gesprächs ist, dass jeder seinen Partner als diesen, als eben diesen Menschen meint."

Martin Buber

In einem Elternseminar fragte ein Vater beim Thema „Haschisch" in die Runde: „Warum kann sich mein Sohn nicht einmal richtig die Hacke voll saufen, wie wir es getan haben, warum muss der immer mit dem ‚Zeug' (gemeint war Cannabis) rum hantieren?"

Er erntete viel Gelächter für seine Äußerung, weil er auch anderen aus der Seele sprach, die sich nicht trauten, ihre Ängste vor dem unbekannten „Stoff" von sich zu geben. Hätte ich jetzt, ob moralisch oder fachlich motiviert, aufstöhnen, dagegen argumentieren, ihn auslachen oder sonst wie herablassend reagieren sollen mit der Aussage: „Das ist aber grober Unsinn, was Sie da erzählen, lieber Mann!"?

Radikaler Respekt heißt, dass wir die Würde jedes einzelnen Menschen, seine Sprache und seine Ausdrucksweise, seine Einmaligkeit achten. Wir respektieren, was den Menschen ausmacht, dem wir gegenüber sitzen, ohne Hintergedanken, wie wir ihn „knacken" oder verändern könnten. Radikaler Respekt ist aktiver als Toleranz und mehr als Empathie. Respekt heißt: **Ich erkenne die andere Person in ihrem Wesen an.** Diese Anerkennung kann so weit gehen, dass ich versuche, soweit dies möglich ist, die Welt aus der Perspektive meines Gegenübers anzuschauen, dass ich mich in sein Leid und seine Trauer genauso einfühle wie in seine Freude. So kann ich die Beweggründe für seine Verhaltensweisen und die Beweggründe, die diesen zugrunde liegen, verstehen lernen. Radikal respektieren heißt, an sich zu arbeiten. Nicht ein einmaliger Entschluss, sondern ein lebenslanger Prozess sind erforderlich.

Die Teilnehmenden erwerben durch den gegenseitigen respektvollen Umgang einen Blick dafür, welche Kräfte und Entwicklungspotenziale in ihnen stecken. Nur dann, wenn wir nicht die Nase rümpfen über geäußerte Meinungen und geschilderte „Geschichten", über Ausdrucksformen und Haltungen anderer, erreichen wir jeden Teilnehmer. Gerade im Respekt steckt wohl die tiefe Annahme, die eine „Begegnung" im Dialog so heilsam machen kann.

Radikaler Respekt bedeutet:
- Ich stelle mir vor, wie *ich* leben und erleben würde, hätte *ich* das Leben des anderen Menschen.
- Ich lasse mich auf den anderen Menschen ein. *„Ich stelle mich auf eine Ebene mit dir. Ich interessiere mich wirklich für dich."*
- Ich bestätige und akzeptiere dein „Anderssein".
- Ich lasse den Anderen „gut aussehen".

Sich öffnen für andere Ansichten und Überzeugungen

Diejenigen, die sich frei äußern, verdienen Respekt. Das für die meisten neue Dialogische Verständnis und die neue, ungewohnte Nähe im Kreis, die im Elterndialog entstehen können und sollen, lösen manchmal zunächst leichtes Befremden, Befürchtungen oder Ängste aus, und zwar erst recht, wenn das „Neue" damit verbunden ist, dass ich mich mit meinen Erziehungsgrundsätzen und -verhaltensweisen offen einbringen oder gar in Frage stellen soll. Ich riskiere damit, „bloß" gestellt zu werden, wie das in dem Beispiel mit den „misshandelnden Eltern" der Fall war.

Aber genauso wenig, wie wir die Entwicklungsschritte unserer Kinder planen können, sind wir in der Lage, stets angemessen zu reagieren. Darüber in offenen Dialog mit fremden Eltern zu gehen, erzeugt bei den Eltern Scham, die sich schuldig an der „Fehl"-Entwicklung ihres Kindes erleben. *„Woran liegt es, dass mein Kind hyperaktiv ist, dass es in der Schule versagt oder aggressiv ist?" „Fällt das nicht auf mich als Mutter oder Vater zurück?"*

Doch nicht nur Extrembeispiele machen Offenheit zu einer Herausforderung. Berichte über die als ganz normal empfundene gestörte familiäre Kommunikation reichen aus, um Brüche und vermeintliche Schwächen Einzelner schonungslos offen zu legen. Im Rückblick, am Ende des Dialogs, dominiert jedoch meistens ein Gefühl von Befreiung über die ungewohnt offene und vertraute Atmosphäre.

„Die Fremdheit, das Anderssein des Anderen auszuhalten und zu bejahen, ist die Grundbedingung dafür, in Beziehung treten zu können."

Thomas Reichert

Offenheit entsteht nur in einer angstfreien Atmosphäre, und sie braucht soviel Vertrauen, dass der Einzelne sicher ist, weder emotional noch psychisch verletzt zu werden. „David Bohm schrieb, Offenheit entstehe, wenn zwei oder mehrere Personen bereit seien, sich voreinander von ihren eigenen Überzeugungen zu lösen. Sie seien dann bereit, einander ihre Denkweisen mitzuteilen und seien offen dafür, ihr Denken von anderen beeinflussen zu lassen" (Hartkemeyer/Dhority 1998, S. 79). Und eben dieses von- und miteinander Lernen und von unterschiedlichen Gedanken und Erfahrungen anderer Besucher der Elternseminare zu partizipieren, macht den Unterschied zu herkömmlichen Lehrkonzepten und damit das Besondere an den ELTERN STÄRKEN-Seminaren aus.

Im Kern heißt sich unbefangen zu öffnen:

- *Ich bin offen für neue Ideen.*
- *Ich löse mich offen vor den Anderen von eigenen Überzeugungen.*
- *Ich vermittle: „Du kannst dich mir anvertrauen. Ich gebe dir Sicherheit, was immer du sagst."*
- *Ich kann das Kind offen anschauen, ohne fertiges „Rezept", ohne gleich zu wissen, was es braucht.*

> *„Was immer in anderen Bereichen der Sinn des Wortes ,Wahrheit' sein mag, im Bereich des Zwischenmenschlichen bedeutet es, dass Menschen sich einander mitteilen als das, was sie sind. Es kommt nicht darauf an, dass einer dem anderen alles sage, was ihm einfällt, sondern darauf allein, dass zwischen sich und den anderen keinen Schein sich einschleichen lasse. Es kommt nicht darauf an, dass einer sich vor einem anderen ,gehen lasse', sondern dass er dem Menschen, dem er sich mitteilt, an seinem Sein teilzunehmen gewähre. Auf die Authentizität des Zwischenmenschlichen kommt es an, wo es sie nicht gibt, kann auch das Menschliche nicht authentisch sein."*
>
> *Martin Buber*

Von Herzen sprechen

In Seminaren fallen Menschen mit besonderer Redegewandtheit besonders schnell auf. Ihnen fällt es leichter als den „stillen Zuhörern", vor Gruppen zu reden und ihren Standpunkt zu vertreten. Das ändert sich schlagartig, wenn es an das sogenannte „Eingemachte" geht, um Dinge, die gewöhnlich eher in intimen, privaten Runden oder gar nirgends zur Sprache kommen. Die eigene Lebensbewältigung und Konflikte mit den „Lieben" gehören ebenso zu den öffentlich tabuisierten Themen wie Gewalt in der Beziehung zu Kindern, der eigene Suchtmittelkonsum und das Reden über Ängste und Trauer. Von sich zu sprechen und gleichzeitig bei sich zu bleiben, ist nicht leicht, dennoch eine unbedingte Voraussetzung für eine ehrliche Überprüfung eigener Einstellungen. Das Wörtchen „man" ist umso mehr in Gebrauch, je persönlicher die Redebeiträge sind. Es macht jedoch einen Unterschied, ob ich sage: *__Man__ fühlt sich ganz elend und ohnmächtig, wenn einem die Kinder nicht zuhören"*, anstelle von *„__Ich__ fühle mich immer*

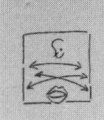
dann ganz elend und ohnmächtig, wenn mir meine Kinder nicht zuhören." Im zweiten Fall gestehe ich mir und der Gruppe ein, dass ich es bin, die sich ohnmächtig fühlt, und es handelt sich um meine eigenen Kinder und nicht um fremde.

„Sodann aber verlangt es einen Mal um Mal, seinem Mitmenschen zu danken, selbst wenn er nichts Besonderes für einen getan hat. Wofür denn? Dafür, dass er mir, wenn er mir begegnete, wirklich begegnet ist; dass er die Augen auftat und mich mit keinem anderen verwechselte; dass er die Ohren auftat und zuverlässig vernahm, was ich ihm zu sagen hatte; ja, dass er das auftat, was ich recht eigentlich anredete, das wohlverschlossene Herz."

Martin Buber

„,Sprich von Herzen' – so heißt es in der alten Tradition der Indianer Amerikas als Leitsatz für ihre Zusammenkünfte (,councils'). Die Fortsetzung des Satzes lautet: ,und fasse dich kurz!'" (Hartkemeyer/Dhority 1998, S. 80). Lange, intellektuelle Wortspielereien auf Elternabenden können dazu geeignet sein, „von Herzen kommende" Gefühle und Gedanken zu verstecken. Wer immer wieder aus dem Kopf heraus *argumentiert*, lässt die anderen im Unklaren darüber, ob er emotional an dem Thema beteiligt ist oder nicht. Es gehört Mut dazu, sich wirklich zu zeigen und ehrlich zu sein. Als Dialogbegleiter achte ich auf „Zwischentöne" und ermutige durch ein positives Vorbild alle, „wahrhaftig" zu bleiben.

Die Eltern empfinden es als entlastend, wenn sie sich so geben können, wie sie sind und wenn sie aufhören können, eine Rolle spielen zu müssen, wenn sie ganz Mensch sein können.

„Sprich von Herzen – und fasse dich kurz", soll heißen:
- *Ich spreche zukünftig von „ich" und nicht von „man".*
- *Ich rede von dem, was mir wirklich wichtig ist, was mich wesentlich angeht.*
- *Ich vermeide lange Monologe, die der Selbstdarstellung dienen.*
- *Ich rede nicht, um zu „scheinen" und um zu brillieren.*

Zuhören und verstehen wollen

Zuhören scheint ganz einfach zu sein. „Aktives Zuhören", durch Carl Rogers' klientenzentrierte Gesprächstherapie bekannt geworden, heißt einfühlendes Zuhören. Es soll meinem Gegenüber signalisieren, dass sie oder er von mir akzeptiert wird. Hinhören im Dialogischen Sinne will nicht nur wohlwollend Verständnis zeigen, sondern betont den Aspekt des „Auch-verstehen-wollens", was der andere meint. Diese Art des *lauschenden* Hinhörens ist nicht leicht. Es erfordert Respekt und Geduld, denn jeder hat sein eigenes Tempo, von sich zu erzählen. Manche Menschen können es schlecht aushalten, anderen zuzuhören, insbesondere dann, wenn sie zu einem für sie scheinbar langatmig vorgetragenen Problem keinen eigenen Bezugspunkt finden oder gar das Problem für zu trivial halten.

Es ist eine grundlegende Erfahrung, von einer anderen Person vorbehaltlos wahrgenommen zu werden. Sie gleicht einer Einladung, sie ermutigt uns zu vorher nicht geahnten Einsichten, Kreativität, Frische und Tiefe. Die Wirkung des Dialogs wird um ein Vielfaches verstärkt, wenn die Gesprächsteilnehmer einander mit *offenen Herzen* und offengelegten Bewertungen zuhören. Es werden Vertrauen und Offenheit entstehen. Ich selbst bzw. mein Gegenüber braucht nicht mehr so viel Energie dafür aufzuwenden, beim Sprechen auf verdeckte Signale der Ablehnung zu achten (vgl. ebenda, S. 81). Von einem der erfolgreichsten Regisseure der Stummfilmära, Carl Theodor Freyer (1928), stammt folgender Ausspruch: „Die Mimik ist die Seele des Gesichts, sie ist wichtiger als das Wort. Oft können wir den Charakter eines Menschen in all seinen Schattierungen aus einem einzigen Stirnrunzeln, einem Augenzwinkern lesen. Die Mimik ist der ursprünglichste Ausdruck psychischer Vorgänge, und sie ist älter als das Wort."

Mitfühlendes Zuhören ist aktiv. Es lässt uns eine Menge lernen über unsere reflexartigen (Vor)Urteile. „Zuhören bedeutet, dass man so zuhört, dass der andere Mensch Dinge aussprechen kann, die er sonst nicht ausgesprochen hätte oder nicht hätte aussprechen können" (Hartkemeyer/Dhority 1998, S. 81). Aktives Zuhören beeinflusst ebenfalls den Prozess des Antwortens auf natürliche Weise.

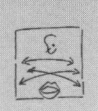

Genauso wichtig wie richtiges *Zuhören* ist es, vom anderen wirklich *gehört* zu werden. Das heißt gegenseitige Achtung und Anerkennung. Dieses Gefühl von Anerkennung und Verstanden werden äußern die teilnehmenden Eltern in ihrem „persönlichen Schlusswort", welches am Ende eines jeden Elternseminars obligatorisch ist, am häufigsten. In diesem Sinne bedeutet Dialog eine Art Heilung. Dialog ist also ein gegenseitiger Prozess. Natürlich kann wirkliches Interesse an Grenzen stoßen, z.B. wenn einem ein anderer Mensch völlig unsympathisch ist oder wenn jemand Ansichten vertritt, die ich absolut nicht teile.

„Ein intensiver Sog geht von solchem Zuhören aus", wie Florian Roder schreibt. „Am Ende des Gesprächs ist mir, als wenn schwere Lasten von meiner Seele genommen wären, als wenn ich eine neue Richtung sähe, auch ohne dass es das zauberische Gegenüber mir inhaltlich gesagt haben muss" (Roder 2002, in: a tempo, S. 16). Auch Michael Ende hat in dem Roman über die kleine Momo meisterhaft beschrieben, welche Kraft von wirklichem Zuhören ausgehen kann.

> *„Was die kleine Momo konnte wie kein anderer, das war: Zuhören. Das ist doch nichts Besonderes, wird nun vielleicht mancher Leser sagen, zuhören kann doch jeder.*
> *Aber das ist ein Irrtum. Wirklich zuhören können nur ganz wenige Menschen. Und so wie Momo sich aufs Zuhören verstand, war es ganz und gar einmalig.*
> *Momo konnte so zuhören, dass dummen Leuten plötzlich sehr gescheite Gedanken kamen. Nicht etwa, weil sie etwas sagte oder fragte, was den anderen auf solche Gedanken brachte, nein, sie saß nur da und hörte zu, mit aller Aufmerksamkeit und aller Anteilnahme. Dabei schaute sie den anderen mit ihren großen, dunklen Augen an, und der Betreffende fühlte, wie in ihm auf einmal Gedanken auftauchten, von denen er nie geahnt hatte, dass sie in ihm steckten.*
> *Sie konnte so zuhören, dass ratlose oder unentschlossene Leute auf einmal ganz genau wussten, was sie wollten. Oder dass Schüchterne sich plötzlich frei und mutig fühlten. Oder, dass Unglückliche und Bedrückte zuversichtlich und froh wurden. Und wenn jemand meinte, sein Leben sei ganz verfehlt und bedeutungslos und er selbst nur irgendeiner unter Millionen, einer, auf den es überhaupt nicht ankommt und der ebenso schnell ersetzt werden kann wie ein kaputter Topf – und er ging hin und erzählte das alles der kleinen Momo, dann*

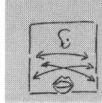

wurde ihm, noch während er redete, auf geheimnisvolle Weise klar, dass er sich gründlich irrte, dass es ihn, genauso, wie er war, unter allen Menschen nur ein einziges Mal gab und dass er deshalb auf seine Weise für die Welt wichtig war. So konnte Momo zuhören!" (Ende 2002, S. 17).

„Sie haben sicher verstanden, warum wir zwei Ohren und nur eine Zunge haben: damit wir zweimal mehr zuhören und einmal weniger sprechen."

Brajsa

Zusammenfassend bedeuten Zuhören und Verstehen-wollen:

- *Ich höre vorbehaltlos hin.*
- *Ich lasse Dinge an mich heran, die ich sonst unter Umständen gleich abgewehrt hätte.*
- *Ich habe ein wirkliches Interesse an dem, was du sagst.*
- *Ich will dich verstehen.*
- *Ich bin zu einem offenen Dialog bereit.*
- *Ich nehme die „Watte aus den Ohren" und stecke sie in den Mund.*

Den Dialog verlangsamen

Nicht nur unsere *Kommunikations*-Kultur ist von Hetze und Hochgeschwindigkeit geprägt, auch der Alltag der Menschen, aus dem heraus die Eltern nicht selten zum Elternabend eilen. Berufstätigkeit und Elternschaft miteinander zu vereinbaren, belastet gerade die Mütter, die auch überwiegend die Seminarteilnehmer stellen. Die Eile ist manchmal zu Beginn des Seminars als Ungeduld wahrnehmbar. Durch die Dialogische Auseinandersetzung, die Langsamkeit und Gründlichkeit, mit der im Elternseminar mit den Themen Einzelner umgegangen wird, entsteht mit der Zeit eine ruhige und konzentrierte Atmosphäre.

Im Dialog beobachten wir weniger das Denk*produkt* als den Denk*prozess*, d.h., wir sehen uns an, was uns an gewohnten, „unhinterfragten" Impulsen, an Gefühlen und Bildern hochkommt. Wenn wir das Denken und unsere dadurch ausgelösten Gefühlsreaktionen beobachten wollen, müssen wir uns Zeit nehmen. In der Verlangsamung können wir besonders gut erkennen, wann uns die Tücke „alter" Glaubenssätze und Programme wieder einmal an neuen Einsichten hindert.

Verlangsamen heißt, das Gesprächstempo zu verlangsamen, vor allem aber ruhig hinzuhören, wahrzunehmen, vielleicht nachzufragen, die Dinge von verschiedenen Seiten zu betrachten, Antworten abzuwägen und auf Tauglichkeit hin zu prüfen, nicht mit der erstbesten Antwort zufrieden zu sein und vor der nächsten Antwort

erst einmal durchzuatmen und nicht einfach loszuplappern. Erstaunlicherweise wird diese Verlangsamung gerade von denjenigen, die sich ansonsten gerne reden hören, im Abschlussresümee als wohltuend und entlastend empfunden.

Eine Mutter schildert, spürbar emotional berührt, eine für sie unlösbare Situation, und die Gruppe macht unterschiedliche Lösungsvorschläge. Ohne Verlangsamung des Prozesses würde die Protagonistin des geschilderten „Falles" verständlicherweise sofort eingreifen, beispielsweise, um sich zu rechtfertigen oder um zu widersprechen etc.

Als Dialogbegleiter unterbreche ich sie und bitte sie, sich zunächst einmal in Ruhe die Anregungen anderer Eltern anzuhören, bevor sie dann selbst wieder antworten kann. Wenn ich darin bestärkt werde, einfach mal zuzuhören, anstatt mich zu verteidigen, spüre ich Rückhalt und verliere die Angst und die Not, mich rechtfertigen zu müssen. In der Regel kann ich mich auf das Gesagte mehr konzentrieren, wenn ich mich nicht gleichzeitig auf die Gegenrede vorbereiten muss. Für diese kleine Intervention sind die Eltern in der Regel dankbar, weil sie durch die Meinung anderer Betroffener neue Einsichten gewinnen konnten.

Ein weiteres Beispiel für Verlangsamung bezieht sich auf das schon mehrfach erwähnte Ritual des „persönlichen Schlussworts". Wichtiger als jede Sachinformation ist mir, dass zum Schluss des Seminars einmal alle zu Wort kommen.

Ich nehme meine Taschenuhr als eine Art „Sprechstein" und bitte die Eltern um ihre persönliche Rückschau über den Ablauf des Abends. Die Leute legen „offen", wo sie sich in den vergangenen Stunden „aufgehalten" haben, sie sprechen durch dieses Ritual tatsächlich von ihrem Erleben und von dem, was sie mit nach Hause nehmen, was sie bewegt oder irritiert hat, was sie verunsichert und was sie geärgert hat. Mit dem Sprechstein in der Hand wird noch einmal die gespannte und dennoch gelassene Aufmerksamkeit des Dialogs für die Teilnehmer spürbar. Persönliche Wünsche für die weiteren Abende sind genauso dabei wie Appelle an die übrigen Eltern, ähnliche Elternabende in Eigenregie weiter zu führen. Solche Schlussbemerkungen brauchen Zeit. Mit der Taschenuhr in der Hand hat nur einer das Recht, zu reden. Die anderen hören zu, ohne zum Gesagten Stellung zu nehmen. Die Uhr ist auch wegen ihrer Symbolik ein beson-

ders geeigneter Sprechstein, weil niemand aufgefordert werden muss, sich kurz zu fassen. Gleichwohl hat jede und jeder am Schluss noch einmal die Zeit, die nötig ist, um ein Resümee zu ziehen.

Durch diese verlangsamte Sammlung von „Blitzlichtern" verdichtet sich noch einmal die Atmosphäre und setzt sich zu einem Gesamtbild zusammen. Die konzentrierte gegenseitige Achtsamkeit gibt den Einzelnen die Gewissheit, wirklich willkommen gewesen zu sein.

Der Dialog kann den **Prozess** der Kommunikation verlangsamen. Das schließt ein, dass unter Umständen die eine oder andere Frage mehr Zeit beansprucht, als wir das aus üblichen Diskussionen mit strengem Zeitplan kennen. Dadurch kommen eventuell andere Problemstellungen zu kurz. Paradoxerweise allerdings ist durch eine Verlangsamung auch das Gegenteil möglich. Denn durch den Dialog können zeitraubende und Energie zehrende Streitereien vermieden bzw. konstruktiv gelöst werden.

Verlangsamen heißt:
- *Wir reden einer nach dem anderen und nicht gleichzeitig.*
- *Bevor ich rede, nehme ich mir einen Atemzug Pause.*
- *Ich nehme mir alle Zeit zum Nachdenken und zum Durchdenken des Gesagten und Gehörten.*
- *Ich genieße das Zuhören.*
- *Ich nehme mir den „Raum", den ich brauche, um zu verstehen.*
- *Von Teilnehmern eingebrachte Themen haben Vorrang. Dafür sollte ausreichend Zeit und Raum zur Verfügung stehen.*
- *Offenes Lernen braucht Zeit und lässt sich nicht vorprogrammieren.*
- *Ich schaffe einen Raum für konzentrierte Achtsamkeit.*

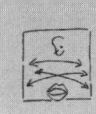

Annahmen und Bewertungen in der Schwebe halten

Es fällt uns im Alltag kaum auf, wie selbstverständlich die „Brille" ist, die unsere individuelle Wahrnehmung prägt und begrenzt, weil uns diese Art des Wahrnehmens während unseres Lebens gewissermaßen in „Fleisch und Blut" übergegangen ist. Wir glauben, unsere Partner, unsere Kinder und andere uns vertraute Menschen gut zu kennen. Tatsächlich haben wir oft nur begrenzte Bilder und Vorstellungen von ihnen. Nicht anders geht es uns mit Fremden, denen wir zum ersten Mal begegnen.

„Wir sind uns selten bewusst, dass zum Beispiel unsere Haltung zu einem anderen Menschen davon bestimmt sein kann, welche Gefühle und Bilder beispielsweise dessen Stimme bei uns auslöst, die von völlig anderen Menschen und anderen Erfahrungen bei uns verankert worden sind."

L. Freeman Dhority

Ohne jede Überprüfung kann ich beim Anblick einer fremden Person die „Leiter der Schlussfolgerungen" erklimmen (Hartkemeyer/Dhority 1998, S. 86).

Beispiel:

1. Eine schwergewichtige Person betritt den Seminarraum **(Wahrnehmung von Fakten)**.
2. Meine blitzartigen Gedanken interpretieren dies: „Sie gehört sicher zu denjenigen, die es nicht schaffen, an ihrem Kühlschrank vorbei zu kommen, ohne etwas zu essen", ich füge dem reinen Fakt eine Bedeutung hinzu **(Interpretation des Beobachteten)**.
3. Meine Annahme ist, dass sie vermutlich ihren Frust in sich „hinein frisst", und daraus kann die feste Überzeugung wachsen, dass die Person esssüchtig ist **(Hinzufügung von Bedeutung)**.
4. Aufgrund dieser Bewertung komme ich zu dem Schluss, dass diese Person wohl zuviel isst **(Schlussfolgerungen)**.
5. Mit dieser Zuschreibung im Kopf, höre ich ihr sicher selektiv und nicht „unvoreingenommen" zu, sobald ich aufhöre, mich kritisch zu beobachten **(Handeln)**.

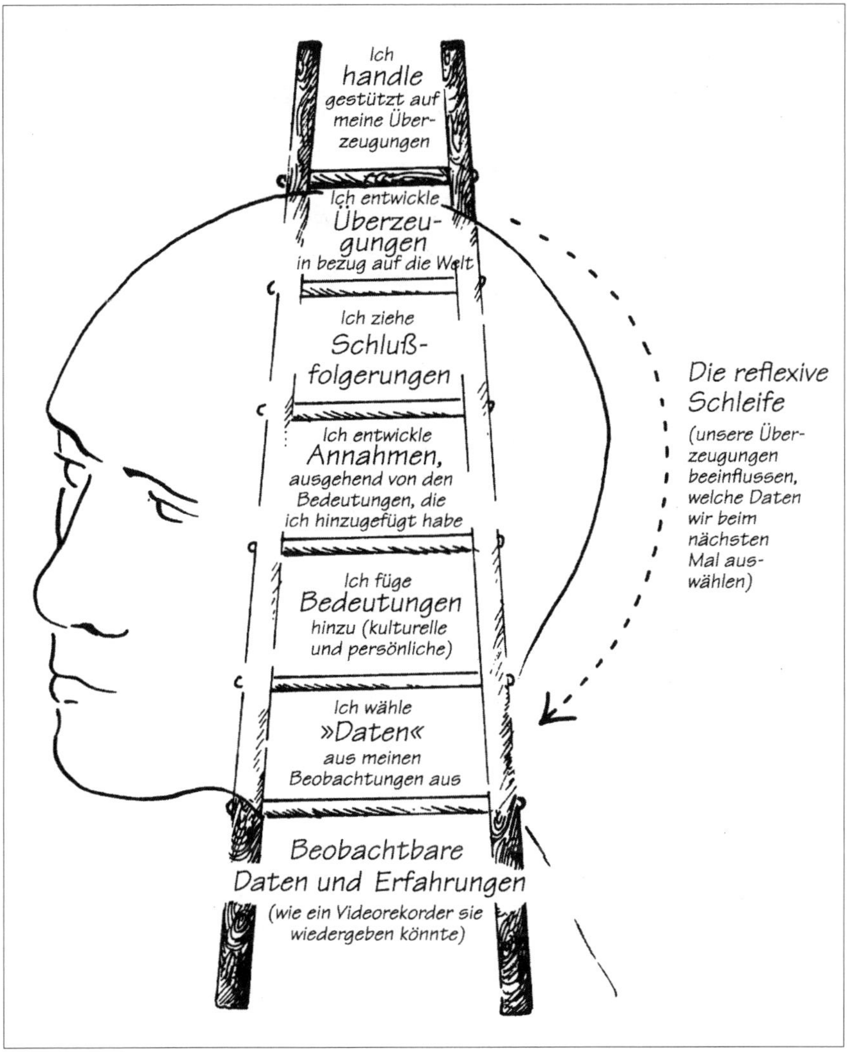

Ich
handle
gestützt auf
meine Über-
zeugungen

Ich entwickle
**Überzeu-
gungen**
in bezug auf die Welt

Ich ziehe
**Schluß-
folgerungen**

Ich entwickle
Annahmen,
ausgehend von den
Bedeutungen, die
ich hinzugefügt habe

Ich füge
Bedeutungen
hinzu (kulturelle
und persönliche)

Ich wähle
»Daten«
aus meinen
Beobachtungen aus

**Beobachtbare
Daten und Erfahrungen**
(wie ein Videorekorder sie
wiedergeben könnte)

**Die reflexive
Schleife**
(unsere Über-
zeugungen
beeinflussen,
welche Daten
wir beim
nächsten
Mal aus-
wählen)

Abb. 5:
Die Abstraktionsleiter/
Refexive Schleife
(Senge u.a. 1994, S. 280)

Wenn wir die Welt um uns herum durch „alte" unbewusste Muster interpretieren, entsteht eine sogenannte „reflexive Schleife" (Senge 1996, S. 280). Die Muster werden als unhinterfragte Selbstverständlichkeiten unbewusst gebraucht, das geht „vollautomatisch" und zumeist in rasantem Tempo. Peter Senge spricht in diesem Zusammenhang von der „Abstraktionsleiter" (ebenda, S. 279f.). Sie ist ein plastisches Beispiel für die Entstehung von (Vor)Urteilen.Das folgende Beispiel aus meiner Praxis soll diesen Mechanismus illustrieren:

Als ich zusammen mit einem Jugendhilfedienst-Leiter in einem Dortmunder Vorort mit der Planung eines Kurses nach dem Dialogischen Konzept für Eltern mit Sozialpädagogischer Familienhilfe (SPFH) begann, gab es jede Menge Zweifler. „Muss man diesen Eltern denn nicht sagen, wo es lang geht?", „Wenn die doch sonst nichts hin kriegen, wie sollen die denn einen Dialog führen?", „Und selbst auf eigene Antworten ...?", „Wenn sich bei diesen Leuten 20 anmelden, könnt ihr mit höchstens der Hälfte rechnen." Jede Menge Fragen und entmutigende Sätze verunsicherten mich. „Können die überhaupt schreiben und lesen", fragte ich mich dann selbst.

*Es kam alles anders. Von 15 Angemeldeten kamen beim ersten Mal elf Eltern. Zum zweiten Termin hatte sich eine Mutter „mit großem Bedauern" telefonisch abgemeldet und zugesichert, dass sie die nächsten Male auf jeden Fall wieder käme. Dafür erschien der Ehemann einer Teilnehmerin, der ansonsten wegen Arbeit „leider nicht teilnehmen kann", jedoch an diesem Tag seinen Krankenschein dazu nutzte, mitzumachen. Bemerkenswert war für mich, dass seine Frau beim Treffen zuvor ihren Mann als wenig an der Kindererziehung interessiert geschildert hatte. Sie wurde eines Besseren belehrt, als er in seinem Abschluss-Blitzlicht sagte, dass er es **sehr** bedaure, den Kurs nicht weiter besuchen zu können. Beim dritten Treffen kam er, weil er sich Urlaub nahm, um nichts zu verpassen und kündigte an, dass er zur zweiten Staffel des Kurses schon jetzt seinen Dienst verlegt habe, um mit seiner Frau gemeinsam den Elternkurs besuchen zu können. Eine weitere Teilnehmerin, Nachbarin eines Paares, fragte, ob sie auch an dem Kurs ELTERN STÄRKEN teilnehmen könne, sie habe es auch sehr nötig.*

Durch diese Erfahrung wurde mir wieder einmal bewusst, welche Vorurteile mein Verhältnis zu anderen Menschen prägen. Eltern, die an der eigenen Erziehungskompetenz stark zweifeln, gehen nicht oder kaum zu Elterntrainings. Sie haben Angst, zum wiederholten Male ihre Unzulänglichkeit zu spüren zu bekommen. Umso bemerkenswerter, dass Eltern zu diesem Kurs so zahlreich erschienen und sich so offen und mutig einbrachten. Dort, wo sie sich ganz verstanden und wertgeschätzt fühlen, da bringen sie – wie man an dem Beispiel sieht – sogar noch Freunde und Angehörige mit. Die Eltern der SPFH-Gruppe hatten, wie sie fast einmütig erleichtert anmerkten, einen Kurs befürchtet, in dem ihnen wieder einmal „Erziehungstipps" gegeben würden.

Im Dialogprozess machen wir uns bewusst, dass unsere Annahmen Interpretationsfolien von Situationen und Ereignissen sind, die wir auf andere Situationen übertragen. Unsere unterschiedlichen Glaubenssätze, Interpretationen und Annahmen liefern Zündstoff für Konflikte und Missverständnisse.

Der Sprung von der untersten zur obersten Sprosse der Leiter kann sehr schnell erfolgen. Wie im ersten Beispiel gezeigt, kann die Geschwindigkeit, mit der wir die Leiter erklimmen, so groß sein, dass ein Händeschütteln oder ein Blick auf eine Person, die gerade zur Tür hineinschaut, ausreicht, um sich ganz oben wiederzufinden.

Während uns einerseits Vorerfahrungen im Alltag zugute kommen, weil sie uns helfen, die Komplexität des Alltags mit allerlei Überraschungen zu bewältigen, behindern sie uns andererseits, wenn wir einem Menschen oder einer Situation begegnen, die einen unverbrauchten Blick erfordern. Aufmerksamkeit und Bewusstheit unterstützen uns darin, zu unterscheiden, wann Vor-*Erfahrungen* zu „Vor-*Urteilen*" werden.

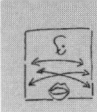

Annahmen und Bewertungen in der Schwebe halten meint:

- *Ich gehe meinen Vorurteilen nach.*
- *Ich breche automatisierte Kettenreaktionen aus gespeicherten Mustern ab.*
- *Ich lege meine Annahmen und Vorurteile offen. Ich gebe zu, dass mich statt fester, eindeutiger Einstellungen, vielfach Ambivalenzen bestimmen, dass gegensätzliche Seiten derselben Sache gleichermaßen ernst genommen werden müssen.*

Den Denkprozess offen legen – produktiv plädieren

Wenn es mir gelingt, die „Wurzeln" meiner Gedankengänge und Gefühle zu erkennen und die Beweggründe, die mein Denken, Fühlen, Handeln und Wollen leiten, offen zu legen, dann mache ich eventuell in einem „Aha-Erlebnis" die Erfahrung, dass meine interessierten Zuhörer einen anderen, tieferen Zugang zu dem Gesagten und zu mir als Person bekommen.

Beispiel:

„Was immer du zu sagen hast, lass die Wurzeln dran, lass sie hängen mitsamt der Erde, um klar zu machen, woher sie kommen."

Charles Olson

Durch einen Wortbeitrag eines Vaters kommt es zur Spannung in der Gruppe, als sich eine Seminarteilnehmerin durch den Begriff „Geisteskranke" (als abwertende Beschreibung für bestimmte gewaltbereite Jugendliche) verletzt fühlt. Diese schildert in der Dialogrunde ihr Befremden.

An die Stelle eines aufkommenden hitzigen Wortgefechts mit Schuldzuweisungen und Verteidigungsreden setzen wir den Dialog, in dem jede und jeder zunächst nur einmal zu Wort kommt. Diese Art des Gesprächs führt dazu, dass es zu weniger Polarisierung kommt, sondern dass alle von ihren Gefühlen und Assoziationen bei dem besagten Reizwort bleiben. Der „gescholtene" Vater spürt, dass er sich nicht verteidigen muss. Stattdessen vertraut er der Gruppe an, an welche Begebenheit er gerade gedacht und welche Erinnerung ihn zur Rage gebracht hatte, bevor ihm das Wort „Geisteskranke" „heraus gerutscht" war. Er kann seine abwertende Bemerkung kritisch und ohne Gesichtsverlust reflektieren. Zur Verwunderung aller tritt sehr bald Entspannung auch bei der Frau ein, die sich verletzt gefühlt hatte, weil auch sie plausibel und nachvollziehbar erklärte, welches Erlebnis in ihrer Biografie dazu geführt hatte, dass sie sich verletzt fühlte.

Diesen Vorgang nennen Hartkemeyer und Dhority „produktives Plädieren" (Hart-kemeyer/Dhority 1998, S. 91). Es ermöglicht gegenseitiges Lernen und Verstehen. Produktiv heißt nicht effektiv und schneller, sondern tiefer und eingehender. D.h., ich debattiere nicht einfach drauf los, versuche nicht einfach, mit meinen mög-lichst schlagkräftigen Argumenten andere zu „übertönen" und verteile keine „klugen" Ratschläge.

Zentrale Botschaft des produktiven Plädierens:

- *Ich beteilige andere an meinem Denkprozess.*
- *Ich ermutige andere, meine Sichtweise kennen zu lernen und zu hinterfragen. (Wo sind Lücken meines Denkens? Hast du etwas Anderes gesehen? Es kann sein, dass ich „falsch" liege; es kann auch sein, dass du falsch liegst; etc.)*
- *Ich teile anderen meine Zweifel mit.*
- *Ich kann die Dinge oder den Sachverhalt nur aus meiner Sicht sehen, und die ist nicht die einzig richtige.*
- *Gemeinsam werden wir eine Antwort finden, die vollständiger ist als die, die ich hätte allein finden können.*

Eine erkundende Haltung üben

In unserer Kultur zählt vorrangig „Wissen". Fragen werden oft als Zeichen von Dummheit oder Unsicherheit gewertet. Im Dialog aber erleben wir, wie hilfreich es sein kann, einfache, aufrichtige Fragen zu stellen. Offene und neue Fragen sind die Voraussetzung für neue Antworten. Fragen mit dem Hintergedanken, die Ant-wort nur noch einmal von den Teilnehmern hören zu wollen, um zu erfahren, ob auch alle das Gesagte verstanden haben, sind hiermit nicht gemeint. Die Eltern ent-schlüsseln sehr schnell die Intention einer Nachfrage.

Die einfache Aussage: *„Ich weiß nicht, aber ich möchte gern etwas darüber er-fahren"* – in einer Haltung von Neugierde, Achtsamkeit und Bescheidenheit, ja Demut – kann optimale Lernmöglichkeiten eröffnen.

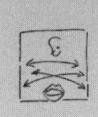

Die Frage eines Elternteils nach Möglichkeiten, wieder mit dem Kind ins Gespräch zu kommen, beschäftigt die Elternrunde. Als Leiter werde ich direkt um eine Antwort gebeten. Wie immer in solchen Fällen, bitte ich die Anwesenden, ihre Gedanken zum Thema einzubringen. Entscheidend ist, dass die Statements der Eltern mit wirklichem Interesse aufgenommen werden. Die Eltern bekommen dadurch das Gefühl, dass all ihre Meinungen Bedeutung haben und zur Lösung des Problems beitragen.

Der gegenteilige Effekt entsteht, wenn es sich um einen Scheindialog handelt, wie das folgende Beispiel zeigt:

„Die geheimen Schlüssel für Erfolge und Störungen in der Kommunikation sollen offen gelegt werden, um zu erkennen, warum häufig gegen alle Vernunft bestimmte Meinungen beharrlich verteidigt werden und kreative Lösungen im Ansatz ersticken."

L. Freeman Dhority

Als ich selbst einmal Teilnehmer eines Seminars war, erlebte ich folgende Situation: Wir alle wurden von der Seminarleitung aufgefordert, unsere Sicht der Dinge zu schildern. Die zahlreichen Rückmeldungen belegten das große Interesse der Gruppe, eine befriedigende Beantwortung zustande zu bringen. Zum Schluss allerdings kam der „Hammer" für die meisten im Raum, als die Leiterin, quasi zusammenfassend, bemerkte: „Ich sage Ihnen jetzt einmal, wie es wirklich gemeint war."

Bei diesem Scheindialog waren zwar alle eingeladen, mitzudenken und sich mitzuteilen, auch die kreisförmige Sitzordnung wirkte äußerlich wie eine Dialogrunde, jedoch fehlte ein entscheidendes Kriterium eines Dialogs: Es fand kein gleichwürdiger Austausch statt. Die Seminarleitung hatte mit einer rhetorischen Frage allen das Gefühl vermittelt, gemeinsam an einer Lösung beteiligt zu sein, beschämte allerdings durch ihre Intervention das Ringen der Teilnehmer bei der Suche nach Antworten, wirkte besserwisserisch und belehrend.

„Wenn ich im Dialog in der Lage bin, meine Rolle als Wissender aufzugeben für das Interesse an dem, was anders ist, als ich es bereits kenne, kann ich ‚unschuldige' Fragen stellen, aus dem Bedürfnis, etwas wirklich zu verstehen" (Hartkemeyer/Dhority 1998, S. 92). Das Geheimnis des Dialogs gilt es auch für die Eltern in diesem Punkt zu entschlüsseln.

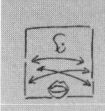

Erkundende Haltung heißt:

- *Neugier und unverbrauchter Blick auf mein Gegenüber und seine Sichtweise der Dinge sind notwendig für den Dialog.*
- *Fragen stellen ist wichtiger, als Antworten geben.*
- *Wirklich offene „unschuldige" Fragen können zu neuen Antworten führen.*
- *Wenn ich im Dialog in der Lage bin, meine Rolle als Wissender aufzugeben für das Interesse an dem, was anders ist, als ich es bereits kenne, kann ich Fragen stellen, aus dem Bedürfnis heraus, etwas wirklich verstehen zu wollen.*

Sich selbst (als Dialogbegleiter) aufmerksam beobachten

Im Dialog erfahrenere Menschen sind sich der Verantwortung bewusst, die sie für eine Gruppe haben. Das setzt voraus, dass sie sich im Laufe des Dialog-Prozesses immer wieder selbst beobachten. Das heißt zunächst, sich der eigenen Dialogischen Grundhaltung bewusst zu werden. Im Dialog werden Überzeugungen und Haltungen, die unterschwellig unsere Interaktionen und Handlungen bestimmen, hinterfragt.

Dialogbegleiter sind in einer Zwitterrolle, sie nehmen die Rolle des Teilnehmers und die Rolle des Begleiters ein. Das erfordert eine besondere kritische Aufmerksamkeit dem eigenen Verhalten gegenüber.

Hier wiederum ließe sich eine Parallele zu den Eltern ziehen. Auch für sie gilt, sich in der Kommunikation mit den eigenen Kindern kritisch zu beobachten. Vor allem in einer handfesten Auseinandersetzung würden etwas mehr innerer Abstand und Selbstbeobachtung eine energiezehrende Eskalation vermindern. Doch das ist leichter gesagt als getan.

In einem Dialogischen Seminar erleben die Teilnehmer sowohl den Prozess als auch die Wirkung der Selbst- und der gegenseitigen Beobachtung in der Kommunikation untereinander. Im Dialog kann ergründet werden, warum häufig bestimmte Meinungen wider alle Vernunft beharrlich verteidigt und kreative Lösungen schon im Ansatz erstickt werden. Wir fühlen uns bisweilen existentiell angegriffen, wenn unsere Meinung in Frage gestellt wird. Um diese komplexen subtilen Abläufe zu entschlüsseln, ist es erforderlich, Denkprozesse so zu ver-

„Gutes Zuhören heißt nicht so sehr, anderen zuzuhören, als sich selbst. Eine gute Sicht zu haben, heißt nicht so sehr, andere zu sehen, sondern sich selbst. Denn die, die sich nicht zuhören, können die anderen nicht verstehen; und sie sind blind gegenüber der Wirklichkeit anderer. Wenn sie nicht in sich selbst eingedrungen sind."

Anthony de Mello

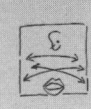

langsamen, dass sie gemeinsam beobachtet werden können. Zu beobachten, wie wir aufeinander reagieren – möglicherweise mit (Vor)Urteilen, Kritik und automatisierten Reflexen – kann wichtiger sein, als die Konzentration auf das Thema selbst.

Die Eltern sind ganz überwiegend froh darüber, wenn sie überraschend auf ein anderes Thema gestoßen wurden, als sie erwartet hatten.

Sie sind beispielsweise wegen der Aufklärung über illegale Drogen gekommen und haben dann einen großen Teil des Abends über die teufelskreisartige Kommunikation mit ihren Kindern gesprochen. Nach anfänglicher Irritation äußern sie sich am Ende meistens zufrieden darüber, da sie sich nach eigenem Bekunden mehr davon versprechen, über praktische Erziehungsfragen geredet zu haben, als sich ein Referat über Drogen mit anschließender Diskussion anzuhören.

Sich als Dialogbegleiter beobachten heißt:
- Der Dialog schafft den Raum zur Beobachtung des individuellen und gemeinschaftlichen Denkens.
- Ich gehe Überzeugungen und Haltungen auf den Grund, um zu spüren, wann mein Denken und Handeln auf ausgetretenen Pfaden quasi stecken bleibt.
- Ziel ist es, unabhängig zu werden von eingefleischten „Programmen" und Denkmustern.

Grenzen des Dialogs

Dies ist der Ort für einen kritischen Dialog über den Dialog. Ist Dialog – unter dem hier formulierten Radikalanspruch – überhaupt möglich? Und wenn ja, unter welchen Bedingungen und mit wem? Ist er vielleicht den ganz sensiblen und achtsamen Menschen vorbehalten? Lässt er sich auch in sogenannten „sozialen Brennpunkten" einsetzen? Welche sprachliche Kompetenz ist erforderlich?

Dialog ist kein Selbstläufer, und es gibt kein „Rezept", wie er gelingt. Dennoch hat meine Erfahrung der letzten Jahre gezeigt, dass er grundsätzlich mit den meisten Menschen möglich ist. Die Elternseminare werden überwiegend von Menschen besucht, die zunächst etwas überrascht sind, dass sie statt Ratschläge und kon-

krete Handlungsempfehlungen zu erhalten, zu einem Dialog eingeladen werden. Und obwohl viele im Dialog ungeübt sind, können all die Dinge geschehen, die bis hierher beschrieben wurden.

Das liegt zum einen daran, dass es beim Dialog um eine gelebte Grundhaltung geht und nicht um eine Technik. Die Atmosphäre des Dialogs wird in jedem Bereich spürbar. So nehmen auch Schwerstbehinderte, Säuglinge und Menschen, die keinen Zugang über eine gemeinsame Sprache zueinander haben, die annehmende Atmosphäre einer „echten" Begegnung wahr. Martin Buber drückt es in „Ich und Du" folgendermaßen aus: „Beziehung kann bestehen, auch wenn der Mensch, zu dem ich Du sage, in seiner Erfahrung es nicht vernimmt. Denn Du ist mehr, als Es weiß. Du tut mehr, und ihm widerfährt mehr, als Es weiß. Hierher langt kein Trug: hier ist die Wiege des wirklichen Lebens" (Buber 1994, S. 16). Begegnung kann dann geschehen, wenn ein Ich mit einem Du in Beziehung tritt und wenn beide gegenwärtig sind und dazu Bereitschaft zeigen. Begegnung lässt sich durch keine Methode erzwingen.

Zum Verstehen des Geschehens während der ELTERN STÄRKEN-Seminare ist dennoch eine gewisse sprachliche Kompetenz erforderlich – insofern unterscheidet sich der Dialog nicht von anderen Lehrkonzepten – denn Zwiesprache geschieht vor allem durch Sprache. Aber auch Schweigen ist eine Antwort bei Buber, ist Teil eines Dialogs, der wortlos im bloßen Zuhören, genauso wie er auch singend, körperlich und mimisch geschehen kann. Ob und wie sich die Menschen einbringen, hängt von unterschiedlichen Faktoren ab, die ich bereits beschrieben habe.

Dialog im Elternseminar, verstanden als eine Art Labor, lässt neue Erfahrungen zu, die wir im normalen Leben in der Regel nicht machen, und es kommen Dinge zu Tage, die wir bisher für unmöglich hielten. Das macht einige Menschen erst einmal sprachlos. Diese Sprachlosigkeit könnte oberflächlich betrachtet auch als zurückhaltend, passiv oder unbeteiligt missverstanden werden. Das ist aber meistens nicht der Fall. Anfangs warf ich in meinen Seminaren immer ein besonderes Auge auf diese „Schweiger", weil ich misstrauisch war und weil ich sie nicht einordnen konnte. Meine Fantasie suggerierte mir, anzunehmen, dass abwartende oder zuhörende Teilnehmer eine Gefahr für mich und den Dialog wären.

„Selbstverständlich brauchen nicht alle zu einem echten Gespräch Vereinten selber zu sprechen; schweigsam Bleibende können mitunter besonders wichtig werden. Jeder aber muss entschlossen sein, sich nicht zu entziehen, wenn es etwa dem Gang des Gesprächs nach an ihm sein wird zu sagen, was eben er zu sagen hat".

Martin Buber

Heute weiß ich, dass „Schweigen" mehr sagen kann, als „Plappern". Vielleicht lassen die „Schweigsamen" den „Lauten" den Vortritt. Auch die Art des Lernens der Teilnehmer unterscheidet sich. Die einen lernen eher durch Zuhören die anderen eher durch Reden. Beides ist völlig gleichwertig. Spätestens im Abschluss-„Blitzlicht" kommt aber jede und jeder zu Wort. Mich als Dialogbegleiter und andere in der Gruppe berühren die sogenannten „Stillen" nicht selten mit der Tiefe ihres Resümees.

Was aber, wenn wirklich niemand etwas von sich preis gibt, wenn das Schweigen den Raum füllt, wenn scheinbar ein Dialog nicht in Gang kommt? Dann warte ich zunächst ab, rede eventuell ein bisschen zum Thema, stelle Fragen, durchbreche vielleicht die Schwere des beklommenen Schweigens durch einen humorvollen Beitrag zum Thema, lese eine kleine Geschichte vor oder frage, was es jetzt so schwierig macht, sich zu äußern. Über diesen Weg findet die Gruppe immer wieder zum Austausch zurück.

Wo liegen nun die Voraussetzungen und Grenzen des Dialogs im Rahmen der Elternseminare?

- Dialog ist ein fragiler Vorgang. Menschen sind sehr unterschiedlich. Die einen tauen sehr schnell auf, andere brauchen mehr Zeit, vor einer Gruppe offen zu werden und von Herzen zu sprechen. Radikaler Respekt tut allen gut.
- Ein Dialog braucht Zeit, da es eben nicht um den bloßen Austausch von Sachwissen und Fakten geht. Zeitdruck ist ein Dialog-Killer. Verlangsamung entlastet Eltern wie Dialogbegleiter.
- Ein Dialogischer Begleiter benötigt Sensibilität, Fingerspitzengefühl und Erfahrung, um zu erkennen, wann der Widerstand Einzelner bzw. der Gruppe ein Innehalten gebietet und wann der Dialog in eine Diskussion abgleitet.
- Die Menschen, die in einem Seminar mehr oder weniger zufällig aufeinandertreffen, kommen mit ganz unterschiedlichen Erwartungen und lassen sich dementsprechend ganz unterschiedlich auf einen Dialog ein. Die Verantwortung dafür bleibt bei den Teilnehmern.
- Es sind (in meiner Praxis zwar nur selten vorkommende) Situationen denkbar, in denen der Dialog daran scheitert, dass ich als Dialogbegleiter zu Einzelnen keinen Zugang finde, bzw. Teilnehmer so aufeinander losgehen, dass

ein Dialog (zunächst) nicht zustande kommt. Als Dialogbegleiter mache ich den schwelenden Konflikt zum Gegenstand des Dialogs anstatt das vorgesehene Sach-Thema „durchzuziehen".

- Ich erinnere mich an Situationen, in denen einzelne Teilnehmer die Aufmerksamkeit der gesamten Gruppe auf sich zogen und durch extrem hohe Frage- und Redeanteile einen Dialog in der Gruppe verhinderten. In diesen Fällen habe ich die „Redebedürftigen" beispielsweise mit einer Geste in Richtung der Elternrunde freundlich und ehrlich gefragt, ob sie einmal Interesse an den Beiträgen der anderen hätten. Auch ein Verweis auf die Regeln des Dialogs (s. „Einladung zum Dialog", S. 222) zeigt Wirkung.

- Auch die plötzliche Forderung einzelner Teilnehmer, „endlich wieder zum Thema zurück zu kehren" kann in der Dialogrunde zu Irritationen führen. Diese Forderung kann ein Hinweis auf empfundene Ungeduld sein, sie kann aber auch persönliches Unbehagen anzeigen. Die Frage in die Runde, wie andere es sehen, entlastet den Dialogbegleiter, entscheiden zu müssen, wie weiter vorgegangen werden soll und sie relativiert den wohlmeinenden Einwand, konkreter zu werden. Der Dialog in der Gruppe macht durch die Wortbeiträge eine Abstimmung überflüssig. Manchmal ist es ratsam, die Gruppe über das weitere Vorgehen einen Dialog führen zu lassen. Sie findet auch ohne eine formale Abstimmung, in der es immer Sieger und Unterlegene gibt, eine einvernehmliche Lösung.

- Die Gruppengröße kann ebenfalls die Qualität eines Dialogs beeinflussen. Bei unter zehn Teilnehmern ist die Vielfalt der Ansichten und die Möglichkeit, sich in der Gruppe zu spiegeln, eingeschränkt. Bei einer Gruppenstärke von mehr als 30 Teilnehmern wird das Arbeiten ebenfalls schwierig.

- Dialog verlangt viel Gelassenheit und Sicherheit des Begleiters. Er muss vom Dialog überzeugt sein und dem Prozess des Dialogs ebenso vertrauen, wie er sich der Komplexität des Gruppenprozesses bewusst sein muss. Der Dialogbegleiter trägt also ganz entscheidend zum Ge- bzw. Misslingen des Dialogs bei (vgl. Kapitel 4).

Selbstverständlich kann niemand garantieren, dass der Dialog nach dem Konzept ELTERN STÄRKEN in jedem Fall klappt. Es gibt kein Rezept und keine Methode, die ihn erfolgreich macht. Meine Überzeugung ist allerdings, dass der Dialog nur dann gelingen kann, wenn ich ihn auszuprobiere und übe. Der Dialog, den wir in

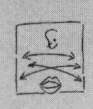

den Elterngruppen versuchen, ist einmalig, und zwar jedes Mal aufs Neue. Wir konstruieren jeden Augenblick neu. Wir werden nur in der Situation selbst wissen, was zu tun ist.

Jenseits von Seminaren lauern noch ganz andere Tücken, die nahe legen, dass Dialog eine Illusion sein kann. Dafür sprechen unzählige Beobachtungen aus dem täglichen Leben, aus dem Umgang mit Vorgesetzten und Kollegen, aus dem Zusammenleben mit Partnern und Kindern. Ein Blick in die eigenen vier Wände bietet genügend Beispiele für nicht gelingende Dialoge.

Ich erinnere mich an Auseinandersetzungen mit meinem pubertierenden Sohn, die ganz und gar nicht Dialogisch verliefen, weil ich nicht in der Lage war, mich ihm wirklich zuzuwenden. Von wegen „zuhören und verstehen wollen". Weder verstand ich, noch wollte ich verstehen, was ihn dazu trieb, in der Schule unaufhörlich herum zu kaspern. Nur führte diese Form des „Gesprächs" keinen Deut weiter. Dialog mit Menschen, die einem nahe stehen, stellt eine größere Herausforderung dar, als mit denjenigen, die mir fremd sind und denen ich in Seminaren begegne.

Zusammenfassung

Für den Erfolg des Konzepts ELTERN STÄRKEN ist vor allem die Art der Begegnung mit den Teilnehmerinnen und Teilnehmern, die unsere Haltung zu ihnen als völlig gleichwertige Partner, als „echte" Gegenüber offenbart, verantwortlich und nicht die Anhäufung und Vermittlung von Wissen und Methoden.

Diese Grundhaltung bedeutet mehr, als den anderen zu Wort und damit quasi zur Entfaltung kommen zu lassen, beim „Wachsen" unter die Arme zu greifen, wie dies ein vermeintlich „Stärkerer" einem „Schwächeren" anbietet oder ein Lehrer seinem Schüler; denn auch dies ist ein Verhältnis mit hierarchischem Machtgefälle. Der Dialog, wenn er denn gelingt, meint im Idealfall die gegenseitige Bestätigung zwischen Individuen, die sich als Menschen mit Leib und Seele einander zuwenden, sich ihrer Anderheit bewusst werden, sich darin achten und sich als gleichwertige Wesen betrachten.

Es geht, wie gesagt, in den Elternseminaren darum, die Fähigkeiten und Potenziale, die in jedem von uns stecken, aufzuspüren und geduldig wachsen zu lassen. Dazu dient der Dialog als lebendiger und offener Prozess, in dem Menschen in Beziehung miteinander treten. Routine, Gewohnheit und fertige Curricula behindern einen Dialog. „Jede lebendige Situation hat, wie ein Neugeborenes, trotz aller Ähnlichkeit ein neues Gesicht, nie dagewesen, nie wiederkehrend. Sie verlangt eine Äußerung von dir, die nicht schon bereit liegen kann. Sie verlangt Gegenwart, Verantwortung, Dich" (Buber 1995, S. 84).

Das vorangegangene Kapitel beschrieb vorrangig mein grundsätzliches Verständnis Dialogischer Abläufe in Elternseminaren als Teil einer Pädagogik des Respekts. In einer solchen neuen Dialog-Pädagogik steckt eine außergewöhnliche Herausforderung für Pädagoginnen und Pädagogen allgemein und für die Dialogbegleiter im Speziellen, „da der Mensch hinter der professionellen Rolle gefragt ist und Pädagogik und Persönlichkeit nicht zu trennen sind" (Tschöpe-Scheffler 2003a, S. 62). Wo es um die Auseinandersetzung über das eigene Leben geht, muss die Frage beantwortet werden, wie sich lebendiges und ganzheitliches Lernen für die Einzelnen im Gruppenprozess vollzieht. Das Konzept der „Fünf Ebenen im Dialog" gibt hier einen Überblick.

3 Fünf Ebenen im Dialog

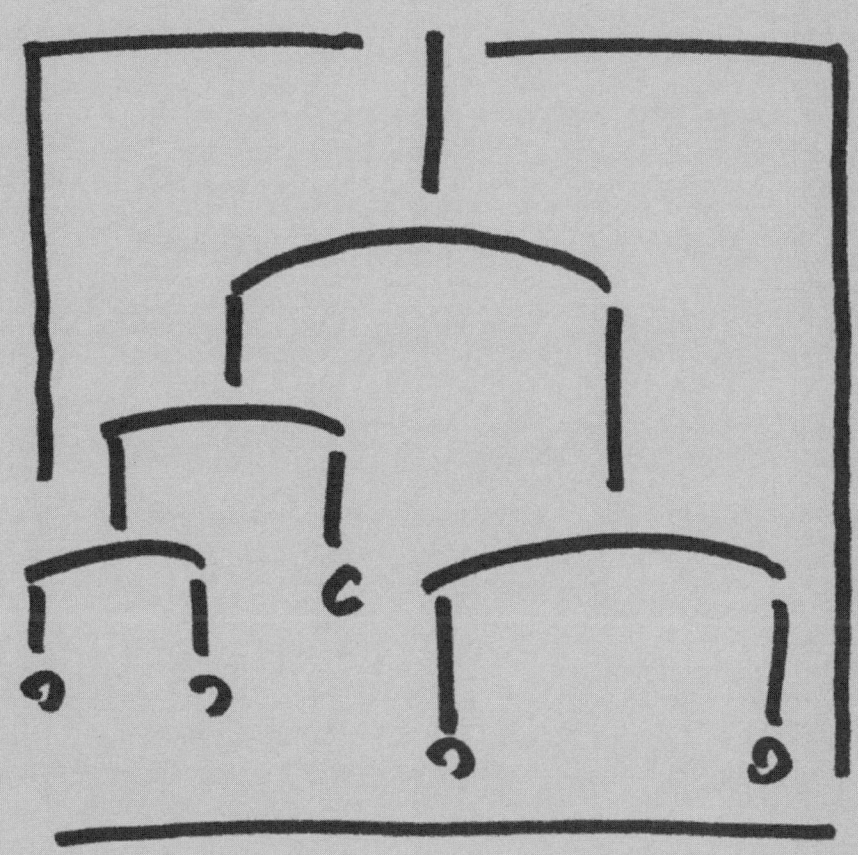

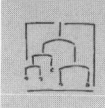

Die meisten Menschen assoziieren mit dem Begriff „Lernen" lediglich die „Aufnahme von Fakten oder Informationen mit dem Ziel, sich möglichst große ‚Wissensbestände' anzueignen. Nach wie vor ist ein überwältigender Anteil aller schulischen Prozesse durch diese Form des Lernens charakterisiert" (Gilsdorf 2004, S. 22). Erfahrungsbezogenes Lernen, wie ich es hier beschreibe, bedarf jedoch einer Differenzierung. Das Modell der Fünf Ebenen verbindet die persönliche Auseinandersetzung im Jetzt, die Reflexion des eigenen Denkens, Fühlens, Handelns und Wollens, die biografische Rückschau sowie die individuelle Suche nach Sinn und Spiritualität mit der Verarbeitung sachlicher Informationen.

Die Fünf Ebenen skizzieren weder einen gewünschten chronologischen Ablauf des Dialogs, noch stehen sie in einer hierarchischen Beziehung. Das folgende Beispiel zeigt, was sich bei einem Seminar während der Dialoge in den Köpfen der einzelnen Teilnehmer abspielen kann und zwar unabhängig davon, ob es durch die Leitung initiiert wurde oder nicht.

Die ELTERN STÄRKEN-Seminare sind, wie Sie bereits wissen, so angelegt, dass mehr als Informationsaustausch stattfindet, dass im besten Fall von den einzelnen Seminarteilnehmern ein individuell bedeutsamer Erkenntniszuwachs verbucht werden kann. Ein Thema kann die unterschiedlichsten Schichten und Ebenen hinsichtlich der Aneignungskompetenz der Teilnehmer und der Eindringtiefe des Lernens berühren. Eindringtiefe meint hier den Grad der Ich-Nähe des Lernens.

Eine Teilnehmerin regt an, über „Konsequenz" in der Erziehung zu sprechen. Mit diesem Vorschlag stößt sie auf das Interesse der anderen Anwesenden. Was vordergründig wie ein gemeinsamer, konzentrierter Kommunikationsvorgang über ein vereinbartes Thema aussieht, entpuppt sich bei differenzierter Betrachtung als ein Gedankenprozess, der sich auf unterschiedlichen Ebenen in den Köpfen der einzelnen Teilnehmer abspielt. Sowohl in Bezug auf die zeitliche Verortung als auch kognitiv und emotional sind vermutlich alle unterschiedlich beteiligt. Die Protagonistin hatte bei der Formulierung ihrer Frage bestimmte Begebenheiten vor Augen, die zwischen ihr und ihrem Lebenspartner regelmäßig immer dann zu Kontroversen führen, wenn es um die Dauer des abendlichen Ausgangs ihrer 15-Jährigen Tochter geht. Eine andere Teilnehmerin denkt bei „Konsequenz" plötzlich an ihre berufliche Tätigkeit als Ausbilderin im Betrieb. Jemand

anders erinnert sich an einen Streit mit seinen Eltern, als er noch Jugendlicher war. Angeregt durch Äußerungen anderer befindet er sich gedanklich auf einer Zeitreise. Er hatte damals mit einer erfundenen Geschichte seine Eltern „hinters Licht geführt" und sie im Glauben gelassen, sie hätten ihn mit ihrer konsequenten Haltung davon abgehalten, mit dem Rauchen zu beginnen. Ein anderer fühlt sich gerade dabei ertappt, dass er selbst bei der Einhaltung der eigenen Vorsätze überhaupt nicht konsequent ist und macht sich Sorgen, ein schlechtes Beispiel für die eigenen Kinder zu sein.

Im Bericht einer Mutter über tägliche Wutausbrüche ihrer Kinder teilt sie der Gruppe mit, dass sie auf Anraten ihres Kinderarztes ihren älteren Sohn in eine jugendpsychiatrische Klinik zur Beobachtung geben soll. Eine andere Mutter platzt damit heraus, dass sie selbst früher als Kind in der gleichen Klinik untergebracht worden war.

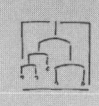

Andere interessiert das Thema weniger. Sie hängen noch dem vorigen Thema nach oder sind in Gedanken ganz woanders, etwa bei dem Moment, als er oder sie heute Abend zum Elternseminar eilten und der „Kleine" nicht einschlafen wollte. Möglich wäre auch, dass eine Mutter durch die Denkanstöße zum Schluss kommt, dass sie zu ihren Töchtern viel zu streng ist. Vielleicht fragt sie sich, ob sich die überstrenge „Erziehungshand" nicht ins Gegenteil verkehren könnte und wie sie ihren „Fehler" wieder „ausbügeln" kann. Der Dialogbegleiter erinnert sich möglicherweise hautnah eigener „Schwachstellen" im Umgang mit der Konsequenz in seinem persönlichen Leben. Wiederum andere schweifen ab und beobachten draußen auf einem großen Baum das muntere Spiel der Vögel oder sind für Momente beim Kühlschrank, da sich der Magen zu Wort meldet. Und so weiter und so weiter...

Jeder und jede ist auf seine bzw. ihre eigene Art mehr oder weniger mit dem Thema verbunden. Blitzschnell wechseln die Ebenen zwischen Vergangenheit, Gegenwart und Zukunft. Das Thema „Konsequenz" löst bei fast allen unterschiedliche Gefühle aus: Angst, Trauer, Zuversicht, Hoffnung, „Ab-morgen-weht-bei-uns-ein-anderer-Wind"-Stimmung, Erstaunen oder Entsetzen. Die einen erleben den Dialog über das Thema als zu tiefgehend, andere als zu oberflächlich. Wiederum andere hinterlässt das gemeinsame Gespräch sehr nachdenklich bzw. erstaunt über die Verschiedenheit der Aspekte, auf die jeder Einzelne allein zuhause nicht gekommen wäre.

Dann plötzlich „Entwarnung"!? Der Dialogbegleiter liest eine Sequenz aus einem Buch von Walter Kindermann vor, in der der Kinderpsychologe Bruno Bettelheim in einer Diskussion befragt wurde, wie er seine eigenen Kinder in Bezug auf Drogen erzogen habe. Seine Antwort:

„Nun, wissen Sie, an amerikanischen Colleges ist Marihuana so normal wie Coca-Cola. [...] Mein Sohn sagte zu mir: ‚Paps, wenn du mir Marihuana verbietest, verbietest du mir einen großen Teil meiner Freunde.'

Mir gefiel das nicht besonders, aber hätte ich das College ändern können? Doch als ich ihn das erste Mal von der Polizei abholen musste, habe ich ihm gesagt: ‚Das habe ich zum letzten Mal gemacht. Stelle dich darauf ein!'"

Mit leiser Stimme fügte Bettelheim hinzu: „Natürlich hätte ich ihn wieder abgeholt."

Kindermann fasst dann zusammen: „Dies ist weniger ein Tipp für den Umgang mit Drogen, als vielmehr ein Beispiel für das Erziehungsparadoxon der ,flexiblen Konsequenz.'"

Diese Geschichte, die die Seminarteilnehmer zum Schmunzeln oder zum erleichterten, offenen Gelächter einlädt, endet mit der Erkenntnis, dass Erziehung letztlich immer aus der Gratwanderung zwischen Konsequenz und Liebe besteht. „Das richtige Maß müssen Sie selbst finden", fügt Kindermann hinzu (Kindermann 1991, S. 118f.).

Ob dies als tröstlich empfunden wird oder nicht, sei dahingestellt. Am Schluss bleiben jedenfalls für alle die Unterschiedlichkeiten als Mosaiksteine eines lebendigen Gedankenprozesses übrig mit der Botschaft: Es gibt viele Möglichkeiten, die Dinge zu sehen und zu bewerten. Aber letztlich ist jeder doch auf sich allein gestellt. Und es gibt auch in diesem Fall keine Patentlösung. Die Gefühle schwanken, wie auch in anderen Situationen, wiederum zwischen Irritation und Entlastung.

Mit der Beschreibung der Fünf Ebenen wird der Versuch unternommen, den Dialogprozess in der Gruppe bzw. im Beratungsgespräch unter Berücksichtigung individueller Vorgänge der Dialogteilnehmer zu beschreiben. Es wird davon ausgegangen, dass in jedem Dialog über jedes beliebige Thema, die Teilnehmer immer unterschiedlich präsent sind, sich unterschiedlich einlassen, unterschiedliche Gedanken haben und unterschiedlich berührt sind von dem, was gerade in ihrem Innern bzw. innerhalb des „Containers" abläuft. Alle fühlen sich unterschiedlich stark persönlich angesprochen, bringen ihre biografischen Erfahrungen (aktuelle Geschehnisse eingeschlossen) mit und stehen in Bezug auf ihre persönliche Entwicklung jeweils an ganz unterschiedlichen Punkten. Sie haben sich unterschiedlich stark mit den Themen des Dialogs kognitiv und emotional auseinander gesetzt und bringen einen eigenen Wissens- und Erfahrungsschatz mit.

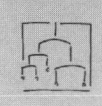

Die Ebenen beschreiben fünf mögliche Aspekte unseres Seins in lebendigen Prozessen. Alles hängt mit allem zusammen. Im Dialogprozess sind die Ebenen miteinander vermischt, die Übergänge sind fließend, sie können je nach Fragestellung, Entwicklungsstand und Erwartung der Gruppe, bzw. des einzelnen Gesprächspartners, flexibel, zeitlich parallel oder nacheinander in das Geschehen einfließen, und zwar unabhängig davon, ob wir die Prozesse bewusst steuern oder nicht. Die Grundfragen, von denen das Modell ausgeht sind: Was gibt es Neues? Wie verhalte ich mich? Wer bin ich? Woher komme ich? und Wohin gehe ich? Hier ein erster Überblick:

Fünf Ebenen im Dialog

Information/Das Wissensspektrum erweitern

Was gibt es Neues? Wie passt das zu dem, was ich schon kenne, z.B. neue wissenschaftliche Erkenntnisse der Entwicklungspsychologie und Bindungsforschung, Pädagogik, Diagnostik etc.? Welche Methoden oder -ansätze in Beziehung zu treten und diese zu halten gibt es? Bin ich bereit, mein Wissen allen Teilnehmenden zur Verfügung zu stellen? Welche Bedeutung gebe ich Sachbotschaften im Umgang mit Eltern/Klienten?

Beziehung/Reflexion des Denkens, Fühlens, Handelns, und Wollens

Wie verhalte ich mich? Handele ich immer nach bestem Wissen? Wie wirkt dies auf den Umgang mit Eltern/Klienten/Patienten, auf meine Arbeit, mein Leben? Welche Bedeutung hat für mich der Begriff „Begegnung"? Was kann/möchte ich von anderen durch den Austausch lernen? Wie sehe ich mein Gegenüber? Welchen Stellenwert hat das persönliche Befinden für mich im beruflichen Kontext? Sehe ich die Betroffenen als Verantwortliche für ihre Lebensentscheidung. Kann ich Zweifel bzw. Unsicherheit zulassen?

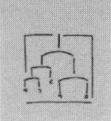

Selbstbild/Sich dem Thema persönlich stellen

Wer bin ich? dass ich mich mit dem Alltag anderer Menschen/Eltern/Klienten beschäftige bzw. mein gesamtes berufliches Handeln darauf ausrichte? Was habe ich selbst mit dem Thema zu tun? Welchen persönlichen Gewinn habe ich durch meine Arbeit? Lebe und handele ich auch nach den Prinzipien, die ich aus professioneller Sicht vertrete? Wer will ich als Pädagoge/Therapeut/Arzt sein? Gelingt es mir, die Eltern/Klienten/Patienten als meine „Gäste" zu sehen? Kann ich in meinen Eltern/Klienten/Patienten ein gleichwürdiges Gegenüber sehen?

Biografie/Den roten Faden des Lebens suchen

Woher komme ich? Was trage ich an persönlichen Erfahrungen in meinem „Rucksack" mit mir herum? Welchen Einfluss haben sie auf meine Berufswahl gehabt? (Inwiefern) wirken eigene Kränkungen, Verletzungen? Welche Rolle spielen Erfolgserfahrungen bzw. Prestige? Welche Glaubenssätze beeinflussen mein Handeln? Woher kommt der Wunsch zu helfen/„heilen"? Gelingt es mir, in „meinen" Eltern/Klienten/Patienten dem individuellen Menschen mit all seiner/ihrer Biografie zu würdigen und ihm zu begegnen?

Lebenssinn/Suche nach Sinn und Spiritualität

Wohin gehe Ich? Was hat mir das Leben bisher gebracht? Wie sinnhaft erlebe ich meinen Beruf? Wie erfüllt ist mein Leben? Wo liegen meine Chancen? Wohin werde ich mich mit meinen Potenzialen hin entwickeln? Welche Ideale und Visionen lebe ich? Helfen/Beratung/Heilung sind oft nicht erklärbare Prozesse, die oft auf „feinstofflicher" oder geistiger Ebene oder auch gar nicht geschehen. Trotz allen Wissens bleiben Krankheit und Heilung Mysterien. Was erfüllt mich jenseits meiner beruflichen Identität? Wo finde ich meine Kraftquellen?

Information/Das Wissensspektrum erweitern

Das Bedürfnis nach Information ist erfahrungsgemäß ein Hauptmotiv, Elternbildungsveranstaltungen zu besuchen. Und die Bereitschaft der Eltern, sich zu informieren, unterstreicht ihren Wunsch, mit der Entwicklung ihrer Kinder mit zu halten. Sie hoffen das von ihnen empfundene Defizit an Sachwissen über die „richtige" Erziehung mit dem Seminar ausgleichen zu können. Nicht wenige Eltern wünschen sich daher zunächst greifbare und Erfolg versprechende „Rezepte". Mit einer solchen Grunderwartung ist in der Regel jeder konfrontiert, der Seminare für Eltern anbietet. Die folgenden Absätze werden die Bedeutung von Sachinformationen für die Beziehungsgestaltung relativieren und verdeutlichen, dass sich Dialog und dozierende „Vermittlung" von Erziehungsbotschaften widersprechen. Gegenseitiger Austausch in Dialogseminaren, wenn sich die Mütter und Väter unter Begleitung der Dialogbegleitung gegenseitig eine Menge an persönlichen Erfahrungen, neuen Sichtweisen und manchmal auch Tipps mitteilen, ist an dieser Stelle nicht gemeint. Dieser horizontalen „Wissenserweiterung" widme ich die Lernebene II.

„Ganz gleich, wie viele Erziehungsratgeber wir lesen, nichts kann uns wirklich auf die Herausforderungen und Freuden der Elternschaft vorbereiten. In dem Augenblick, da wir Eltern werden, ändert sich unser Leben für immer. Wir finden uns plötzlich in einer Brandung nicht gekannter Gefühle und lernen mindestens soviel von unseren Kindern wie sie von uns."

Jane Seabrook

Methode der reinen Wissensvermittlung

Die meisten von uns verbinden mit Informationsweitergabe eine bestimmte Art der Wissensvermittlung, die wir aus der Schule, aus den Medien, aus der beruflichen Fort- und Weiterbildung und aus der Universität kennen. Hier handelt es sich meist um ein vertikales Verhältnis zwischen Wissensvermittler und Schüler. Die Annahme, die der Sachebene zugrunde liegt, ist die, dass der Mensch, wenn man ihn mit verbessertem Wissen ausstattet, dazu befähigt wird, erfolgreich seine Einstellungen und sein Verhalten zu ändern. Übersetzt auf die Elternbildung hieße das, dass Eltern, sofern sie genug über Erziehung wissen, auch besser in Beziehung treten können, bzw. dass das Familienklima störungsfreier wird, dass das Kind z.B. sein trotziges Verhalten abstellt, sich gesünder ernährt bzw. aufhört zu rauchen.

Der „wissende" Referent als *der* Experte trifft in Seminaren dieses Typus in der Regel die Auswahl, welche Informationen Eltern am dringendsten brauchen, bzw. er lehrt nach einem festgelegten Curriculum, das ebenfalls davon ausgeht, dass alle Eltern die gleichen Probleme haben oder die gleichen Antworten suchen.

„Der Lehrer beschreibt linear das Problem, er ist sich seiner Autorität (Macht) bewusst und produziert eine Lösung für das Problemverhalten."

Winfried Palmowski

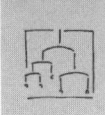

Vermittelt wird der Lernstoff durch:
Vorträge und Eingangsreferate mit anschließenden Diskussionen, in denen die Eltern durch Thesen, Diagramme, Schaubilder, Lehrvideos, aktuelle Statistiken und Zahlen informiert werden sollen.

Die Rezeption erfolgt über:
Ohren und Augen, also Zuhören und Mitschreiben, Einprägen von Inhalten, Ausfüllen von Arbeitsblättern etc. Auch das Lesen von Büchern, Broschüren und Zeitschriften vermittelt Fakten und gibt Denkanstöße. Und im Zeitalter des Internets stehen der Möglichkeit entsprechendes „Wissen" zu besorgen, viele Wege offen.

Die Verarbeitung des Vermittelten betont:
Logisches Denken und Verstehen auf der linken Hirnhemisphäre. Es gibt scheinbar einfache Antworten und Handlungsstrategien (praktische Handlungsanleitungen, Skizzen, Modelle, Leitsätze, etc.).

„Wer davon ausgeht, Wahrheit gefunden zu haben, wird der eigenen Perspektive eine größere Berechtigung beimessen als anderen."

Arist v. Schlippe

Bildung in dieser Form erreicht nicht den ganzen Menschen, sondern bestenfalls seine kognitiven Potenziale. Spontane Gefühlsäußerungen wie ausgelassene Freude, Trauer, Wut, Enttäuschung oder Aggression, eigene Erinnerungen und Erfahrungen werden nicht thematisiert, sind in inhaltlich durchstrukturierten Seminarkonzepten auch weniger erwünscht, weil sie „zu weit gehen" und den geplanten Zeitrahmen gefährden.

Obwohl auf einer rein sachlichen Informationsveranstaltung nicht vorgesehen, lässt es sich oft nicht vermeiden, dass Eltern in besonderer Weise berührt werden. Auch emotionslos vorgetragene Thesen sind in der Lage, Zuhörer nachdenklich zu stimmen. Persönliche Erlebnisse und Erfahrungen, sei es aus der eigenen Jugend oder aus dem Zusammenleben mit den Kindern, gehen eben unter die Haut, lösen eigene Gedanken, Bilder und Gefühle aus. Und durch ein Referat zum „übermäßigen" Fernsehkonsum könnten sich z.B. eventuell einige der Eltern persönlich „ertappt" fühlen, ebenso wie das Thema Alkohol immer dann besonders heikel wird, wenn einer der Anwesenden sein eigenes Alkoholproblem erkennt.

Das Wissen des lehrenden „Spezialisten" scheint eine Art „höhere" Wahrheit zu besitzen. Dies gilt im Übrigen zum Teil auch für manche Eltern. Je renommierter der Experte, desto geringer der Widerspruch. Wer mag schon gerne als „Nicht-Experte" das Wissen eines vermeintlichen „Experten" öffentlich anzweifeln oder in Frage stellen? Ausnahmen mit Scheindiskussionen bestätigen hier die Regel.

Die meistens von professionellen „Fachleuten" vorgetragenen Fakten, Theorien, Prinzipien, Begründungszusammenhänge bergen, weil sie zu wenig hinterfragt werden, die Gefahr, für „wahr" oder „objektiv richtig" gehalten zu werden („Der Referent muss es ja wissen."). Auch bei größter Sorgfalt gibt jeder Mensch jedoch immer ausschließlich die eigene Sicht oder eigene Erkenntnisse und Erfahrungen der Dinge wieder, und diese können aus Dialogischer Sicht nur einen Teil der „Wahrheit" wiedergeben.

„Die Wahrheit ist die Erfindung eines Lügners."

Heinz v. Foerster

Auf die Frage, was das Anhäufen von immer mehr Sachinformationen in Vortragsabenden und „Eltern*schulen*" mit straffem Schulungsdesign dennoch so beliebt macht, gibt Paul Kivel eine deutliche Antwort: „Es macht es uns als Pädagogen leichter. Wir sind im Besitz aller Informationen, wir haben die Fakten vorliegen... Wir brauchen uns nicht erst zu öffnen, uns verletzlich zu zeigen. Wir müssen nicht mit schwierigen Erfahrungen anderer umgehen. Wir müssen nichts riskieren. Wir müssen lediglich die Fakten korrekt und möglichst anschaulich vermitteln, damit die Teilnehmer sie erfassen und mit nach Hause nehmen können. Wir brauchen die Menschen, auf die wir einreden, nicht zu lieben, wir brauchen uns nicht um sie zu sorgen, ja wir brauchen sie nicht einmal besonders zu respektieren. Wir brauchen auch nicht das Gefühl, dass wir durch gemeinsame Erfahrung verbunden sind. Wir brauchen eigentlich kaum etwas zu fühlen. Schließlich werden hier nur Informationen ausgetauscht – und Mythen verabschiedet... Wegen dieses Gefühls der eigenen Ohnmacht, bleiben wir bei den sicheren Methoden. Durch sie behalten wir die Kontrolle, wir fühlen uns effektiv, überlegen und abgetrennt von den Menschen, mit denen wir arbeiten" (Kivel 1993, S. 99ff.).

„Stoffvermittlung ist nicht Lernen."

William R. Miller

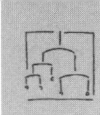

Sachwissen und Persönlichkeitsstärkung

Referate und Literatur können Eltern durchaus anregen, das Verständnis für das eigene und das kindliche Verhalten zu erweitern, über die Bedeutung von Grenzsetzung und Nähe zu reflektieren etc. Die positive Seite der Sachebene verkehrt sich aber immer dann in ihr Gegenteil, sobald der Referent versucht, als „objektives" Faktum zu vermitteln, was er für *seine* „Wirklichkeit" hält. Denn *das* allgemeingültige, wissenschaftlich belegte, pädagogische Handwerkszeug, das für jeden Einzelfall „richtig" und im Erziehungsalltag generell hilfreich ist, gibt es nicht. Jede und jeder muss für sich das für sie und für ihn Brauchbare aus dem Gehörten herausfiltern.

Die subjektiv von den Teilnehmern empfundene Unsicherheit aufgrund fehlenden „Fachwissens" wird durch ein Mehr an Sachinhalten meist nur kurzfristig behoben. Einigen reicht das aus, den meisten jedoch nicht. Nach jeder Information – oft schon am Morgen nach dem Seminar – tun sich wieder neue („schwarze") Löcher im Alltag auf nach dem Prinzip: Je mehr ich weiß, um so mehr merke ich, was ich noch nicht weiß. Es kommt daher häufig nicht zu der gewünschten Verhaltenssicherheit, sondern zu größerer Unsicherheit bei der Umsetzung der vermittelten Inhalte im Umgang mit den mir anvertrauten Menschen. Die Abhängigkeit von der umfassenden Fachkompetenz anderer bleibt im Grunde erhalten. Das hängt damit zusammen, dass Wissen nicht außerhalb von Menschen existiert. „Informationen als solche bewegen den Menschen nicht wirklich. Es sei denn, ein fruchtbares Feld ist vorhanden. Was uns bewegt, ist die Verkörperung des Wissens in uns, wenn es uns intrinsisch motiviert" (Senge, in: Hartkemeyer/ Dhority 1998, S. 177).

„Alles virtuelle Leben ist Vergegnung."

Wilfried Reifarth

In der Elternbildung geht es heute in der Regel um die Stärkung der Menschen, sie empfiehlt zuzuhören statt zu belehren und misst Gefühlen eine große Bedeutung bei. Auf der Ebene Information wird über diese für die Persönlichkeitsentwicklung wichtigen Faktoren referiert und diskutiert, jedoch finden die Teilnehmer mit ihrem persönlichen Erleben und ihren Nöten oder Ängsten in der oben beschriebenen Seminarform kaum Gehör. Die Beziehungsbotschaft signalisiert ihnen: „Was und wie Sie empfinden, ist eigentlich weder wichtig noch unbedingt richtig". Das kann sich letztlich auf die Eltern schwächend auswirken.

Die Teilnehmer werden zu passiven Empfängern pädagogischer Verhaltensbotschaften. Die kognitive Arbeitsweise fördert die Bequemlichkeit der Teilnehmer, da sie sich nicht tiefgreifend persönlich mit dem Inhalt auseinandersetzen müssen. „Ich denke, das ist ein zentrales Problem der Lehrenden. Denn Übermittlung, bei der der Lehrer als Übermittler funktioniert, führt die Lernenden dazu, den Inhalt mechanisch zu übernehmen. Sie werden zu ‚Behältern' gemacht. Und das ist als Einstellung gegenüber den ungeheuren Zukunftsproblemen tragisch. Wie sollen sich dadurch die nötige Kreativität und eine Dialogische Haltung entwickeln?" (Freire, in: Hartkemeyer/Dhority 1998, S. 147).

In der Eltern-Kinder-Interaktion kann dies dazu führen, dass die Eltern die Sorgen der Kinder nicht an sich heranlassen, sich ganz davor verschließen oder rigide und autoritär auftreten. Wenn Eltern mit der oben beschriebenen inneren Haltung den Inhalt von Info-Broschüren und die gehörten Thesen gegenüber ihren Kindern lediglich zu einer geschickten Beweisführung benutzen, erzeugen sie eher Gegenargumente und Widerstand.

Wollen die Eltern die Kommunikation mit ihren Kindern anders als gewohnt gestalten, müssen sie erfahren, „dass Belehrungen und Bekehrungen besonders dort nutzlos sind, wo es um wertbezogene Einstellungen, um ethische Positionen, um Begründungen von Entscheidungs- und Handlungsmustern geht" (Schirp 2002, S. 71).

Als ich noch am Anfang meiner Tätigkeit in der Erwachsenenbildung stand, habe ich mich immer mit Karteikarten „bewaffnet", die ich mit schlagkräftigen und überzeugenden Thesen voll geschrieben hatte und die ich flüssig herunter referieren konnte. Allerdings fehlten mir dann meist die offenen Augen und Ohren für meine Gäste. Wenn ich ehrlich bin, empfand ich die Eltern anfangs eher als „Feinde", sah sie zumindest eher als Gefahr an, denn als freundliche Gäste. Ich befürchtete, von ihnen nicht ernst genommen zu werden, sollte ich eine ihrer Fragen nicht befriedigend beantworten können.

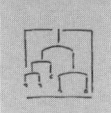

„Ich versuche es, meinen Schülern zu erklären, dass Neid schädlich ist, und schon spüre ich den heimlichen Widerstand derer, die weniger besitzen als ihre Kameraden; ich versuche zu erklären, dass es unanständig ist, den Schwächeren zu schlagen, und schon sehe ich ein unterdrücktes Lächeln in den Mundwinkeln der Stärkeren; ich versuche zu erklären, dass Lüge das Leben zerstört, und etwas Furchtbares geschieht: Der schlimmste Gewohnheitslügner in meiner Klasse schreibt einen glänzenden Aufsatz über die zerstörende Macht der Lüge. Ich habe den fatalen Fehler begangen, Ethos zu unterrichten, und was ich sagte, wird als gangbare Kenntnismünze aufgenommen, nichts davon verwandelt sich in Substanz, die den Charakter aufbaut."

Martin Buber

Fazit:

Sachinformationen können in relativ kurzer Zeit den Wissenshorizont erweitern, können aber auch zur Schwächung des Selbstwertgefühls und der elterlichen Kompetenz führen. Die Unsicherheit im Umgang mit den Familienmitgliedern wird nur kurzfristig verringert. Was bleibt, ist die kurzfristige Illusion, man könne die Probleme in den Griff bekommen.

Die heilsame Kraft des Zuhörens und des Wahrgenommenwerdens muss man spüren, wenn man sie mit seinen Kindern praktizieren will. Nach Auffassung von Miller und Rollnik müssen Informationen und Ratschläge von ihren Empfängern allerdings nicht zwingend als „Schläge" verstanden werden. Sie können durchaus auch Ansätze für einen beschleunigten Veränderungsprozess sein, dann nämlich, wenn sie zum rechten Augenblick und im richtigen Ton ausgedrückt werden und konkrete Veränderungsmöglichkeiten beinhalten (Miller/Rollnik 1999, S. 36ff.).

Für die einen mag ein sachlicher Einstieg ins Thema ein Grund sein, mehr zu erfahren, sich möglicherweise auch persönlich tiefer auf das jeweilige Thema einzulassen. Für die anderen ist er ein Grund, sich eher davor zu verschließen, weil sie befürchten, ins „Bodenlose" zu fallen. Dies stets im Auge zu behalten, ist wichtig für jeden Fortbildner.

Wird ausschließlich auf der Informationsebene gearbeitet, bleiben ressourcenorientierte Prävention und Elternstärkung auf der Strecke. Ich empfehle Eltern, Lehrern und Fortbildnern, sich persönlich tiefgehender einzulassen und mit den Eltern auf einer der folgenden Ebenen zu arbeiten.

Beziehung/Reflexion des Denkens, Fühlens und Handelns. Der Beziehungsaspekt

Erziehung ist Beziehung und braucht Beziehung. Im Dialog wird dieser Satz vorgelebt, indem Möglichkeiten geschaffen werden, dass die Eltern in Beziehung treten und sich füreinander interessieren können. Nicht die Sache und der Diskussions-Gegenstand stehen im Vordergrund, mindestens ebenso wichtig ist der Beziehungsaspekt. „Was brauche ich als Mutter oder Vater?", „Was braucht mein Kind?" und „Wie begegne ich meinem Kind?"

„Ich weiß nicht und ich kann nicht wissen, wie mir unbekannte Eltern unter unbekannten Bedingungen ein mir unbekanntes Kind erziehen können – ich betone – können, nicht – wollen und auch nicht – sollen."

Janusz Korczak

Dadurch, dass pädagogische Botschaften nicht vertikal referiert, sondern um Positionen und Meinungen horizontal gerungen wird, verschiebt sich die Gewichtung zwischen Informationsvermittlung und Austausch. Der Prozess dauert vielleicht etwas länger, und die Thesen der Eltern klingen eventuell holpriger, als in einem professionellen Thesenpapier, aber sie kommen dafür aus dem eigenen Verstehen heraus. Dies geschieht bereits beim Prozess des Formulierens. Die Einzelnen werden herausgefordert, mitzudenken und das Gedachte mit zu teilen. Die Betonung liegt auf „Teilen".

Auf dieser Ebene geht es vorrangig um die Erweiterung der Handlungskompetenz der Eltern. Im Vordergrund stehen das Nachdenken über und Reflektieren von Erziehungs- und Lebensstilen sowie individuellen Lebenserfahrungen. „Erfahrung ist für Rogers die höchste Autorität" (zitiert nach Sagebiel 1994, S. 101). Intellektuelle und emotionale Äußerungen werden als gleichwertig akzeptiert.

Jede und jeder im Raum spürt, dass es im Grunde keine einheitliche Antwort auf die gestellten Fragen geben kann, dass die individuellen Lebenssituationen sehr unterschiedliche Erkenntnisse verlangen, wie die beiden folgenden Beispiele zeigen. Um Beziehung muss gerungen werden, sie lässt sich auch zu Hause nicht anordnen.

Beispiel 1:

Die Mutter der neunjährigen Pascale berichtet über ihre Schwierigkeiten, mit ihrer Tochter in Beziehung zu treten. Pascale lässt sich kaum noch in den Arm nehmen, wirkt sehr verschlossen, hat seit Monaten keine Freundin mehr mit nach Hause gebracht. Die Klassenlehrerin meint, ihr Verhalten zeige autistische Züge. Die Mutter bittet mich als Seminarleitung um Rat.

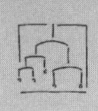

Ich habe nun die Möglichkeit, vor der Gruppe die Mutter näher zu befragen, um ein wenig mehr über die Lebensumstände von Pascale, ihre eigenen und die ihres übrigen familiären Umfeldes zu erfahren. Stattdessen bitte ich die Mutter um die Erlaubnis, dass wir alle gemeinsam über die von ihr beschriebene Situation reden. Sie gibt ihr Einverständnis. Der Dialog kann beginnen. Die Eltern treten in Beziehung, denken und fühlen mit, fragen nach, regen an, sprechen Mut zu oder geben zu, dass sie „in einer ähnlichen Situation mit ihrem Latein auch am Ende" wären.

Als Leiter werde ich so zum Begleiter des Dialogs der Eltern untereinander. Es kann ebenfalls sinnvoll sein, der Mutter den Hinweis zu geben, sich an eine der örtlichen Beratungsstellen zu wenden. Denkbar ist, der Mutter bis zum nächsten Elterntreffen eine Beobachtungsaufgabe zu empfehlen.

Beispiel 2:

Ein verunsicherter Vater äußert seine Sorgen und Befürchtungen hinsichtlich des Suchtmittel-Missbrauchs seines heranwachsenden Sohnes. Ohne Dialogbegleitung würden sich daraus entweder Zwiegespräche oder eine scheinbar sachliche Diskussion in der Eltern-Runde über Art, Umfang und Gefahr der „Droge" etc. ergeben. Sowohl der Vater als auch andere im Raum erhalten im Verlauf des Gesprächs einige neue Informationen. Dies wäre der sachliche Aspekt des Themas.

Der Beziehungsaspekt aber wäre z. B. ein Dialog über die Frage nach der Bedeutung und Motivation des vermuteten Suchtmittelmissbrauchs. Was steckt hinter dem Verhalten des jungen Mannes? Steckt eventuell eine innere bzw. äußere Störung der Beziehung zwischen Sohn und Eltern hinter dem „Missbrauch", ist er Ausdruck momentaner Lust und Laune, orientiert er sich an den Bräuchen seiner Bezugsgruppe? Oder war bereits die Wortwahl des besorgten Vaters, in der er von „Missbrauch" sprach, eine Wertung, die jemand anders, und vor allem der Betroffene selbst, ganz anderes beschreiben würde? Was weiß der Vater sonst noch von seinem Sohn?

Es zeigt sich immer wieder wie wichtig die Auseinandersetzung gerade mit der Beziehungsseite der Erziehung ist. Das Hauptmerkmal der Unterscheidung zwischen den Ebenen Information und Beziehung ist hiermit im Wesentlichen umrissen.

Die Dialogbegleitung sorgt durch eine freundliche, dialogfördernde Atmosphäre dafür, dass jeder dem Anderen hinreichend Zeit und Raum für die Sache und für die dahinter stehenden Emotionen gibt, die durch diese und andere Fragen ausgelöst werden. „Intensives Zuhören ist im Dialog sehr wichtig. Dabei ist es entscheidend, dass nicht nur die Wortinhalte gehört werden, sondern auch die nonverbale Sprache (Stimmklang, Mimik, Gestik, Körperhaltung, Blick) ‚vernommen' wird" (Ballreich 2000, S. 24). Gefühle zu zeigen, ist ausdrücklich erwünscht. Und es darf, es soll sogar gelacht werden in den Seminaren. Lachen ist gesund, erleichternd und heilsam. Es reicht, wenn die Themen schon schwer genug sind.

„Emotionen modellieren die Intelligenz und Lernbereitschaft."

Umberto R. Maturana

Gemeinsame Suche nach Antworten

Seminarleiter, die sich auf Ebene II einlassen, gehen grundsätzlich davon aus, dass die Eltern nicht nur eine Menge Fragen, sondern mindestens ebenso viele Antworten haben. Sie unterstellen, dass die Eltern ihre Lebensverhältnisse selbst am besten kennen und daher nicht nur befähigt sind, die erforderlichen Schlüsse aus den gemeinsamen „Produkten" des Dialogs zu ziehen, sondern auch Verantwortliche des Zusammenlebens mit ihren Kindern sind und bleiben. Die Seminarleitung sieht ihre vorrangige Aufgabe darin, die Teilnehmer einzuladen, am Dialog teilzunehmen. Das Vorgehen orientiert sich daran, Potenziale und Ressourcen in der Gruppe sichtbar zu machen. Das individuelle Elternwissen ergänzt das generalisierte Wissen der Seminarleitung gleichwertig. Es werden unterschiedliche Sichtweisen ausgetauscht. Mehrere „Wahrheiten" bleiben gleichberechtigt nebeneinander stehen.

Handlungsleitende Fragen aus Sicht des Begleiters könnten sein: Wie geht es Ihnen? Was bringen Sie mit, was wollen Sie lernen? Welche Frage bewegt Sie? etc.

119

*In Seminarformen, die den Dialog fördern, treten Sachfragen in den Hintergrund. Eltern wünschen sich in der Regel, mehr darüber zu erfahren, wie sie ihr Kind besser erziehen und stärken können. Was kann ich tun, damit mein Kind weniger „auffällt", sich im Unterricht kooperativer zeigt, zu Hause besser „folgt", weniger Fernsehen konsumiert etc? Wie kann ich mein Kind vor Suchtverhalten und „Drogen" schützen? Wie schaffen es die anderen, ihre Kinder ohne „Schläge" zu erziehen? Welches Verhalten ist hilfreich, damit es meinem Kind **und** mir gut geht, dass es seelisch gesund bleibt? Habe ich etwas „falsch" gemacht bisher? Wie kann ich als Mutter oder als Vater selbst bei Kräften bleiben? (Was) kann ich von anderen lernen, um zukünftig ein besseres und konfliktfreieres Klima zuhause zu schaffen? etc.*

„Ich möchte, dass man versteht, dass kein Buch, kein Arzt den eigenen aufmerksamen Gedanken, die eigene genaue Beobachtung ersetzen kann."

Janusz Korczak

Im Dialog können sich die Anwesenden darüber verständigen, wie sie z.B. im Alltag mit gestörten (Ver-)Bindungen zu ihrem Kind umgehen und welche Rituale das Familienleben prägen. Die Eltern hören intensiver zu als an Vortragsabenden, sie denken mit und vergleichen ganz viel. „Wie weit ist Ihrer?" „Was macht Ihr Kind in der Schule, in der Freizeit, im Sport, im Sozialverhalten, in Sachen ‚Drogen' etc.?" Wenn das Vergleichen nicht dazu führt, dass Eltern sich und ihre Kinder unter Druck setzen, ist nichts dagegen einzuwenden. Wichtig ist im Gegenteil, dass Eltern in der Unterschiedlichkeit eine Chance zu sehen lernen. Wenn es gelingt, dass sie der Entwicklung ihrer Kinder und ihren Erziehungsbemühungen wieder vertrauen lernen, brauchen sie sich nicht unzulänglich und „schlecht" zu fühlen.

Am Ende einer Dialogischen Elternrunde kommt es nicht auf ein gemeinsames Ergebnis oder einen Konsens an, sondern darauf, dass der Denkprozess Offenheit für den Blick aus einer anderen Warte geschaffen hat. Eltern können dadurch im positiven Sinn irritiert werden. Irritation kann Platz frei machen, anders als bisher zu denken und sich auf wirklich Neues einzulassen.

Den Rahmen schaffen für einen Dialog

Die Mischung aus kognitivem und emotionalem Lernen braucht die entsprechende Atmosphäre. Der Fortbildner schafft diese durch das Setting, die Raumgestaltung und eine Sitzordnung, die Kooperation fördert. Er tritt in seiner Rolle als Wissensvermittler in den Hintergrund und stellt sich stattdessen in den Dienst des Dialogs. In dem vertrauten „Raum" können die Teilnehmer gemeinsam lachen, sich empören, miteinander streiten, ihre Stärken und Schwächen zeigen, sich anrühren lassen, etc.

Juliane Sagebiel kommentiert die Bedeutung des geschützten Raumes folgendermaßen: „Gefordert ist vor allem die kommunikative Kompetenz und Sensibilität des Dozenten, den Teilnehmern das Gefühl zu vermitteln, dass sie sich in einem geschützten Raum befinden, in dem sie ihre Aktivitäten entfalten und ‚ungestraft' Fragen stellen können. Wichtig ist, dass die Teilnehmer schon zu Beginn der Veranstaltung über eine akzeptierende und wertschätzende Haltung des Weiterbildners erfahren, dass es spannend ist, die Meinungen und Erfahrungen anderer kennen zu lernen" (Sagebiel 1994, S. 152).

Auf eine traditionelle Vorstellungsrunde wird verzichtet. Namensschilder reichen aus. Für einen vertrauten, Dialogischen Umgang haben der Name und die Berufsbezeichnung weniger Bedeutung, als die Bereitschaft zum persönlichen Austausch über die mitgebrachten Fragen und Wünsche bzw. über eigene Befürchtungen. Namen von Teilnehmern werden oft schnell wieder vergessen. Im Laufe der Seminarabende und darüber hinaus werden untereinander Kontakte entstehen und dann automatisch zum Adressaustausch einiger führen.

Eine neue Reihe der Seminare ELTERN STÄRKEN beginnt nach einer kurzen Begrüßung immer mit einem „Dialog-Karussell" (s. Kap. 5, S. 192), bei dem sich in zwei zueinander gewandten Stuhlkreisen jeweils zwei Menschen gegenübersitzen und für einige Minuten Zeit haben, sich anhand vorbereiteter Fragen in Zwiegesprächen auszutauschen. Einige Male wechseln die Gesprächspartner ihre Plätze und rücken jeweils um einen Platz nach rechts oder links. Das Karussell dreht sich langsam, und die Teilnehmer verlieren allmählich ihre Scheu, mit „Fremden" zu sprechen.

„Ein Beispiel für gemeinsames Denken wäre, wenn jemand eine Idee hat, die ein anderer aufgreift, während ein Dritter noch etwas hinzufügt. Das Denken würde fließen, anstatt dass da eine Menge verschiedener Leute sitzt und versucht, sich gegenseitig zu überreden und zu überzeugen."

David Bohm

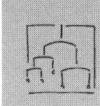

Jede Seminargruppe hat eine eigene Geschichte und ganz unterschiedliche Fragestellungen und Themen. Diese werden im Anschluss an das „Dialog-Karussell" gemeinsam mit der Gruppe im Plenum herausgearbeitet. Die Schwerpunkte ergeben sich aus den Äußerungen der Eltern. Das geschieht folgendermaßen:

- *Zunächst erfrage ich das Befinden bzw. Vorbehalte der Teilnehmer während der Paar-Gespräche.*

- *Als zweites interessieren mich die Inhalte und Schwerpunkte der Gespräche. Welche Fragestellungen haben Sie besonders beschäftigt? Wo lagen Knackpunkte? (Wo) gab es Übereinstimmungen in Ihren Einschätzungen? Was interessiert Sie am brennendsten in diesem Moment? etc.*

Über das Sammeln der Antworten, bekommen die Seminarabende ihre individuelle, den Interessen jeder Lerngruppe entsprechende, inhaltliche Struktur. Die Eltern erfahren, dass es **ihr** Elternseminar ist und nicht ein starres, schon jahrelang heruntergespultes Programm. Die Eltern werden im Laufe der Veranstaltung immer wieder aufgefordert, ihre Fragen an die Runde zu richten.

Dieser lebendige Dialogische Einstieg lockert auf und bringt alle gleichzeitig über das Thema sowie eigene Einstellungen ins Gespräch. Das Eis bricht dadurch schnell. Die erste, noch vorsichtige Begegnung regt die Bereitschaft an, sich nach den Paar-Gesprächen auch in der Gruppe ganz persönlich auf tiefere Lernerlebnisse einzulassen. Auf diese Weise können sich Verhaltensroutinen lockern und neue Perspektiven ergeben.

Als methodische Impulse bieten sich an:

- *Auseinandersetzung und offener Austausch über Stärken und Schwächen des eigenen Kindes u.a. anhand von „Papierschablonen" (s. Kap.5),*
- *Frageplakate an den Wänden,*
- *Geschichten als Impuls für einen Dialog (S. 233ff.),*
- *„Einladung zum Dialog" (S. 222),*
- *Blitzlichtrunden zum jeweiligen Abschluss der Seminare,*
- *ein „Sprechstein" etc.*

Die Arbeitsweise ist prozessorientiert: Der Zeitplan ist auf ca. zweieinhalb bis drei Stunden pro Seminareinheit festgelegt. Es gibt keinen fest umrissenen, sondern einen variablen Programmentwurf. Dieser Entwurf ist vergleichbar mit einer Landkarte. Wir wissen vorher nicht, welchen Weg wir gehen, was an welcher Weggabelung passiert, wir kennen die Topographie der Gegend nicht genau etc. Als Dialogbegleiter lade ich die Teilnehmer ein, miteinander dieses Land zu erkunden und die Wege gemeinsam zu finden. Der Seminarentwurf dient der Orientierung, ist nicht „Gesetz". Der Seminarleiter wird auf dieser Ebene weitestgehend zum Begleiter. Entscheidend sind die Fragestellungen und Wünsche der Gruppe. Es findet Beziehung statt. Die Einzelnen werden als Individuen wahr- und ernst genommen.

Grundvoraussetzungen zum Gelingen einer lernförderlichen und vertrauensvollen Beziehung sind die Grundprinzipien des Dialogs, die ich weitgehend beschrieben habe:

„Eine offene Lernhaltung ist die Grundlage für jeden gelingenden Dialog. Wenn man so will, ist im Dialog jeder des anderen Lehrer" (Hartkemeyer/Dhority 1998, S. 173). Im Idealfall bringen sich alle, die Eltern und die Referenten mit ihrer ganzen Person, mit ihren Stärken und Schwächen ein, mit dem Risiko, dadurch angreifbar zu sein. „Kritische" Fragen, Widerstände und Ängste der Teilnehmer werden nicht als **Störung**, sondern als **notwendiger Teil des Lernprozesses** wahrgenommen und, soweit die Eltern es gestatten, zum Gegenstand des Seminars gemacht.

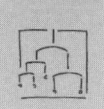

„Die Dinge, die wir wirklich wissen, sind nicht die Dinge, die wir gehört oder gelesen haben, vielmehr sind es die Dinge, die wir gelebt, erfahren, empfunden haben."

Calvin M. Woodwards

Diese Sichtweise ist nicht neu. Sie deckt sich mit dem bekannten Satz: „Störungen haben Vorrang", aus der „Themenzentrierten Interaktion" von Ruth Cohn (1975), mit dem sie Unstimmigkeiten in den Beziehungen den Vorrang gibt gegenüber der Arbeit am Inhalt (vgl. Palmowski 1996, S. 72). Die Verantwortung für das eigene Handeln und die Nähe zur Gruppe und zum Thema trägt auch im Dialog jeder für sich. Widerstände werden außerdem nicht zwangsläufig als Hinweis auf große Distanz gedeutet, sondern können auf eine besondere Affinität der jeweiligen Person zum Thema hinweisen.

Beziehung und Persönlichkeitsentfaltung

Der Kernsatz der Prävention heißt: **„Kinder stärken"**. Der Kernsatz des hier vorliegenden Erwachsenenbildungskonzeptes, in dessen Mittelpunkt die Eltern stehen, heißt: **„Eltern Stärken"**. Stärken im Sinne dieses Konzeptes beinhaltet:

- *sich anderen Menschen im gleichberechtigten Dialog mitzuteilen und zuzuhören,*
- *über bisher gedachte Grenzen hinweg zu denken und so einen neuen Blick auf altbekannte Probleme zu bekommen (den Horizont erweitern),*
- *das Vertrauen in die eigenen (Urteils-)Fähigkeiten und damit das Gespür für den eigenen „richtigen" Weg zu stärken,*
- *Selbstverantwortung als Chance zu begreifen,*
- *die eigenen Verhaltensweisen im Umgang mit Alltagsproblemen zu hinterfragen, einen Zugang zu den eigenen Gefühlen zu finden und*
- *möglichst unabhängig zu werden vom Urteil sogenannter Experten und deren Wissen.*

Aus der Erkenntnis heraus, dass theoretisches Wissen im Alltag oft nicht viel nützt, lassen sich die meisten Eltern nach vorsichtigem Vortasten dankbar auf einen Prozess der Reflexion ihrer Rolle als Mutter bzw. Vater ein. Lernort ist überwiegend die Großgruppe (s. Kap. 4), sodass, wer möchte, auch zuhörend lernen kann. Jeder bringt sich eben soweit ein, wie er es sich zutraut und momentan möchte.

Wer spüren konnte, welche Kraft darin liegt, sich zu zeigen, sich zu öffnen, vor der Gruppe zu sprechen, sich gegenseitig zuzuhören, zu beraten etc., wird vermutlich inspiriert, diese Erfahrungen und diese Kraft auch authentisch seinen Kindern zugute kommen zu lassen.

Soziale und emotionale Kompetenz erwerben wir im sozialen Austausch und in der Konfrontation mit anderen, nicht mit einem Buch oder mit einem Video.

„Wie Essen und Trinken notwendig sind zum physischen Überleben, ist Wertschätzung notwendig zum psychischen Überleben. Unterschreitet die Wertschätzung das nötige Mindestmaß, dann besteht Lebensgefahr."

Joern J. Bambeck

> *Raucherwahrheit*
>
> *Ein Freund von mir, der ein sehr starker Raucher war, sagte einmal: „Über das Rauchen gibt es doch alle möglichen Witze. Man erzählt uns, dass Rauchen uns umbringt, aber sieh doch die alten Ägypter an; sie sind samt und sonders tot, und kein einziger hat geraucht."*
>
> *Eines Tages bekam er Probleme mit seiner Lunge und musste sich im Krebsforschungszentrum in Bombay untersuchen lassen. Der Arzt sagte: „Pater, Sie haben zwei Schatten auf der Lunge, das könnte Krebs sein. In vier Wochen möchte ich Sie wieder sehen."*
>
> *Seitdem hat er keine Zigarette mehr angerührt. Vorher wusste er, dass Rauchen tödlich sein kann, nachher war er sich dessen bewusst. Das ist der Unterschied. Die Wahrheit schmecken und fühlen – nicht sie wissen, sondern schmecken und fühlen, ein Gefühl für sie bekommen. Wenn Sie ein Gefühl für sie bekommen haben, ändern sie sich. Wenn Sie sie in Ihrem Kopf wissen, nicht.*
>
> *Anthony de Mello*

Im Dialog können sich die Menschen persönlich stabilisieren und selbst befähigen, ein möglichst unabhängiges und gesundes Leben (körperlich, sozial und psychisch) zu führen. Das erlebbar zu machen geht weder rein kognitiv noch auf dem Wege einer Verhaltensreflexion. Eine tiefere Erkenntnis braucht ein Sich-hinein-Fühlen, d.h., sich auch persönlich dem Thema zu stellen.

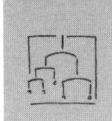

Selbstbild/Sich dem Thema persönlich stellen

„Um zum Anderen aus-
gehen zu können, muss
man den Ausgangsort
innehaben, man muss
bei sich gewesen sein,
bei sich sein."

Martin Buber

Im Sinne dieser Überschrift stehen „das Interesse an der Auseinandersetzung mit der eigenen Person" (Burow 1994, S. 13) und die Selbst-Entwicklung, vor dem Sachthema. Der Fokus richtet sich auf das, was jede Einzelne und jeden Einzelnen persönlich mit dem Thema verbindet. Die vertiefte Auseinandersetzung mit der eigenen Identität, dem Erkennen eigener wiederkehrender Verhaltensmuster und Fluchtmechanismen hilft, sich selbst auf die Spur zu kommen.

Im Prozess der Selbst-Entwicklung wird erst über „Bestätigung und Bejahung" (Buber) in der Gruppe persönliches Wachstum beim Einzelnen angestoßen. Das wiederum hat die Stärkung der eigenen Urteilsfähigkeit und das Gespür für den eigenen „richtigen" Weg im familiären Zusammenleben zur Folge. Eltern, die in Konflikten mit ihren Kindern konstruktive Wege gehen wollen, müssen in Kontakt mit sich selbst sein. Dasselbe gilt für professionelle Pädagogen und Helfer in der Arbeit mit Klienten und Eltern.

Was habe ICH mit dem Thema zu tun?

Die erkenntnisleitenden Fragestellungen zielen dementsprechend insbesondere auf den eigenen Anteil am Gelingen oder Misslingen von Erziehung und Beziehung sowie persönliches Empfinden und Erfahren der Einzelnen ab:

Wer bin ich? Wer will ich sein? Wie lebe ich mit meiner Familie zusammen? Wo ist mein Platz im Leben? Wie sehe ich mich, wie sehen mich andere? Was kann ich, was nicht? Wieso bin ich in einigen Dingen so aktiv und in anderen so passiv? Wo liegen – wie gekonnt auch immer versteckt – meine eigenen Sucht- bzw. Verdrängungsstrukturen? Wie bewältige ich *mein* Leben und *meinen* Alltag? Welchen Part übernehme ich in problematischen Auseinandersetzungen? Welche Lebenseinstellung habe ich? Was hat all das mit *mir* und meiner Rolle als Mutter oder Vater oder als Dialogbegleiter zu tun? etc.

Die Auseinandersetzung mit diesen Fragen ist als Anstoß zum persönlichen Lernen für alle engagierten Menschen unumgänglich, die mit Eltern, Kindern und sich selbst in Kontakt sind. Persönliches Lernen, das die Beziehung und das helfende Verstehen in den Vordergrund rückt, erfordert nach meinen Erfahrungen eine stärkere Gewichtung dieses personalen Aspektes. Peter Senge spricht in diesem Zu-

sammenhang von „Personal Mastery" (Meine Ausgabe: Die fünfte Disziplin, S. 171-172). Als Leiter eines solchen Seminars muss ich mir bewusst machen, dass ich mich immer auch den gleichen Fragen stellen muss, wie ich sie den Teilnehmern zumute. Das gleiche gilt für die Eltern, die sich mit der eigenen Sucht bzw. mit der eigenen Konfliktfähigkeit auseinandersetzen müssen, wenn sie mit ihren Kindern darüber ins Gespräch kommen bzw. ein gutes Vorbild sein wollen.

„Wir sind uns als Lehrende unser wichtigstes Instrument, erst an zweiter Stelle kommen die Methoden."

Wilfried Reifarth

Sich in anderen der Gruppe zu spiegeln und selbst Spiegel zu sein, auch Ängste angstfrei äußern zu können, eigene Gefährdungen zu erkennen und Bekanntschaft mit den etwas dunkleren und deswegen oft weniger beachteten „Schatten"-Seiten zu machen, mag auf den ersten Blick für Elternseminare unpassend erscheinen, aufregend ist es auf jeden Fall. In aller Regel wird die Auseinandersetzung auf dieser Ebene von den Besuchern als befreiend und wohltuend empfunden.

Sich spiegeln als Weg zur Selbst-Erkenntnis

Der Vorgang des Spiegelns beginnt gleich – im bildlichen Sinne – vor dem Betreten des Seminarraumes. Die nach und nach eintreffenden Eltern verharren, auf meine Empfehlung hin, kurz vor dem in der Eingangstür aufgehängten Spiegel. Sie stehen für einen Augenblick vor ihrem Spiegelbild und lesen sich gleichzeitig einige Fragen durch, die mit ihnen selbst und mit dem Thema des Treffens zu tun haben (die Fragen variieren je nach dem Thema).

Beispiel:
- *Kann ich mich annehmen, wie ich bin?*
- *Wie regele ich selbst meine Konflikte?*
- *Wie gut kenne ich mein Kind?*
- *Welche Tugenden und Werte lebe ich tatsächlich meinen Kindern vor?*
- *Was würde mit mir geschehen, wenn ich auf meine liebgewordenen Gewohnheiten verzichten müsste? etc.*

„Dir kannst du nicht entfliehen."

Goethe

Die meisten nehmen diesen ungewöhnlichen Vorgang als positive Irritation wahr. Sie spüren, irgend etwas wird anders sein bei dem heutigen Treffen. Das macht sie wach und offen. Die Reaktionen vor dem Spiegel reichen von verlegenem Grinsen bis zu ersten lockeren Seitengesprächen mit anderen Eltern. Und obwohl niemand eine öffentliche Antwort erwartet, platzen dennoch einige Eltern mit

ersten Reaktionen heraus. Dieser erste Moment hat eine große Bedeutung für die weitere Aufmerksamkeit der Teilnehmerinnen und Teilnehmer gegenüber sich selbst. Die Beantwortung der Spiegel-Fragen geschieht individuell, im inneren Dialog.

Im Verlauf der Zwiegespräche des „Dialog-Karussells" stellen sich dann die Eltern gegenseitig Fragen, die zum jeweiligen Thema des Seminars passen und die ihre persönlichen Einstellungen und eigenen Standpunkte zum Inhalt haben. Wenn sich herausstellt, dass die einen oder anderen auch mit Schwächen oder heimlichen Ängsten offen umgehen, überträgt sich diese Atmosphäre auf das gesamte Seminar. Spätestens im Resümee des Abschlussblitzlichtes wird ihnen bewusst, dass sie „heute viel mehr von sich preis gegeben haben, als sie es ursprünglich wollten." Gegenseitig ermutigt durch sehr persönliche Beiträge zeigt sich, wie tragfähig die Atmosphäre des Dialogs ist. Die Mütter und Väter erleben in der Gruppe, was es heißt,

- *offen dazu zu stehen, manchmal aus Verzweiflung oder im Affekt das eigene Kind zu schlagen, obwohl dies gesetzlich untersagt ist,*
- *über die vertrauensverletzende „Schnüffelei" im Schreibtisch der Tochter zu berichten,*
- *eigene, bisher für die meisten im Raum heimliche, Süchte, offen zu legen,*
- *laut über eigene Wut, Ohnmacht und Gewaltfantasien nach zu denken,*
- *sich verletzlich zu zeigen und*
- *die eigene Einzigartigkeit zu spüren.*

Die Seminarleitung mit Dialogischem Grundverständnis bringt sich als ganzer Mensch ein, um den Eltern ein wahrhaftiges Gegenüber zu sein. Sie lebt den Dialog vor und hilft auf diese Weise „dem [einzelnen] Menschen, eine Haltung zu entwickeln, die ihn mit der Welt und seinen Mitmenschen verbindet" (Muth 1998, S. 71). Die beste Methode versagt, wenn es mir als Begleiter nicht gelingt, eine wahrhaftige und vertrauensvolle Atmosphäre zu schaffen. Entscheidend hierfür ist, dass ich mich vor allem als Mensch einbringe. Wenn Eltern sich selbst mit ihrer ganzen Person als wichtig erleben, kommen sie eher zur „Essenz", sprechen wirklich von Herzen.

Die folgenden methodischen Impulse eignen sich gut für die persönliche Auseinandersetzung:

- *das Dialog-Karussell als thematischer Einstieg und Aufwärmer*
- *Die „Fundgrube" (S. 230)*
- *Die Übung zum „Wendepunkt in meinem Leben" (S. 227)*
- *die Auseinandersetzung mit den Stärken und Schwächen der eigenen Kinder*
- *Das Fahrrad als Sinnbild (S. 244)*
- *die „Hausaufgaben" zwischen den Seminarteilen wie z.B. Selbstbeobachtung*
- *„Fasten-Übungen" zum Erkennen eigener Verdrängungs- und Fluchtmechanismen*
- *Arbeiten mit den Gefühlsbildern (S. 260ff.)*
- *Geschichten als Impuls für einen Dialog (S. 233ff.)*
- *Abschlussblitzlichter als persönliches Resümee im Plenum*

Lernziele, wenn man sie so bezeichnen möchte, sind hier sehr persönliche, individuelle Denk- und Empfindungsvorgänge. Eltern erleben im Spiegel der Gruppe ihre Einzigartigkeit. Es wird in diesen Fällen manchmal sehr ruhig in der Gruppe, da jeder mit sich beschäftigt ist. Diese Ruhe, diese nachdenkliche Stimmung, muss ich als Leiter aushalten können, ohne daraus längeres Schweigen werden zu lassen.

Solch „dichte" Phasen verleiten zu unterschiedlichen Reaktionen. Die einen fühlen sich darin wohl, andere Teilnehmer fordern mehr Struktur oder mindestens eine (Raucher-)Pause. Diesem Begehren nicht sofort nachzugeben, stellt eine Herausforderung für die Leitung dar. In meiner langjährigen Praxis gab es jedoch nur sehr selten den Wunsch von Teilnehmern nach einer Pause.

Wenn es auch dem Dialogbegleiter irgendwann einmal zu „heiß" oder zu schwer werden sollte, braucht die Situation vielleicht einen Schuss Humor. Mit einem Augenzwinkern lässt sich jede noch so verzwickte und energiezehrende Situation ertragen, ohne oberflächlich zu werden, getreu der alten fernöstlichen Weisheit, wonach der Scherz das Loch ist, durch das die Wahrheit pfeift.

Selbsterkenntnis gehört zum persönlichen Wachstum

Zum Wachstumsprozess gehört, sich zentralen Lebensfragen zu stellen. Der geschützte Raum im Dialog lädt zum Erkennen eigener Verhaltens-, Fühl- und Denkmuster und dem Abgleich zwischen Eigen- und Fremdwahrnehmung ein. Die Seminare schaffen den Raum für verschiedene Erfahrungen z.B. die Fähigkeit, zu vertrauen, sich abzugrenzen, Konflikte zu klären, ein lustvolles, erfülltes Leben zu leben, genauso wie zu trauern, sowie feinfühliger und achtsamer zu werden.

Das Seminar erweitert mein Bild davon, wie **ich** meinen Hunger nach Liebe und Anerkennung stille, ob ich meinen Kummer in mich „hinein fresse" oder mich ihm in „erwachsener" Weise stelle. Die Gruppe gibt Aufschluss darüber, wie andere mit den gleichen Fragen umgehen. Auf diese Weise kann es zu einer Neubewertung, Umorientierung oder Bestätigung des individuellen Weges kommen. In dieser Phase der Elterntreffen geht es nur am Rande um die Kinder, deretwegen die meisten Teilnehmer die Seminare besuchen.

Viele Elternrunden beschäftigen sich mit kaum einem anderen Thema so intensiv wie mit „Sucht". Die Eltern befürchten, ihr erzieherischer Einfluss könnte nicht ausreichen, die Kinder zu schützen. Das Thema „Sucht" eignet sich besonders gut für Selbstreflexion, weil es fast jeden in irgendeiner Weise persönlich angeht. Sie steckt mit unterschiedlichen Nuancen in jedem von uns. Die eigenen, oft ganz subtilen Sucht- und Fluchtformen, wie Co-Abhängigkeit, neurotische Abwehrmechanismen, Endorphinabhängigkeiten, Essstörungen gewinnen durch die Dialogische Atmosphäre an Bedeutung.

„Wir können ja auch Trunkene dieser Welt sein; man muss ja nicht saufen, um besoffen zu sein. Ich kann ja durch meine Ich-Sucht, durch meine Geltungssucht, durch meine Habsucht, durch die äußerlichen Güter, die ich mir aufbaue, durch mein Hobby, das mich blind macht für die Bedürfnisse anderer Menschen (meiner Frau vielleicht, meiner Kinder) – durch all das kann ich ja total „besoffen" sein. Und ich bin der Meinung: Wir sind alle in irgendeiner Form besoffen."

Walther H. Lechler

Ein Anliegen der Seminare ELTERN STÄRKEN ist es, eigene Stärken und Schwächen bei der eigenen Lebensbewältigung kennen zu lernen und dafür die Verantwortung selbst zu übernehmen. Dazu gehört ein Gespür für eigene abhängige Verhaltensweisen und auch eine Ahnung (wer sie nicht schon vorher hatte) davon, was der Begriff „Sucht" für jeden Einzelnen bedeutet. Jeder, der sich darauf einlässt, kann spüren, wie schwer es ist, auf liebgewordene Gewohnheiten zu verzichten. Es wird allenthalben klar, wieso es uns allen, also auch unseren Kindern, unheimlich schwer fällt, einfach unsere Gewohnheiten abzustellen. Die Aufforderung an mein Kind, endlich mal den Fernseher oder den Computer zu meiden

oder auf Süßigkeiten zu verzichten, verlangt mit dieser Erfahrung im „Gepäck" ein neues Vorbild.

Selbst gestellte „Hausaufgaben"

Offene Erkenntnisprozesse in Gang zu setzen heißt, über das Seminar hinaus Anstoß zu geben für Denken und Handeln. Das geschieht bei den Eltern über „Hausaufgaben", die sie sich selbst stellen, um zwischen den Seminareinheiten an *ihrem* Thema zu bleiben. Manchmal handelt es sich dabei auch um Fasten-Übungen als freiwilligem Selbstversuch, um Nüchternheit und Klarheit zu gewinnen – „Fasten", um herauszubekommen, was mich als Vater oder Mutter im Leben antreibt. Fasten meint in diesem Zusammenhang, auf das übliche, gewohnheitsmäßige Verhalten für einen selbst bestimmten Zeitraum zu verzichten. Fasten bringt Klarheit, die ich als Vater oder Mutter für mich selbst brauche, auch um mein Kind besser zu verstehen. Mir als Dialogbegleiter hilft es, ratsuchende Gäste ohne Abwertung als gleichwertige Gegenüber zu sehen.

Hier einige Beispiele für selbst gestellte „Hausaufgaben":
Eine Woche oder einen Tag lang ...

- ... *äußere ich den Ärger und schlucke ihn nicht herunter.*
- ... *nörgele ich nicht ständig an meinem Kind herum.*
- ... *blicke ich mit der „goldenen Brille der Empathie" auf mein Kind.*
- ... *hole ich mir „Streicheleinheiten" von einem Menschen immer dann, wenn ich an den Kühlschrank gehen will, um etwas Essbares in mich hineinzustopfen.*
- ... *beobachte ich mein Helferverhalten und nehme meinem Kind nicht jeden Weg ab.*
- ... *gehe ich auf Leute offen zu und verkrieche mich nicht.*
- ... *telefoniere ich nicht, sondern gehe aus dem Haus und besuche jemanden.*
- ... *spiele ich mit meinen Kindern.*
- ... *denke ich einmal nur an mich, meine Wünsche und Pläne.*
- ... *lasse ich meinen Computer und den Fernseher aus.*

„Der große Hunger hat keinen Ort, an dem du einkaufen kannst, um deine Bedürfnisse zu befriedigen."

Weisheit aus Tanzania

Fazit:

Die ungewohnte Art, sich im Rahmen der Elternseminare anders zu erleben, kann das bisher gültige Weltbild gehörig durcheinander bringen und auch irritieren. Allerdings ist ein gewisses Maß Verwirrung stiftender Impulse hilfreich, um eingefahrene Glaubenssätze und Verhaltensweisen zu hinterfragen und gegebenenfalls zu ändern.

In ELTERN STÄRKEN-Seminaren geht es ohnehin nur zum Teil um Erziehungsfragen. Die Mütter und Väter spüren mehr denn je, dass Elternschaft etwas mit Experimentieren zu tun hat. Das Zusammenleben mit Kindern ist ein gemeinsamer Lebens- und Entwicklungsweg. Die Jahre, in denen die Kinder noch im elterlichen Haus leben, sind ein Prozess, in dem sich die Erwachsenen ebensoviel entwickeln und wandeln wie ihre Kinder. Beide lernen voneinander. Nach dialogischem Verständnis geht es weniger darum, dass Eltern lernen, wie Kinder „erzogen" werden müssen, sondern mehr darum, dass Eltern sich darüber klar werden, dass sie ein Teil dieser „Entwicklungsgemeinschaft" sind, dass ihr Verhalten auf Kinder wirkt und dass sie selbst auch mitwachsen und mitlernen müssen.

Konkret heißt dies: Eltern benötigen, wie ihre Kinder, Freiraum und Zeit für sich und ihre Partnerschaft, um zu sich zu kommen. Ausgeruhte und zufriedene Eltern haben bessere Nerven und strahlen größere Souveränität aus. Eltern brauchen eigenen Mut, um ihre Kinder ermutigen zu können, und sie müssen sich selbst lieben, um ihren Kindern Liebe, Zeit und Zuwendung geben zu können.

Als stärkend und wohltuend für die Teilnehmer wirkt sich aus, sich selbst in einer Art Selbsthilfegruppe zu zeigen und voneinander zu lernen. Das belegen zahlreiche Rückmeldungen, wie:

> *„Ich habe erfahren, dass ich mit meinem Erziehungsproblem nicht allein dastehe."*
> *„Ich habe bald gespürt, dass ich offen und ehrlich sein kann und trotzdem nicht fallen gelassen, sondern aufgefangen werde."*
> *„Ich habe die Gruppe als Stütze, als Kontrollinstanz, aber auch als Tankstelle erlebt."*

„Ich komme so gerne hier hin, weil mir hier richtig zugehört wird, ohne mich zu bewerten."

„Ich habe in den vergangenen zwei Wochen neue Begleiter gefunden, die auf mich achten, wenn ich z. B. die Vereinbarung, auf etwas zu verzichten, nicht einhalte."

„Ich erfahre Interesse durch andere an mir und all dies teilen die anderen Gruppenmitglieder mit mir."

Die einen werden die Selbsterkenntnisse abschrecken. Andere verstehen den erworbenen Einblick als Einladung, einen Blick hinter die Kulissen der eigenen Biografie zu werfen und den „roten Faden in ihrem Lebenslauf" (Wais) wieder aufzunehmen. Nach der Überzeugung von Wilfried Reifarth „gelingen Veränderungen aber ohnehin nur dann, wenn die Einsichten wie ein Schlüssel zum funktionsfähigen Schloss passen **und** der Schlossbesitzer dieses auch wirklich betätigen will" (Reifarth 1997, S. 247).

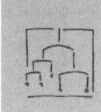

Biografie/Den roten Faden des Lebens suchen

Das Zusammenleben mit Kindern bringt eine Menge von Alltagsgeschichten hervor, komische, paradoxe, nachdenkliche oder lustige. Je länger ich diese Dialogische Arbeit mache, um so mehr wird mir klar, dass wir gerade über das „Erzählen" unserer persönlichen Lebensgeschichte „erfahrbar" lernen, was durch nichts ersetzt werden kann. „Lernen meint hier [...] ein Lernen besonderer Art: ‚Lernen als innere Erfahrung' (Maurer 1981, S. 110), als Ausbildung und Aufrechterhaltung persönlicher Identität, als ‚lebensgeschichtliches Lernen' (Schulze 1993, S. 195), als ‚biographische Selbstreflexion' (Gudjons u.a., 1986) und als perspektivische ‚biographische Konstruktion' (Hermann 1987), als Ich-Konstruktion (Baacke 1986)" (Baacke/Schulze 1993, S. 34).

„Wenn Gesprächspartner die innere Haltung gegenseitig spüren, geschieht zwischenmenschliche Verbundenheit."

Cornelia Muth

Der Klassenraum einer Schule oder der Toberaum eines Kindergartens, in denen Elternseminare stattfinden, sind Orte des Erinnerns, weil jeder Mensch irgendwann einmal eine Schule oder einen Kindergarten besucht hat. Die individuellen Erfahrungen der Eltern mit den beiden Einrichtungen färben unabhängig vom Thema die Bilder und Geschichten aus der Kindheit oder Jugend sehr unterschiedlich.

Es kommt automatisch, ohne das aktive Zutun des Dialogbegleiters, zu einer ständigen – unterschiedlich tief gehenden – Rückblende der Teilnehmenden. Diese biografischen Episoden wiederum lösen bei anderen ebenfalls Bilder von Erlebtem aus, die teils verlegenes Lächeln, Verwunderung, offenes Lachen, bitteren Ernst, Stille oder auch Entsetzen mit sich bringen können. Es wird verglichen und reflektiert, manchmal wird Vergessenes oder Verdrängtes wach. In diesem Prozess „vergewissere [ich] mich meiner selbst im inneren und äußeren Dialog. Letzteres zum Beispiel im Erzählen aus meiner Lebensgeschichte vor mir selbst oder einem anderen [...] Zuhörer. Selbstvergewissernd rekonstruiere ich immer wieder den Zusammenhang meiner Lebensgeschichte und zugleich meine seelisch-körperliche Einheit" (Schiffer 2001, S. 90f.). Dies habe ich an anderer Stelle als Kohärenzgefühl (S. 50) beschrieben.

Als Dialogbegleiter lade ich die Teilnehmerinnen und Teilnehmer dazu ein, ihre Gedanken nicht für sich zu behalten, sondern anderen einen Einblick in ihre „Geschichte" zu gewähren. „Auf diese Weise können wir uns wieder für das

Zwischenmenschliche öffnen, für den anderen, für das Du. Und so können schließlich wieder Begegnungen und Berührungen geschehen und Beziehungen und Bindungen eingegangen werden" (Doubrawa 2002, S. 9f.).

Das Erinnern der Eltern an Einschnitte und Wendepunkte läuft in der Regel assoziativ ab. Es fließt „ungefragt" in das Gruppengeschehen ein. Darüber hinaus wird die biografische Rückschau als Teil des Konzeptes ELTERN STÄRKEN bewusst initiiert.

Es kommt der Tag, da kann ich mich nicht länger mit einer missratenen Kindheit herausreden.

Diese fragilen Momente der Begegnung mit der eigenen Geschichte dauern oft nur wenige Augenblicke. Sie wecken in den Elterngruppen meist hohe Aufmerksamkeit und Berührtheit, gegenseitigen Respekt und Achtsamkeit. Äußerungen anderer Teilnehmer können Schlüssel für Veränderung sein.

Welche Bedeutung „Schlüsselerlebnisse" für das Denken, Fühlen und Handeln haben können, erfahren wir auch von Martin Buber. Sein Denken und die Entstehung seines Dialogischen Konzeptes wurden durch „etliche in [seiner] Rückschau auftauchenden Momente [...] in Art und Richtung [seines] Denkens" (Buber 1986, S. 9) beeinflusst.

Im Alter von drei Jahren hatte er seine Mutter durch Scheidung seiner Eltern verloren. Der kleine Martin wuchs fortan bei seinen Großeltern auf. Von seinem Kindermädchen hörte er einmal sagen: „Nein, sie [die Mutter] kommt niemals zurück." Ich weiß, dass ich stumm blieb, aber auch, dass ich an der Wahrheit des gesprochenen Wortes keinen Zweifel hegte. Es blieb in mir haften [...]. Später einmal habe ich mir das Wort ‚Vergegnung' zurechtgemacht, womit etwa das Verfehlen einer wirklichen Begegnung zwischen Menschen bezeichnet war. Als ich nach weiteren 20 Jahren meine Mutter wiedersah, die aus der Ferne mich, meine Frau und meine Kinder besuchen gekommen war, konnte ich in ihre noch immer zum Erstaunen schönen Augen nicht blicken, ohne irgendwoher das Wort ‚Vergegnung', als ein zu mir gesprochenes Wort, zu vernehmen. Ich vermute, dass alles, was ich im Lauf meines Lebens von der echten Begegnung erfuhr, in jener Stunde auf dem Altan seinen ersten Ursprung hat" (ebenda, S. 10f.).

„Auch der Sinn des eigenen Lebens erschließt sich dem Selbst nur vermittels einer narrativen Darstellung seiner Lebensgeschichte."

Eckhard Schiffer

135

Solche oder ähnliche „Vergegnungen" hatten auf das Leben vieler Menschen Einfluss.

In der Auswertung einer Fantasiereise ist eine Mutter den Tränen nahe, weil sie sich durch verschiedene Begriffe und Floskeln an ihre Kindheit erinnert fühlt. Sie offenbart später, dass sie als Kind froh gewesen wäre, wenigstens all die verletzenden Worte zu hören, als gar keine elterliche „Zuwendung" zu bekommen. Sie durchlebte nachträglich durch diese Erinnerungen den Schmerz der Nichtbeachtung, den sie häufig an die eigene Tochter weiter gab.

Die Geschichte der Mutter erinnert mich an eine Fabel, die ich vor Jahren gelesen hatte.

Missgeachtet lebt sich's schwer, unbeachtet noch viel mehr

Ein Elefant war auf seine alten Tage bösartig geworden, so dass die übrigen Tiere sich nicht anders zu helfen wussten und seinen Tod beschlossen.
Es setzte einen fürchterlichen Kampf, aber endlich lag der Riese gefällt am Boden. Da kam ein Karnickel angerannt und schlug wie wahnsinnig auf den toten Elefanten ein.
Auf die verwunderte Frage der Schildkröte, weshalb es noch auf den Toten einschlage, wo es doch das einzige Wesen sei, dem der Elefant zu Lebzeiten nie etwas getan habe, rief das Karnickel: Das ist es ja gerade, was mich so wütend macht.

Gerhard Branstner

Woher komme ich?

Die unterschiedlichen Seminarthemen spülen neben praktischen Erziehungsproblemen existentielle Fragen an die Bewusstseinsoberfläche:

Woher komme ich? Wie bin ich so geworden, wie ich jetzt bin? Welche Mythen und Regeln habe ich aus Tradition übernommen? Was trage ich an persönlichen Erfahrungen (Glück, Trauer, Angst, Unsicherheit, Zuversicht etc.) in meinem „Rucksack" mit mir herum? Hatte ich als Kind die Erfahrung einer sicheren Bindung zu meinen Eltern? Welche Einstellung habe ich zu Krankheit und Heilung und zu Ressourcen? Schaue ich eher auf die Fähigkeiten und die Stärken oder auf Schwächen? Was lässt mich immer wieder in die gleiche Falle tappen? Wie gehe ich mit eigenen Krisen um, und wie wirkt sich das auf meine Erziehung bzw. meinen Lebensalltag aus? etc.

All diese Fragen richten sich an die Eltern wie an die Dialogbegleiter. Die Reflexion dieser Grundsatzfragen im Dialogischen Austauschprozess wiederum wirkt auf die Kinder, als deren Wegbegleiter wir uns zusammengefunden haben. Eltern gehen vermutlich sorgsamer und reflektierter mit ihren Kindern um, wenn sie sich mit den verschiedenen Aspekten und Dimensionen der Lebensgeschichte, der Lebensgewohnheiten, dem Lebensgefühl und der Einstellung zum Leben auseinander gesetzt haben.

In dieser Phase der Begegnung mit Eltern geht es um das Erkennen der Einflussfaktoren des eigenen „roten" Fadens im Leben und darum, welche Erfahrungen oder sonstigen Lebensverhältnisse meine Sprache, mein Denken, Fühlen und Handeln geformt haben. Es geht um die Erweiterung und Vernetzung der individuellen Gedanken- und Handlungsspielräume, das bewusste Wahrnehmen von Willensimpulsen und das Ergründen des eigenen Standorts. Situationen und Menschen, die mir irgendwann einmal viel bedeutet haben, können heute Kraftreserven in mir mobilisieren (vgl. Baacke/Schulze 1993, S. 19).

Die zeitlichen Ebenen verschwimmen zwischen damals und heute, zwischen eigenem Kindsein und der heutigen Rolle als Eltern. Vordergründig geht es den Teilnehmenden meistens um das Verstehen der eigenen Kinder. Diese erscheinen

ihnen oft so fremd und das „nicht nur, weil sie anders sind, anders denken, fühlen, sich verhalten, sondern auch weil sie selbst noch nicht abzusehen vermögen, was ihre Wahrnehmungen und Empfindungen wirklich bedeuten, und weil sie noch nicht diskursiv auseinander setzen können, was sie denken" (Baacke/Schulze 1993, S. 19). Nicht zuletzt können die Aufarbeitung und Entschlüsselung der individuellen Kindheitserinnerungen helfen, die Fremdheit zwischen den „Alten" und den „Jungen" besser zu verstehen und die aufkommenden Bilder persönlich zu integrieren.

„Wir haben die Hoffnung auf eine bessere Vergangenheit komplett aufgegeben."

Walther H. Lechler

Einen Anlass zur Auseinandersetzung mit Kindheitsbildern in Rahmen des Themas Sucht legt uns Sherley Smith nahe. Sie empfiehlt allen, die ihre eigenen Reaktionsmuster verändern wollen, die ihr Leben als Erwachsene behindern, sich ihre Kindheitserlebnisse ohne Schuldzuweisung an die Eltern genauer anzuschauen, um zu erkennen, „wer uns verletzt hat, was [aus unserer Sicht] geschah, wie wir uns damals fühlten und wie wir uns heute fühlen" (Smith 1994, S. 44). Zur gelenkten Visualisierung der oft kränkenden Erfahrungen von Kindern und Jugendlichen dienen neben der „Fantasiereise zum eigenen Kind" (s. Kap. 5, S. 210), auch der „Ausflug in die eigene Kindheit" anhand von eigenen Kinderfotos und Geschichten zum Vorlesen (s. Kap. 6, S. 233ff.).

Erkennen des individuell Bedeutsamen

Biografisch zu arbeiten heißt, sich den eigenen Lebensentwurf, wie auch die Lebensentwürfe anderer genauer anzuschauen, um daraus Rückschlüsse und auch neue Perspektiven für die eigene Lebensplanung zu ziehen. Es gilt, bewusst zu erkennen, welche Bedeutung diese lebensgeschichtlichen Einblicke für jeden Einzelnen haben. Die Voraussetzung für das Gelingen liegt hier im fraglosen Annehmen und in der authentischen Dialogischen Begegnung von „Wesenskern zu Wesenskern", wie Martin Buber diese besondere „gegenseitige" Aufmerksamkeit beschreibt.

Wenn die Eltern mit einer solchen Dialogischen Grundhaltung begleitet werden, wird ihnen klar, dass es weder um „Seelen-Striptease" und um das Herumwühlen in der Vergangenheit noch um Bewertungen der unterschiedlichen Lebensereignisse im Sinne psychoanalytischer Deutungen geht. Interpretationen von Lebensereignissen werden der eigenen Deutung überlassen. Hier geht es um das Erfas-

sen, Hören, Sehen und Erspüren individueller Unterschiede und der eigenen persönlichen Grenze, der Einzigartigkeit des eigenen Lebensweges. Und es gilt, die „Funde" aus der Vergangenheit für lösungsorientierte Sichtweisen in der Zukunft zu nutzen. Der offene Austausch der Eltern bietet die Chance, die eigene Vergangenheit in all ihren Facetten, auch Unvollkommenheiten, leichter als Teil der ganzen Persönlichkeit anzunehmen.

„Ein Dialog vollzieht sich in einer Gruppe auch dann, wenn alle einem oder einer gebannt und ganz zugewandt zuhören, was dieser zu sagen hat."

Wilfried Reifarth

Eltern sind nicht perfekt, es reicht, wenn sie ihr Bestes geben.

Lernort der Seminare ist auch und gerade während dieser biografischen Arbeit weitgehend die Großgruppe, von kurzen Sequenzen abgesehen, in denen Einzel- oder Paararbeit sinnvoller erscheinen. Die Gruppe hat dabei die Funktion eines tragenden Netzes, das einen besonderen Schutz, Sicherheit und Rückzugsmöglichkeiten bietet. Um mich selbst zu erfahren und zu wachsen, brauche ich den Anderen als gleichwertiges Gegenüber. Als Dialogbegleiter muss ich in der Lage sein, einen eventuell aufkommenden Angstpegel in der Gruppe ausbalancieren zu können.

Allen häufig geäußerten Ansprüchen zum Trotz gibt es auch in dieser Phase keine logischen und für alle gleichermaßen gültigen Antworten. Die Erkenntnisse der Einzelnen sind so individuell und „fremd" wie die Teilnehmer selbst. Das emotional Erlebte wird nicht zuletzt im persönlichen Abschlusswort vor der Gruppe allen mitgeteilt, mit allen geteilt. Das Erleben ist also gleichermaßen von Bedeutung wie die Würdigung des Erlebten. Dadurch bekommt jeder einen Eindruck davon, wie vielschichtig und ambivalent die Antworten sind, die offene Lernprozesse hinterlassen. Letztlich geht es aber ganz entschieden darum, die eigenen Ressourcen und Entwicklungsmöglichkeiten zu entdecken, die das Leben für jeden von uns bereit hält.

„Ich werde am Du; Ich werdend spreche ich Du. Alles wirkliche Leben ist Begegnung."

Martin Buber

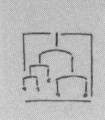

Die Lebensgeschichte als „Lerngeschichte"

„Denn das innerste Wachstum des Selbst vollzieht sich nicht, wie man heute gern meint, aus dem Verhältnis zu sich selber, sondern aus dem zwischen dem Einen und dem Andern, unter Menschen also vornehmlich aus der Gegenseitigkeit der Vergegenwärtigung – aus dem Vergegenwärtigen anderen Selbst und dem sich in seinem Selbst vom anderen Vergegenwärtigtwissen – in einem mit der Gegenseitigkeit der Akzeptation, der Bejahung und Bestätigung."

Martin Buber

Aus der Lebensgeschichte eine „Lerngeschichte" (Baacke/Schulze 1993, S. 9) zu machen, hört sich gut an, ist aber im Rahmen eines oder mehrerer Elterseminare kein leichtes Unterfangen. Manchmal lässt es die Situation in der Gruppe zu, „Herausforderungen, Bruchstellen und Wendepunkte herauszuarbeiten, Entwurf und Entscheidung, Anstoß und Bewältigung transparent zu machen und die Verbindungen zwischen dem individuellen und kollektiven Leben freizulegen" (ebenda S. 9). Mitunter aber gelingt dieses hochgesteckte Ziel auch nicht oder nicht immer sofort.

Menschen in helfenden Berufen wie LehrerInnen, ErzieherInnen, FortbildnerInnen, SozialarbeiterInnen und SozialpädagogInnen sowie PsychotherapeutInnen und nicht zuletzt die Eltern benötigen dieses tiefgehende reflektierende Erinnern, um das Unbearbeitete, Unbewältigte nicht weiter im „Rucksack" mit sich herum zu tragen und mit dieser Last die Kinder zu beschweren.

Aus Lebensgeschichten zu lernen heißt, an Grenzen zu gehen. Die gewohnte Sicherheit, die die Teilnehmer üblicherweise in Seminaren mit klar umrissenen Sachthemen erleben, wird verlassen. Das ist einerseits spannend, kann jedoch andererseits Ängste, Blockaden und Rückzug der Eltern herbeiführen. Dennoch bedeutet Selbst-Betrachtung in diesem Sinne noch nicht das, was wir heute landläufig unter „Therapie" verstehen. Gleichwohl hinterlässt das Erinnern an Vorbewusstes oder Verdrängtes mitunter Irritationen bei den Einzelnen.

Die Teilnehmer entscheiden selbst, wie weit sie gehen wollen. Widerstände sind auf jeden Fall zu respektieren.

Dem einen oder anderen wird es gelingen, eigene Verhaltensbotschaften zu entschlüsseln, sich vielleicht sogar mit Teilen der eigenen Geschichte auszusöhnen.

„Ich habe das Gefühl, einen Teil meiner Strenge aus der Kindheit, die ich aus Angst, er könnte süchtig werden, gegenüber meinem Sohn zeige, zukünftig loslassen zu können. Ich habe heute hier erfahren, dass es vielleicht besser für ihn ist, wenn ich an ihm mehr beachte, wie er ist und was er kann."

Andere werden sich darüber freuen, einen kleinen Schritt den eigenen Mustern und der Einstellung zum Leben auf die Spur gekommen zu sein. „Immer aber hängt das kreative Potenzial des Dialogs, seine Fähigkeit, die tieferen Bewusstseinsstrukturen zu enthüllen, von einem anhaltenden, ernsthaften Einsatz der Teilnehmer ab. Im Dialog ist ein erhebliches Maß an Aufmerksamkeit erforderlich, um die versteckten Implikationen der eigenen Annahmen und Reaktionen im Auge zu behalten und gleichzeitig ähnliche Muster in der Gesamtgruppe zu spüren" (Bohm 1998, S. 10f.).

Die Möglichkeiten der Elternseminare sind begrenzt. Der Dialog kann nicht überfrachtet werden. Dialogbegleiter müssen ihre eigenen Grenzen erkennen und Traumatisierungen einzelner Teilnehmer und Teilnehmerinnen beachten. In diesem Fall ist ein Hinweis auf eine weitergehende psychotherapeutische Betreuung sinnvoll.

Aus Geschichten zu lernen, ist für jeden Dialogbegleiter eine persönliche Herausforderung, „aus Geschichten lernen – das ist auch eine Hoffnung" (Baacke/Schulze 1993, S. 10). Um eine weitere Dimension des gemeinsamen Lernens, nämlich um den Sinn des eigenen Lebens zu erschließen, geht es im folgenden Kapitel.

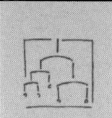

Lebenssinn/Suche nach Sinn und Spiritualität

„Das Leben ist ein Geheimnis, das gelebt und nicht ein Problem, das gelöst werden muss."

Gabriel Marcel

Das Leben mit Kindern ist immer eine Gratwanderung, ein Wandeln auf des Messers Schneide. Eltern und Kinder lernen ständig voneinander, erleben diesen Prozess aber oft unterschiedlich. Manche Familienbeziehungen leiden stark darunter oder zerbrechen sogar. Beide Seiten fragen sich, welchen Sinn die wiederkehrenden Zerreißproben haben sollen. Das Mysterium unseres familiären Zusammenlebens ist besonders schwer zu erklären. Der Dialog eröffnet den Eltern die Möglichkeit, das Leben auch als Reise auf der Suche nach dem individuell „richtigen" Weg zu begreifen.

Mit Eltern dem „Unerklärbaren" auf der Spur

Der Dialog auf dieser Ebene beschreibt einen ganz und gar offenen Prozess. Gemeinsam mit den Eltern experimentieren wir mit der Komplexität des Alltags, versuchen diese aber nicht zu reduzieren, d.h., „einfache" Lösungen anzubieten. Wir schaffen einen Raum des Austauschs über diese Vielschichtigkeit und über die „verrückten", unausprechlichen und paradoxen Lebenssituationen. Wir beschäftigen uns mit dem scheinbar Irrationalen, Unbegreiflichen, mit dem Unaussprechlichen und versuchen Fragen und Antworten in der Gruppe zu sammeln. Es geht um die Suche nach dem Sinn und nach spirituellen Kraftquellen im Leben. Folgende Situationen könnten unter diesen Gesichtspunkten zum Thema werden:

Eltern hadern mit ihrem Schicksal, wenn sie feststellen, dass ihre Kinder Wesenszüge zeigen, die sie nach ihren wohlmeinenden Bemühungen weder erklären noch ertragen können. Sie fragen sich, wie es dazu kommen konnte, dass sie sich (Eltern und Kinder) so fremd sind.

Obwohl sie aus ihrer Sicht alles dafür getan haben, selbstbewusste Menschen zu erziehen, bleiben ihre Kinder ängstlich und misstrauisch.

Andere erschrecken über die Aggressivität ihrer Kinder, obwohl sie ihnen alle erdenkliche Liebe und Zuwendung gaben.

Hierzu passt folgende Geschichte: Die Mutter berichtet in der Elternrunde von ihrem heute 14 Jahre alten Sohn, der seit ein paar Jahren im Heim lebt. „Ich erinnere mich, dass meine Schwangerschaft und Geburt, meine Ehe und alles damals rundum in Ordnung war. Es war, wenn ich mich zurück besinne, meine glücklichste Zeit. Der Kleine entwickelte sich richtig prächtig. Und dann auf ein-

mal mit zweieinhalb Jahren wurde er plötzlich unheimlich aggressiv und tat sich auch selbst was an. Er lief zum Beispiel bei uns in der Wohnung den langen Flur entlang und warf sich mit voller Wucht vor die Wand. Ich weiß nicht, was geschehen ist, ich kann es mir einfach nicht erklären. Ich bin auch in einer Therapie und einer Familienberatung nicht darauf gekommen. Es ist einfach total unerklärlich. Ich verstehe nicht, was dahinter steht."

Wiederum andere verzweifeln an der stoischen Antriebsarmut ihres Sprösslings, die sie trotz eines „positiven" Vorbilds und zahlreicher Anreize nicht „wegerziehen" können.

Ein Kind, das völlig zurückgezogen und introvertiert, fast unsichtbar aber scheinbar dennoch nicht unzufrieden mit der eigenen Situation ist, wird von seinen Eltern animiert, in einem Selbstbehauptungstraining Durchsetzungskraft für das spätere Leben zu erlernen.

Manche Eltern suchen nach rationalen Erklärungen dafür, dass ihre Kinder schon im Kindergarten oder der Grundschule durch ein Übermaß an Risikobereitschaft „auffallen", ohne dass ihnen Ähnliches vorgelebt wurde.

Andere Kinder dagegen entwickeln sich trotz „ungünstiger" Ausgangsbedingungen problemlos, können sich ganz natürlich behaupten, handeln planvoll oder sehen die Welt mit optimistischen Augen, sind scheinbar glücklich. Ist das ihr Verdienst? Sind sie besonders willensstark oder steckt diese Kraft, die als Resilienz bezeichnet wird, von Geburt an in ihnen?

„Durch den Glauben an die unbegrenzte Möglichkeit der Erziehung erblindet zunehmend das innere Auge für alles Nichtmechanische, Unvorhersagbare, Unkontrollierbare, Geheimnisvolle im menschlichen Sein."

Sigrid Tschöpe-Scheffler

Eltern stehen immer wieder vor einem Dilemma, wenn sie zur Kenntnis nehmen müssen, dass ihr erzieherischer Einfluss geringer ist, als sie angenommen haben. Sie halten Schwierigkeiten im Umgang mit ihren Kindern für ihr Versagen, für ihre Schuld.

ELTERN STÄRKEN greift neben konkreten Alltagsthemen auch Fragen nach dem Sinn unserer Existenz auf, ohne gleich befriedigende Antworten zu finden. Die Auseinandersetzung mit zentralen Lebensthemen, mit der so genannten „Lebensaufgabe", mit der Auseinandersetzung mit Normen und Werten, mit Rausch und Exzessen, mit den „schmerzhaften Phänomen(en) der Trauer, der Reue, der Langeweile und der Not" (Kurz 1986, S. 29) macht Sinn. Sie gehört zur Elternbildung wie auch die kritische Betrachtung der Nützlichkeit und Zweckmäßigkeit unseres Handelns. Es gehört zu den Möglichkeiten und den Aufgaben der Menschen, sich

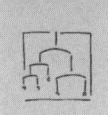
Kinder brauchen keine perfekten Eltern und Pädagogen, sondern Menschen, die gut für sich selbst sorgen können. Nur dann können sie sich auch ihren Kindern auf eine Weise zuwenden, in der sie sich gesehen und wahrgenommen fühlen, wie sie sind.

Verfasser unbekannt

mit den gegebenen, auch extremen Lebenssituationen, aktiv auseinander zu setzen. In Grenzerfahrungen steht die menschliche Existenz auf dem Spiel; „denn in ihnen [...] wird der Mensch seiner Endlichkeit, Schwachheit, Unzulänglichkeit und Zerbrechlichkeit unmittelbar gewahr. Grenzsituationen fordern aber zugleich dazu heraus, ihnen dennoch Sinn abzugewinnen" (ebenda, S. 30).

Eine Mutter berichtet mit bewegter Stimme, dass sie sich manchmal darüber wundert, dass sie immer noch lebt. Sie habe bisher noch nicht den Mut aufgebracht, sich das Leben zu nehmen, obwohl sie oft keinen Ausweg aus ihrer Situation sehe. Ihr Mann als Alkoholiker sei ihr mehr Hindernis als Hilfe, und ihre beiden Söhne von fünf und sieben Jahren machten ihr das Leben so schwer, dass sie nicht mehr könne. Nach einer „verpfuschten" Knieoperation könne sie vor Schmerzen kaum (davon)laufen. Um das Knie zu entlasten, versucht sie gerade, ihr Übergewicht zu reduzieren. Sie kämpft gleichzeitig an mehreren Fronten.

Diese Mutter verfügt über einerseits relativ wenig Widerstandskräfte, hat aber augenscheinlich dennoch Hoffnung und Ressourcen, wie auch der Besuch beim Kurs ELTERN STÄRKEN zeigt. Sie versteht zwar schon längere Zeit nicht, was ihr geschieht und welchen Anteil sie an ihrer Lebenssituation hat. Sie hat schon fast aufgegeben und fühlt sich als Opfer. Sie weiß auch nicht, was sie im Moment konkret tun soll und kann, um ihr Leben zu verändern, aber sie kommt in den Elternkreis, um ihre Situation zu schildern und um Antworten und Hinweise zu bekommen. Sie zeigt außerdem, dass sie ihr Leben und ihre Familie so sehr liebt, dass sie sich bisher noch nicht aus dem Leben verabschiedet hat.

Die Stärke des Kohärenzgefühls entscheidet darüber, ob die Mutter eine aktive Haltung im Leben entwickeln, das heißt, ob sie die Verantwortung für ihr Leben übernehmen wird. Es wird also in dem Elternseminar darauf ankommen, mit der Mutter an dem Verständnis für ihre eigene Lage, an konkreten Handlungsoptionen und an dem Sinn für ihr – aus ihrer Sicht völlig „verkorkstes" Leben – zu arbeiten. Die Gruppe kann ihr helfen, ihre Schicksalsergebenheit zugunsten einer aktiven Haltung zu ändern.

Die stärkende Chance des Elternseminars liegt u.a. darin, sie spüren zu lassen, dass sie als Mensch unvoreingenommen respektiert wird, dass sie Verbündete findet,

um ihre Isolation zu verlassen und dass es Unterstützung gibt in Form weitergehender Angebote (Vermittlung von Beratung, Therapie, Mediation, finanzielle oder medizinische Hilfen etc.).

Wir können von den Kindern lernen

Von Krisen und Umbruchphasen einmal abgesehen, vernachlässigen wir Erwachsenen die eigene Sinn-Suche, haben sie verlernt, oder sie ist im Laufe der Zeit in Vergessenheit geraten. Wir könnten aber von unseren Kindern lernen. Bereits in der frühen Kindheit stellen sie erstmals Sinnfragen. „Aufmerksamen und verständigen Eltern und Lehrern ist schon immer aufgefallen, dass sich in manchen scheinbar naiven Fragen und Bemerkungen ihrer Kinder ein tieferes Nachdenken über Probleme äußert, die im weiteren Sinne als ‚philosophische' bezeichnet werden können: ‚Was war ich, bevor ich geboren wurde?'; ‚Hat die Zeit einen Anfang?'; ‚Was war, bevor Gott die Welt geschaffen hat?'; ‚Erlebe ich das, was ich jetzt erlebe, wirklich, oder ist das nur ein Traum oder wie im Film?'; ‚Können Tiere/Computer denken oder fühlen wie wir?'; ‚Warum gibt es Leiden und das Böse auf der Welt?'; ‚Gibt es etwas, worüber ich ganz sicher sein kann?'; ‚Was ist ‚wirkliche Freundschaft'?'; ‚Muss man immer die Wahrheit sagen?'; ‚Was sind Gedanken?'; ‚Ist alles vorbestimmt?'; ‚Existieren die Dinge auch, wenn ich nicht auf sie hinsehe?' etc." (Freese 2002, S. 16).

„Die große Generalprobe für die eigene dialogische Sinnsuche ist die Pubertät. In dieser Phase werden die von den Eltern übernommenen Werte und Einstellungen – und damit auch die Eltern selbst – über die Schmerzgrenze hinaus radikal infrage gestellt."

Eckhard Schiffer

Später in der Pubertät gehören existentielle und spirituelle Fragestellungen ganz natürlich zum Lebensalltag Jugendlicher. Spiritualität hier verstanden als „das Gefühl der Zugehörigkeit und Verbindung zum Leben als Ganzem. Spirituell zu sein bedeutet auch, mit seinem innersten Kern in Kontakt zu sein, offen zu sein für neue Möglichkeiten und Wunder" (Smith 1994, S. 113). Sie drückt sich aus in Religion und Rebellion, in der Suche nach dem „Geist" im „Weingeist", wird deutlich in der Beziehung zum Tod und zur Schönheit des Lebens und wird gelebt im Hunger nach Grenzerfahrungen sowie Rausch- und Glückserlebnissen einerseits und dem Wunsch nach Ritualen andererseits. Sehnsucht und die Suche nach sinnstiftenden Orientierungen gehören zusammen und sind feste Bestandteile des Lebens. Wenn es stimmt, dass Sucht entsteht, weil mir etwas fehlt, wonach ich suche, dann muss es ungeheuer entlastend und befreiend sein, wenn ich erkenne, was mir fehlt.

Auch wir Erwachsenen müssen uns immer wieder bewusst machen, dass die entscheidende Bewegkraft auch unseres Lebens das Suchen nach Ganzheit und die Sehnsucht ist, das eigene Leben zu erfahren und zu deuten.

Grenzen gegenseitigen Verstehens

„Ich habe den Eindruck, dass viele von unseren Krisen mit wissenschaftlichen Methoden nicht gelöst werden können, weil das unzureichend ist, weil die spirituelle Komponente fehlt."

Hans-Peter Dürr

Dass sich Alte und Junge häufig das Leben gegenseitig schwer machen, ist ein zeitloses Phänomen, gleichwohl ein Dauerbrenner auf Elternseminaren.

Die einen Eltern können nicht nachvollziehen, dass ihre Kinder stets hier und sofort alles haben wollen und warum sie sich keinerlei Gedanken um ihre Zukunft machen. Anderen Eltern sind die eigenen Kinder zu lahm und antriebsarm, zu inaktiv oder vielleicht zu ernst. In diesem Fall kann es möglich sein, dass die Eltern die Aktiven sind, die alles „mitnehmen" wollen. Sie glauben, ihre Kinder zu Taten animieren zu müssen (Sport, Musik, Selbstbehauptungstraining etc.).
Eltern wissen nicht, wie sie beispielsweise mit dem riskanten Alkoholkonsum, Kiffen oder Sport-Treiben ihres Sohnes und mit dem Schönheitswahn ihrer Tochter und ihren „grenzenlosen" Konsumwünschen umgehen sollen.

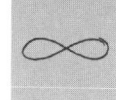

Eltern fragen sich, was eine zuversichtliche Lebensperspektive ihres Kindes verhindert oder was ihr Kind so schulmüde macht.

In den Elternseminaren fragen wir uns gemeinsam nach dem „Wieso?", „Wozu?" und „Wofür das Ganze?" Zuweilen prallen blankes Entsetzen und unversöhnliche Gegensätze aufeinander und legen schonungslos eine Fremdheit offen, die wir gerade in der Familie nicht vermuten und die uns deshalb so sehr verzweifeln lässt.

„Definition von Wahnsinn: Immer wieder dasselbe tun und andere Ergebnisse erwarten:"

Anonym

Mit der „Fremdheit" kommt ein ganz wesentlicher Punkt zur Sprache, der jede und jeden berührt. Im Dialog stellen wir uns den Fragen, was wir eigentlich unseren Kindern an konstruktiven, an aktiven, dem Leben zugewandten Lebenszielen und Visionen vorleben und selbstverständlich auch, wie wir eigentlich gelebt und experimentiert haben, als wir im Alter unserer Kinder waren. Wussten wir etwa immer, wo es in unserem Leben lang gehen sollte? Manche Eltern erkennen im Verlauf der Seminare, dass sich ihre Lebensweise gar nicht so grundsätzlich von der ihrer Kinder unterscheidet. Das belebt die familiäre Kommunikation.

Insbesondere dann, wenn die Konflikte in der Phase der Abnabelung der Kinder einem Tanz auf dem Vulkan gleichen, wird es Zeit für einen Perspektivwechsel. Es macht Sinn, die positiven Seiten und die Herausforderung des Zusammenlebens mit den Kindern als gemeinsamen Lern- und Entwicklungsweg zu sehen. Das erweitert individuelle Gestaltungsspielräume und entlastet beide Seiten vom Druck, perfekt sein zu müssen. Scheinbar unsinnig anmutende Lebensweisen und Ausdrucksformen der Kinder könnten sich dann als sinnhaft herausstellen, wenn mir als Vater die Funktion des Verhaltens bewusst wird. Eltern brauchen an dieser Stelle besonders andere Eltern und Dialogbegleiter, die sie verständnisvoll begleiten, die sie bestärken, die nachfragen und ihnen helfen, über den Tellerrand ihrer eigenen eingefahrenen Gedanken zu schauen.

Die Elternseminare laden alle Teilnehmer dazu ein, das eigene Leben für ein paar Stunden von außen zu betrachten und den eigenen Lebensentwurf Revue passieren zu lassen. Der entscheidende Moment ist der, an dem die Eltern das sichere Gespür dafür bekommen, dass die oben erwähnte Fremdheit zum Leben dazu gehört und dass unsere Kinder das gleiche Recht haben, wie wir Erwachsenen auch, nämlich mit unserer ganzen Wesensart angenommen zu werden. Das stärkt uns

„Ein Leben ohne Rausch ist doch langweilig, oder?"

Persönliches Schlusswort eines Vaters

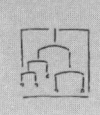

existentiell in dem Gefühl, „ich bin in Ordnung und wertvoll, ganz allein deshalb, weil ich bin" (Juul 2003, S. 96). Wer um die Bedeutung eines gesunden Selbstgefühls für unsere Entwicklung weiß, wird das „Eigenartige" unserer Kinder und vielleicht auch unserer Partner nicht bekämpfen. Radikaler Respekt und all die anderen Dialogischen Fähigkeiten werden durch diese Herausforderung ganz gewiss auf die Probe gestellt.

Wir sollten unseren Kindern dankbar dafür sein, dass sie uns durch ihr Sosein geradezu „zwingen", uns in gewisser Hinsicht den Grundthemen des Lebens zu stellen, uns damit zu konfrontieren. „Eine solche Konfrontation ist aber nur aushaltbar, sofern man weiß, *wofür* man sie aushält. Das ‚Wofür' aber ist identisch mit Sinn" (Kurz 1986, S. 41). Es geht also um zweierlei Sinnsuche. Worin steckt der Sinn des vermeintlich unsinnigen oder zumindest sinnlos wirkenden Verhaltens meines Kindes und worin soll für mich als Vater oder Mutter der Sinn der Konfrontation bestehen?

„Es gibt Gedanken, die man unter Schmerzen selbst gebären muss, und das sind die kostbarsten."

Janusz Korczak

Diese über das gewöhnliche Leben hinaus gehende Suche des Sinnfadens beginnt für zahlreiche Menschen nicht erst in den Seminaren. Ungeahnte Krisen, die das bisherige Leben auf den Kopf zu stellen drohen, zwingen uns, früher hilfreiche Handlungsmodelle zu verändern. Altbekanntes und sicher Geglaubtes wird plötzlich mit der Frage nach dem Sinn des Ganzen aus den Angeln gehoben. Die Geburt eines Kindes stellt solch eine Situation dar. Das ganze Leben verändert sich auf einen Schlag. Spätestens aber beim ersten Burn-out, dem Verlust eines wichtigen Menschen oder der eigenen Gesundheit, beim Eintritt von Arbeitslosigkeit oder hervorgerufen durch andere existentielle Ereignisse, sehen wir uns gezwungen, uns mit unserer menschlichen Existenz auseinander zu setzen, den Lebensrätseln und Triebkräften auf der Spur und auf der Suche nach Halt und Erklärungen des Unbegreiflichen. Die Versuche, Phänomene wie die Sucht nach wiederkehrenden Rauscherlebnissen oder die Abhängigkeit von süchtigen Verhaltensweisen oder gar Suizid zu erklären, bleiben allerdings trotz aller individueller und gemeinsamer Suche oft ein Rätsel. Es wird deutlich, dass wir ungeachtet der Flut von Informationen im Zeitalter des Internets in unserem Verstehen begrenzt sind.

Spiritualität und Sinnorientierung

Für die monotheistischen Religionen bedeutet Spiritualität der Glaube an „Gott", für andere wiederum gehören „Humanismus", „universelle Lebensenergie", „Chi", „Mutter Erde", „Buddha" oder andere zu den geistigen oder auch spirituellen „Kraftspendern". Spitiualität bedeutet „geistig" oder auch „anders-als-materiell". „Mensch sein heißt, unvollständig sein und sich doch nach Vollständigkeit zu sehnen; seiner nicht sicher zu sein und sich doch nach Sicherheit zu sehnen; unvollkommen zu sein und sich nach Vollkommenheit zu sehnen, gebrochen zu sein und sich Ganzheit zu wünschen" (Kurtz/Ketcham, 2006, S. 26ff.),

„Es gehört eine gefestigte innere Unabhängigkeit dazu, auch in Leiden und Schmerz einen Sinn, eine menschliche Entwicklungsmöglichkeit zu sehen. Oft bedarf es der schweren Prüfungen durch Krankheiten, offene Fragen aus der Biographie zu beantworten und mit seinem ‚Schicksal' Frieden zu schließen."

Jens Kotulla

Auf der Suche nach dem großen „DU" spüren die Menschen, „dass sie neben ihrer biologischen Abstammung von ihren Eltern einen ‚höheren' Ursprung haben, dass sie Kinder des Lebens sind" (Lechler 1996, S. 74). Immerhin hat das Leben auf der Erde nicht erst mit unserer Geburt begonnen, und das Leben der Menschheit wird auch unseren Tod überdauern. Damit verbunden ist die Erkenntnis der eigenen Endlichkeit und dass es Dinge gibt, die größer sind als wir Menschen, die so groß sind, dass wir sie weder erfassen noch verstehen können, so akribisch wir auch danach forschen. Wo die spirituelle Komponente fehlt, aus der heraus wir Kraft schöpfen, fehlt uns Orientierung im Leben. In diesem Zusammenhang beschäftigen sich die Eltern in den Seminaren mit folgenden Fragen:

Wohin gehe ich? Was wird aus mir persönlich und beruflich werden bzw. was ist aus mir geworden? Wohin gehe ich jenseits des biologischen Lebens? Wozu habe ich meine bisherige Lebenszeit genutzt und was hat sie mir gebracht? Wo liegen meine Chancen und Potenziale? Wie will ich diese zukünftig besser ausschöpfen? Was bin ich wert? Hat Sinnsuche einen Sinn? Welches Bild habe ich von meinem Kind? Welches erzieherische Ideal möchte ich verwirklichen und welches lebe ich tatsächlich? Wo liegen meine eigenen Grenzen? (persönlich, beruflich, gesundheitlich, im Kontakt zu meinen Kindern usw.)? etc.

Apropos: Wo liegen die Grenzen meiner Erziehung? Und was fange ich mit mir selber an, wenn die Kinder aus dem Haus gehen? Gemeint ist hier nicht nur der Zeitpunkt, ab dem wir unsere Kinder für „erwachsen" halten oder wenn sie sich „selbstständig" machen. Es geht ganz praktisch um die Frage, welche Funktion und

„Denk nicht immer an mich, ich möchte auch mal allein sein."

Bedeutung die Kinder in meinem Leben haben und wie wichtig wir unsere eigenen Bedürfnisse sowie unsere Bedürfnisse als Paar nehmen.

Eine „Hausaufgabe" könnte sein, eine Woche lang bewusst zu beobachten, was ich als Mutter oder Vater, oder was wir als Eltern Gutes für uns selbst tun.

Welchen Raum gestehen wir uns zu und welchen den Kindern? Es geht darum, die Balance zu finden zwischen der eigenen Entfaltung und der der Kinder, zwischen der Rolle als Eltern und der als Paar. Diese oder ähnliche Fragen werden im Rahmen der Seminare unterschiedlich „bearbeitet". Sie ergeben sich jeweils aus dem Prozess. Aber sie gehören dazu, wenn man das Ziel hat, Eltern zu stärken.

Sinnsuche im Dialog

„Wer suchet, der findet", sagt der Volksmund und belässt für das Ergebnis der Suche die Verantwortung dem Einzelnen selbst. Für Einige ist es frustrierend, anstelle klarer und allgemeingültiger eher widersprüchliche und ambivalent-paradoxe Antworten zu bekommen. Das Leben verläuft eben nur selten logisch. Unsere Kinder zwingen uns unbewusst immer wieder aufs Neue, die tiefe Wahrheit des Satzes: „Was du versuchst, zu erzwingen, wirst du nicht bekommen", anzunehmen.

„Die Bedingung, damit Kinder ein gesundes Selbstgefühl entwickeln können, ist nicht, dass ihre Eltern eines haben, bevor sie Kinder in die Welt setzen. Es verlangt nur genügend Offenheit von den Eltern, um ihr Selbstgefühl zusammen mit den Kindern weiterzuentwickeln, und zwar gleichzeitig damit, wie die Kinder ihres entwickeln."

Jesper Juul

In den ELTERN STÄRKEN-Seminaren werden diese schwierigen Themen im Dialog bearbeitet. Dieser kann sich individuell als innerer Dialog (dann werden die Teilnehmer ganz still) oder aber als Gruppendialog vollziehen. Der Dialog – im Gegensatz zu Gerede und verdecktem Monolog – mit seiner besonderen respektierenden und verstehen-wollenden Haltung, seiner Ehrlichkeit und Gegenseitigkeit entwickelt hier seine ihm innewohnende besondere Stärke. Das gemeinsame Denken im Dialog schafft erweiterte „Räume", gibt Anstöße und Anregungen. „Dialogisches Denken hilft dem Menschen, eine Haltung zu entwickeln, die ihn mit der Welt und seinen Mitmenschen verbindet" (Muth 1998, S. 71).

Die Art der Bearbeitung der Themen legt den Dialogbegleitern nahe, sorgsam mit methodischen und didaktischen oder sonstigen strukturierenden „Hilfen" umzugehen, da sie sich – falsch eingesetzt – als Beschränkung der Kreativität und Fantasie der Teilnehmer herausstellen können. Es reicht, wenn die Dialogbegleiter

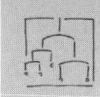

die Haltung, die Sie vertreten, auch vorleben, nämlich, die Haltung eines Lerners zu verkörpern, die Anderen in ihrem Wesen zu respektieren, offen zu sein für Neues und Anderes, von Herzen zu sprechen, sich wahrhaftig gegenseitig zuzuhören im Sinne von den Anderen auch verstehen wollen, den Lernprozess zu verlangsamen, neue Antworten auf alte Fragen gemeinsam zu erkunden und dabei sich selbst ein kritischer Beobachter zu bleiben (vgl. Hartkemeyer/Dhority 1998, S. 78f.).

Zusammenfassung

Dialogseminare sind komplexe Prozesse, durch die wir unsere Haltung hinterfragen und Schritt für Schritt unseren Erfahrungshorizont erweitern können. Diese brauchen eine bewusste Verlangsamung. Für viele Zeitgenossen ist V e r l a n g - s a m u n g aber ein negativ besetzter Begriff. Verlangsamung heißt für sie Verzögerung, Trägheit, Zeitverlust, vielleicht auch versäumte Zeit, in der man viel effektiver das Ziel erreichen könnte.

Um eine neue Einstellung und neue Antworten für das Leben zu entwickeln, hilft es, dem eigenen Selbst auf die Spur zu kommen. Eine nachhaltige Lebenskompetenz erfordert lebenslanges Lernen, das die unterschiedlichen Zugänge nutzt. Dazu zählen Austausch und Verarbeitung von kognitivem sowie von Erfahrungswissen, Konfrontation mit den Affekten und Emotionen und nicht zuletzt lebensgeschichtliche Suchbewegungen. Die gefundenen Antworten sind nie erschöpfend, jedoch können sie zur weiteren Auseinandersetzung ermutigen.

Verlangsamung heißt demnach, in der Dialogrunde jedem/jeder Einzelnen soviel Zeit einzuräumen, wie sie oder er braucht, um den Inhalt einer Übung, die Aussage der Geschichte etc. tief im Kern zu spüren. Eingefleischte Verhaltensweisen sind oft so tief verwurzelt, dass dieser Entwicklungs-Prozess seine Zeit braucht, um Platz zu machen für eine neue Haltung.

Verlangsamung heißt weiter, dass ich meiner individuellen Biographie respektvoll begegne. Wer mit seiner Werdegeschichte im Reinen ist, ist eher in der Lage, den für den Dialog notwendigen „radikalen Respekt" anderen Menschen und Ideen gegenüber entgegen zu bringen. Schlussendlich stellen wir uns in den Dialogrunden immer auch dem Geheimnis des Lebens. Wir gestehen uns ein, dass wir nicht alles verstehen, begreifen und vor allem nicht alles beeinflussen können.

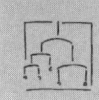

Der Dialog eröffnet uns die Möglichkeit, das Leben auch als Reise nach dem individuell „richtigen" Weg zu begreifen.

Der Dialog ist sowohl ein **inter-personaler** als auch ein **intra-personaler** Vorgang, der oft eine gewisse Ruhe ausstrahlt. Die dadurch wahrnehmbare Stille wird von Dialogbegleitern und -teilnehmern unterschiedlich interpretiert. Für die einen ist das Thema erschöpft, oder sie erklären die Stille als ein Zeichen von Langeweile oder Desinteresse. Andere werden eventuell daran zweifeln, ob der Dialog der richtige Weg ist. Nicht alle können mit Stille gut umgehen. Manche werden ungeduldig oder fühlen sich blockiert. Es gibt auch in diesem Fall nicht den einen richtigen Weg. Als Dialogbegleiter heißt es, gelassen zu bleiben und stattdessen die Stille in der Schwebe zu halten oder Fragen zu stellen, die Teilnehmer zu ermutigen, weiter zu denken oder sich selbst einzubringen. Stille ist oft ein Zeichen für besonders intensive Teilnahme am Dialog. Stille ist ein natürlicher Ausdruck von Verlangsamung in Gruppen. Als Dialogbegleitung bleibe ich im Kontakt mit mir und mit den Mitgliedern der Gruppe und achte auf die Balance zwischen Ruhe und Bewegung. In Gruppenprozessen Ungeübte sollten durch zu langes Schweigen nicht „auf die Folter gespannt" werden.

Ein Teil des Potenzials, das im Dialog steckt, gerät durch zielstrebige und ergebnisorientierte bzw. zeitlich stark begrenzte Dialogeinheiten unter Umständen in Gefahr. Die Verlangsamung hilft den Entwicklungsprozess für die neue Dialogische Haltung, die wir Schritt um Schritt leben und verkörpern können, bewusster zu erleben.

ELTERN STÄRKEN bedeutet, Eltern in ihrem Suchen zu stärken und in der Gewissheit, dass es sich lohnt, sich selbst und den Kindern mehr zu vertrauen. Dann wächst das, was Antonovsky als „Kohärenzgefühl" bezeichnet und was Bandura mit dem Begriff „Selbstwirksamkeitserwartung" gemeint hat.

Der Dialog verlangt ein anderes Bild vom Menschen und von dem, was Buber die „Anderheit des Anderen" nennt, und er fordert ein neues Verständnis vom gemeinsamen Lernen anstelle von gegenseitigem Belehren. Das setzt ein Umdenken in der Rolle und eine Reihe neuer Qualifikationen des Seminarleiters/Dialogbegleiters voraus, wie ich im Folgenden vertiefe.

4 Der Dialogbegleiter und seine Aufgaben

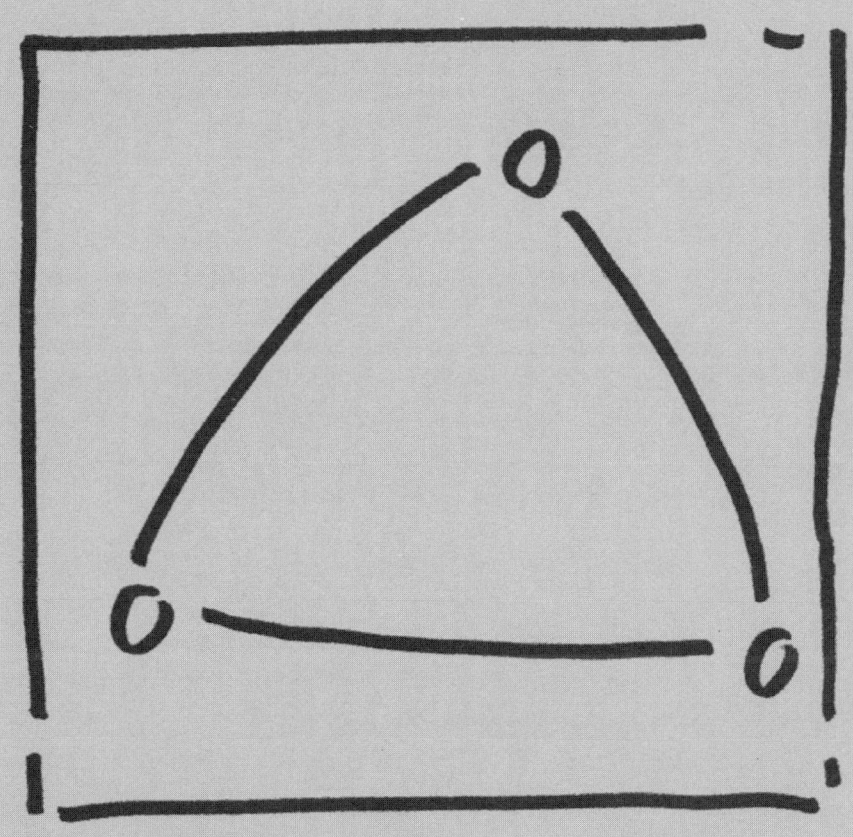

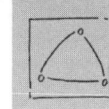

Im Mittelpunkt dieses Kapitels steht der Dialogbegleiter. Von ihm und seinen Kompetenzen hängt entscheidend das Gelingen oder Misslingen des Dialogs ab. Zunächst wird es darum gehen, wie der Dialogbegleiter einen optimalen Lernraum schaffen kann. Dann beleuchte ich die Themen „Loslassen" und „Verändern", die Grundlage für Lernen sind. Es folgt die Beschreibung von Aspekten, die jeden Dialogprozess kennzeichnen, nämlich Angst, Humor, Liebe, Macht, Ordnung und Zeit, die Wilfried Reifarth in seinem Konzept, „der besseren Merkbarkeit willen [...] als ‚AHLMOZ-Prinzip' bezeichnet" (Reifarth 2003, S. 64ff.). Anders als bei individualpsychologischen oder verhaltenstherapeutischen Elternkonzepten findet der Dialog in der Regel in der Großgruppe statt. Ich begründe, warum dies sinnvoll und notwendig ist. Der Schluss des Kapitels enthält einen synoptischen Überblick über die wünschenswerten Basiskompetenzen, die meines Erachtens einen Dialogbegleiter kennzeichnen.

Einen Lern-Raum schaffen

Die Seminare zielen darauf ab, einen Raum für das Erkennen sowie die Festigung und Stärkung eigener Ressourcen zu öffnen, es geht jedoch nicht darum, jemanden von außen zu verändern. Niemand wird geschult bestimmte Verhaltensweisen abzulegen und sich andere anzueignen. Etwaige Familienregeln und Konsequenzen für ihr Familienleben entwickeln die Eltern selbst. Und wie der Titel ELTERN STÄRKEN schon sagt, ist das Ziel der Seminare in erster Linie, sich selbst und das eigene Verhalten zu reflektieren und daraus Kraft zu schöpfen. Die Verantwortung für das, was die Einzelnen aus dem Seminar mitnehmen, bleibt konsequent bei den Eltern selbst. Der Alltag zu Hause wird zeigen, was den Einzelnen von dem Gelernten im Zusammenleben mit den Kindern hilfreich ist und was nicht. Innerhalb einer Seminarreihe werden die unterschiedlichen Erfahrungen der Eltern zurück gekoppelt, ausgetauscht, ergänzt oder modifiziert.

„Die entscheidende Wirklichkeit ist der Therapeut, nicht die Methoden."

Martin Buber

Das Gelingen der Seminare hängt entscheidend vom Dialogbegleiter und dessen Grundhaltung Menschen gegenüber, mit anderen Worten, seinem Selbstverständnis als wachstumsfördernder Begleiter, ab. Das Bewusstsein für die besondere Verantwortung, die in seiner Rolle liegt, und das grundlegende Vertrauen in die Ressourcen und Potenziale der Seminarteilnehmer ist die Voraussetzung für eine erfolgreiche gemeinsame Arbeit.

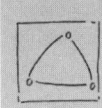

Der Dialogbegleiter sorgt für die äußeren Bedingungsfaktoren einer konstruktiven Lernatmosphäre (Setting, Sitzordnung, Raumgestaltung, etc.). Er bringt seine Persönlichkeit mit in den Dialog, und er ist Teil desselben. Der Grad der Selbstreflexion in Bezug auf eigene Reifeprozesse sowie eventuelle Erfahrungen im Zusammenleben mit 'eigenen Kindern verleihen ihm auch ein differenziertes Wahrnehmungsvermögen den Eltern gegenüber. Der Leiter eines Dialogischen Seminars trägt insbesondere dadurch zu einer guten Atmosphäre bei, wenn er den Teilnehmern im Prozess offen und authentisch sowie mit Respekt und Neugierde begegnet.

Die Gäste der Seminare konfrontieren den Leiter mit ihren sehr unterschiedlichen Persönlichkeiten, Erwartungen und Fragestellungen. Jeder Teilnehmer (der Leiter eingeschlossen) trägt seinen eigenen „Rucksack" voll eigener Erfahrungen, Kränkungen, Sehnsüchte, Verhaltensmuster, möglicher Verdrängungsmechanismen, gesundheitsrelevanter Einstellungen, Lebensbewältigungsstrategien, Ängsten, Suchtverhalten usw. mit sich herum. Wir alle waren selbst Kinder und Jugendliche und haben bis zu diesem Seminar die unterschiedlichsten Anstrengungen auf uns genommen, das eigene Leben und die Beziehung zu unseren Kindern zu meistern. Diese spürbare Verbundenheit ermöglicht es den Mitgliedern der Seminargruppe, die Themen authentisch zu erleben, was eine Voraussetzung dafür ist, sie anschließend besser in den Alltag zu integrieren.

Von Bedeutung für einen wachstumsförderlichen Lernprozess ist auch die Bereitschaft des Begleiters, sich mit den Alltagssorgen anderer Menschen und immer wiederkehrenden, oft auch banal klingenden Fragen auseinander zu setzen. Er muss sich klar darüber werden, ob er immer wieder mit so vielen unterschiedlichen Menschen kommunizieren möchte.

Loslassen und Sich-verändern ermöglichen

„Der menschliche Lebenslauf hat erstens einen biologischen Aspekt, der rein äußerlich in seinem Auf- und Niedergang beschrieben werden kann. Dieser Lebenslauf hat zweitens den Aspekt psychischen Erlebens, das sich in Gedanken, Gefühlen und Willensimpulsen abspielt und drittens schließlich einen geistigen Aspekt, der Individuation, Bewusstwerdung des eigenen ‚Ichs', Wertesystem und Sinngebung umfasst" (Lievegoed 1979, S. 11). Das Konzept ELTERN STÄRKEN

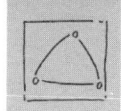

spricht insbesondere die beiden letztgenannten Aspekte an. Es ist so angelegt, dass sich die Teilnehmer über Selbst-Erfahrung persönlich bedeutsames Wissen aneignen. Ein solches in die Person integriertes Lernen wirkt auf das individuelle Erleben und Verhalten zurück und damit auch auf die Verarbeitung neuer Inhalte. Der Prozess der Bewusstwerdung von Lerninhalten geschieht durch die bewusste Integration der Erkenntnisse in das ‚Selbst'. Dieser Zuwachs an Wissen und Erkenntnis bedeutet ‚Wachstum der Persönlichkeit'. Im Dialog erleben die Beteiligten einen Zuwachs an Wissen, ohne dass ihnen etwas „vermittelt" wird. Wir müssen nur das Vertrauen haben, dass sich etwas verändert.

„Wir können nur „bekommen", was wir auch Willens sind zu geben."

Katherine Ketcham

Carl Rogers unterstellt den Menschen, dass sie aus sich heraus „wachsen" wollen. Im Dialog schaffen wir eine Bedingung dafür. „Gesteuert wird dieser Prozess durch die Selbstaktualisierungstendenz, der Grundenergie menschlichen Lebens. Sie ist eine Kraft, die danach drängt, sich auszuweiten, autonom zu werden, zu reifen von der Geburt bis zum Tod. Die Aktualisierungstendenz hat sowohl bedürfnisbefriedigende, spannungsreduzierende als auch spannungserhöhende Funktionen im Sinne menschlichen Wachstumsstrebens" (Sagebiel 1994, S. 95ff.). „Es bedarf also keiner Motivation zum Lernen, denn leben heißt: motiviert sein, immer wieder neue Interessen entwickeln, um sein Wissen zu erweitern und zu steuern" (Fuhr, in: Burow 1994, S. 26).

Es hat „den Anschein, dass wir Menschen mit anderen zum Zwecke der Erhaltung unseres Ich-Bewusstseins kommunizieren müssen" (Watzlawick 1996, S. 84). Vermutlich liegt in dieser Erkenntnis auch ein Grund dafür, dass die Teilnehmer (fast) aller Elternseminare in ihrem persönlichen Schlusswort insbesondere hervorheben, dass sie Zeit und Raum hatten, sich zu äußern, dass man ihnen zugehört hat und dass sie erfahren haben, „ich stehe nicht alleine mit meinem Problem", verbunden mit dem häufig geäußerten Gefühl, verstanden worden zu sein.

Martin Buber geht noch einen Schritt weiter und leitet den Willen und die Fähigkeit des Menschen zur Veränderung direkt aus der „Begegnung" ab. In den Worten Cornelia Muths bedeutet das: „Veränderung und Loslassen des Alten ist durchführbar, wenn der Mensch sich ‚vertraut', was bedeutet, dass der Mensch einen Zweiten braucht, zu dem er sich hinauswagt. Lebenspraktisch bedeutet dies, die anderen Mitmenschen wahrzunehmen, sie zu bejahen und zu bestätigen, was sich

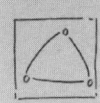

in einem rückhaltlosen Zueinandersprechen konkretisiert und dazu führt, das Trennende gemeinsam zu ertragen" (Muth 1998, S. 54ff.).

> *Wenn es mir gelingt, eine Atmosphäre zu schaffen, in der sich die Eltern in ihrem Kern begegnen, sich dort berühren, wo die Äußerlichkeit ihre Bedeutung verliert, wo die gespielte Rolle, die die Eltern in dem Seminar ihrer Sicherheit wegen einnehmen und wo berufliche Funktionen und Titel keine „Rolle mehr spielen", sind letztlich alle ähnlich, so offen, verletzlich, so spürbar sensibel. Dort vollzieht sich vermutlich wirkliche Begegnung, dort kann etwas wachsen oder bereits Wachsendes gedeihen.*

Wenn ich den Eltern wirklich zuhöre, ihre Aussagen und Zweifel ernst nehme, dann spüren sie auch das Gewicht ihrer Meinung, sie bekommen darüber hinaus eine Ahnung davon, dass es andere „Wirklichkeiten" gibt, die gleichberechtigt sind mit ihrer eigenen. Es sind eben andere und nicht bessere Wirklichkeiten, und das ist wichtig. Dort, wo das annähernd gelingt, empfinde ich die Eltern als zutiefst dankbar für die Erfahrung, die sie mit anderen teilen durften. Hier einige Aussagen von Eltern in der Abschlussreflexion:

„Ich bin heute mit gemischten Gefühlen gekommen, ich wusste ja nicht was mich erwartet. Aber es hat mir gut getan zu hören, dass es anderen auch so geht."

„Mir hat die Art gefallen, wie man ohne Scheu seine eigenen Sorgen und Ängste zum Ausdruck bringen konnte und dann feststellte, dass es anderen auch so ging. Es ist so, dass man sich frei fühlt nach diesen Abenden."

„Der Erfahrungsaustausch, der sich durch die Gespräche in der Gruppe ergeben hat, hilft mir beim Reflektieren über das eigene Verhalten."

„Mir hat die abwechslungsreiche Gestaltung der Abende gefallen, die intensive Beschäftigung mit dem Thema. Jede Anregung und Hilfestellung in der Erziehung ist nützlich. Ich nehme mit nach Hause, dass ich die positiven Eigenschaften und Verhaltensweisen der Kinder mehr beachten muss, um ihre Persönlichkeit zu stärken."

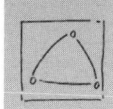

„Dass alle offen mitgemacht und ihre Meinung gesagt haben, hab ich vorher nicht für möglich gehalten. Ich habe genug Anregungen für meine Erziehungsarbeit bekommen und auch für den Umgang mit meinen Kindern."

„Ich bin zum Überdenken meines eigenen Verhaltens angeregt worden. Das war heute für mich das Wichtigste."

„Die Gespräche im Kreis haben mich angeregt, über mein Verhalten zu meinen Kindern nachzudenken. Ich habe gelernt, mich mit den Augen meiner Kinder zu sehen. Was dabei heraus kam, war nicht immer angenehm. Bin ich ein gutes Vorbild für meine Kinder?"

„Du hast mir so viel gegeben, dass ich Ich werden konnte."

Ausspruch eines Teilnehmers eines Buber-Seminars

Generell ist es nicht möglich, den Wunsch der Eltern nach größerer Sicherheit zu erzwingen, genauso wenig, wie bestimmte Verhaltensänderungen gezielt herbeizuführen. Der Dialogprozess kann auch nicht beschleunigt werden. Die Seminare können nur in einem Punkt Gewissheit bringen, nämlich darin, dass es keine wirkliche Sicherheit gibt. Dem Paradigma folgend, wonach jeder Mensch sich **seine** Wirklichkeit selbst schafft und damit auch die Verantwortung dafür selbst trägt, wirkt sich dieser Prozess der notwendigen Übernahme von Verantwortung für das eigene Denken und Handeln wachstumsförderlich aus.

„Leute, die an einem schnellen ‚Erfolg' interessiert sind, empfinden es wahrscheinlich als Zumutung, in Prozessen zu arbeiten, die sich entwickeln können."

Wilfried Reifarth

Veränderung und Wachstum haben gewöhnlich ihren Preis. Das liegt daran, dass Veränderung im Verhalten immer erst dann zustande kommt, wenn die bisherigen Überlebens-Strategien nicht mehr ausreichend funktionieren und eine Veränderung notwendig machen. Oft ist es so, dass wir erst dann handeln, wenn sich der Schmerz nicht mehr unterdrücken lässt. Wenn das diffus Wahrgenommene zur bewussten Erkenntnis über das vormalige Verhalten wird, wird Änderung möglich. Das Alte wird mit dem neu Wachsenden verglichen und abgewogen und macht wohl genau das Maß des Zugewinns an Wachstum aus, das jeder für sich bilanziert. Es ist eine Binsenweisheit, dass nur das, was mir bewusst ist, einer willentlichen Veränderung zugänglich ist. Wie schwer es andererseits ist, sich tatsächlich von eingefahrenen Gewohnheiten und Zwängen zu lösen, hat fast jeder schon erlebt.

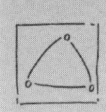

Ängste zulassen, Sicherheit und Wertschätzung vermitteln

„Angst ist ein Schlüsselmerkmal von Gruppensituationen. Sie prägt alle Anfangssituationen, weil zu diesem Zeitpunkt wirklich ungewiss ist, ob ich bestätigt, beschädigt oder in irgendeinem Zustand dazwischen aus dem Prozess hervorgehe. Der Austausch und die Begegnung mit anderen Menschen enthält strukturell die Möglichkeit aller Ausgänge."

Wilfried Reifarth

Enge und Angst hängen wortgeschichtlich zusammen. „Das Lernen Erwachsener [bietet] das Feld, in dem sich auf eindrucksvolle Weise die Erfahrungsmuster der frühen Kindheit wiederholen" (Reifarth 2003, S. 66). Das berührt Gefühle, denen sich niemand entziehen kann. Diese wiederum lösen eine Vielzahl von Emotionen und Affekten aus, die sich in Körpersprache, Gestik, Mimik, Lachen, Schweigen, dem Tonfall beim Reden und anderen Kommunikationsformen ausdrücken. Gefühle wie Angst, Panik, Humor, Ärger, Freude, Erleichterung etwa, die auch den Dialogbegleiter erfassen können, kommen also in unterschiedlicher Weise und Intensität, verbal oder nonverbal, zum Ausdruck oder „wirken" auch im Verborgenen. Sie beeinflussen den Grad von Nähe und Distanz des Einzelnen sowohl zum Thema als auch zum Gruppenprozess allgemein.

Wir haben es in einer Gruppe mit einer Vielzahl von Wechselbeziehungen zu tun. Die Chance dieser unterschiedlich ausgedrückten und von uns genauso unterschiedlich wahrgenommenen bzw. bewerteten Impulse liegt darin, sie bewusst zuzulassen, anstatt sie „unter den Teppich zu kehren". In ihnen steckt nämlich ein Potenzial, welches kreativ für das Lerngeschehen genutzt werden kann. Das heißt, Dinge, Themen und Fragen, die die Teilnehmer im Alltag berühren oder bedrücken, die sie aber alleine mit sich nicht lösen oder klären können, dürfen in der Gruppe durchlebt werden. Zu beachten ist auch, dass das Wesentliche oft durch die „Hintertür" und eher beiläufig zur Sprache kommt. Der Dialogbegleiter muss sich dieser emotionalen Seite der Elternseminare bewusst sein.

Wer Dialogseminare mit Eltern begleitet, wird die Erfahrung machen, dass besonders die mit Fremdheit belastete Anfangsphase mit einem merkwürdigen Unsicherheitsgefühl verbunden ist: „Komme ich zu Wort?" „Werde ich gehört und wahrgenommen?" „Werde ich befriedigende Antworten bekommen?" „Wie weit kann ich mich hier öffnen?" „Hoffentlich ist der Leiter erfahren genug, dass er diese große Gruppe im Griff hat" etc. Gewisse Befürchtungen und Ängste beschleichen fast jeden, ganz gleichgültig, ob es sich im konkreten Fall um eine noch so „gestandene Frau" oder einen noch so „gestandenen Mann" handelt (vgl. ebenda, S. 64ff.).

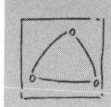

Angst und Unsicherheit sind zwei ganz besonders „treue" Begleiter, die jede Anfangsphase in einer fremd zusammengesetzten Gruppe kennzeichnen. Durch seine eigene Reflektiertheit kann der Dialogbegleiter entscheidend zur Verringerung dieser Begleiterscheinung in der Gruppe beitragen. Er trägt dem Sicherheitsbedürfnis der Teilnehmer Rechnung, indem er einerseits seine Motive und Absichten eindeutig und klar formuliert und andererseits, indem er sich als Mensch für die Eltern greifbar macht.

Zwei Beispiele für Interventionen gegen Angst:
Eine Mutter steht auf der Schwelle des Seminarraumes, signalisiert aber ein gewisses Zögern. Ich habe den Eindruck, dass sie damit ringt, auf dem Absatz kehrt zu machen und wieder zu gehen. Als Dialogbegleiter achte ich auf solche Signale und erleichtere ihr durch freundliche Ansprache den Schritt über die Schwelle, auf die Gruppe der anderen Eltern zuzugehen und zu bleiben. Der Versuch hatte sich gelohnt, wie sie in ihren Abschlussworten zum Ausdruck brachte. Dennoch blieb sie dem nächsten Treffen fern, weil sie „ehrlich erkrankt" sei. Der Elternkurs eine weitere Woche später war dann doch für sie eine zu hohe Hürde. Es war nicht gelungen, ihre Angst vor der Gruppe ausreichend abzumildern.

Eine andere Form, die anfängliche Angst zu verringern, ist das Dialog-Karussell. Es reduziert schon deswegen Angst, weil es in der Anfangsphase zunächst immer nur zwei Menschen miteinander ins Gespräch bringt. Jeder kann sich auf einzelne Leute konzentrieren und sich so ein Bild von Einzelnen und von der Gruppe machen. Alle können sich vorsichtig an die Gruppe und das Thema herantasten, brauchen Persönliches nicht gleich vor allen offen zu legen. Das Karussell schafft Vertrauen und ermutigt, sich anschließend auf die große Runde einzulassen.

Angst gehört auch deswegen zu einem der besonders nennenswerten Gefühle in Elternseminaren, weil diese sich immer auch mit tabuisierten und daher angstbesetzten Themen befassen. „Was gebe ich von mir preis, wenn ich von meiner Erziehung, über „Strafen", über Grenzsetzung und Konsequenzen rede und wenn ich „Fehler" eingestehen muss? Die Befürchtung, eventuell öffentlich bloßgestellt oder gar entlarvt zu werden, kann Lernen behindern. Darüber hinaus spielt Angst

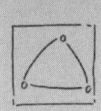

auch eine Rolle bei der Entscheidung, an einem Elternseminar teilzunehmen oder diesem besser fernzubleiben. Manchmal sind es aber gerade diese sehr persönlichen Bezüge, die die Eltern zu einer Teilnahme zusätzlich motivieren. Angst kann also Lernen blockieren und auch provozieren.

Gegen Angst hilft **Liebe**. Das klingt auf den ersten Blick im Zusammenhang von Seminaren unpassend und – je nach Blickwinkel – kitschig und sozialromantisch. Deswegen benutzen wir für die Umschreibung zumeist Begriffe wie „Wertschätzung", Achtung und Respekt. Das klingt neutraler.

Liebe drückt sich aus in der Wärme und Freundlichkeit, mit der ich die Gäste der Seminare empfange und begleite, durch die Freude und Offenheit, ihnen als Mensch zu begegnen, mit ihnen zu lachen sowie Anteil zu nehmen an ihren Freuden und Sorgen.

Das absichtslose In-Beziehung-Treten und im Anderen das „Du" als gleichwürdiges Gegenüber zu suchen, ist Ausdruck von Liebe. Die unmittelbare Beziehung zu einem anderen „Du" drückt Nähe aus, bedeutet, einfach sein zu dürfen, sich anzuvertrauen, zu verstehen und verstanden zu werden, sich zu spüren und berührt zu werden. „Du" zu sagen bedeutet auch, das Andere im anderen als „heiligen" Schatz zu würdigen und zu respektieren. Liebe heißt, die Menschen in den Seminaren wirklich zu sehen und sich für sie zu interessieren.

Indem sich die Menschen mir als Begleiter anvertrauen, geben sie mir eine gewisse **Macht**. Macht hat etwas mit Verantwortung zu tun. Der Gastgeber schafft und schützt den „Dialog-Raum", lädt ein zum Austausch, setzt Regeln, fordert zum Feedback auf und stellt erkundende Fragen. Er setzt damit auch inhaltliche Schwerpunkte. Es gilt, sich dieser Macht bewusst zu sein und sie nicht zu missbrauchen.

Beispiele (verbal):
„Ja, genau, das meine ich auch so."
„Ach, ist das ... denn wirklich so?"
„Greifen wir mal das auf, was die Mutter eben gesagt hat." etc.

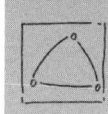

Beispiele (non-verbal):
breites Lächeln,
zustimmendes Kopfnicken,
verneinende Handbewegung,
skeptische Zurückhaltung etc.

„Wie höre ich Anderen zu?"
„So, als wäre jeder mein Meister, der seine kostbaren letzten Worte spricht."

Hafis

Die Eltern geben uns einen Vertrauensvorschuss, sie erlauben uns und wünschen sich von uns als Dialogbegleiter oder Dialogischer Berater Struktur und Lenkung. Das stillschweigende Bündnis bleibt so lange unangefochten bestehen, wie gleichzeitig die Liebe wirkt und erneuert wird. Geschieht kein Zwang und begegnen sich Dialogbegleitung und Eltern in Freiheit und Augenhöhe, wird die Macht als natürlich und unaufdringlich empfunden (ebenda, S. 67f.).

Die Elternseminare unterliegen einer bestimmten **Ordnung** oder einem Rahmen. Die Dialogbegleiter sind Hüter dieser Ordnung. Dazu gehört die Gestaltung des Dialogprozesses von der „Startphase" bis zur „Landung" (Begrüßung, Aufwärmübungen, Abschlusswort etc.). Ordnung zu setzen schließt die Gestaltung einer dialogförderlichen Atmosphäre des Raumes, das Achten auf die Einhaltung der Dialogregeln (wann kippt der Dialog in eine Debatte?), die Verabredung, dass das Gesagte in der Gruppe bleibt und Interventionen bei Regelverstößen ein.

„Uns als Veranstalter fällt die Aufgabe zu, die notwendige Lern-Zeit gegen den mitgebrachten Stress und die Tendenzen, schnell zu Lösungen kommen zu wollen, nachdrücklich verteidigen zu müssen."

Wilfried Reifarth

Zu erwähnen sind außerdem die organisatorischen, institutionellen und räumlichen Rahmenbedingungen. Wer lädt ein, und wo findet das Seminar statt? Welche Interessen verfolgt die einladende Institution (Schule, Kindergarten, Kirchengemeinde, Jugendhilfedienst, Allgemeiner Sozialdienst, Familienbildungsstätte etc.)?

Auch ein offener Seminarprozess hat einen Anfang und ein Ende. Als Dialogbegleiter bin ich auch Hüter der **Zeit**. Wie viel Zeit braucht Begegnung oder die Beantwortung dieser oder jener Frage? Wie viel Zeit braucht Veränderung? Wann braucht der Dialog eine Pause? Wann ist es ratsam, den Dialog durch einen Atemzug zwischen den Beiträgen zu entschleunigen (z.B. mit dem Sprechstein)? Als Dialogbegleiter habe ich die Aufgabe, „die notwendige Lernzeit gegen den mitgebrachten Stress und die Tendenzen, schnell zu Lösungen kommen zu wollen, nachdrücklich verteidigen zu müssen" (Reifarth 1989, S. 341). Es scheint aus meiner

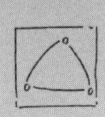

Erfahrung wichtig zu sein, die Zeit zu seinem Freund zu machen, um das Stück gemeinsame (Lebens-)Zeit mit unserer Gegenwart füllen zu können. Den Kampf mit der Zeit hat bisher jeder verloren.

Nicht zuletzt ein Wort zum **Humor** im Rahmen der Elternarbeit. Humor als eine Art „Schmiermittel" wirkt sich mildernd auf zuviel Angst, übertriebene Liebe, rigide Macht, zu strenge Ordnung und sklavisches Zeitverständnis aus. Gerade Themen wie Erziehung, Unvollkommenheit, Ängste, Aggressivität, Abhängigkeit, Sucht und Krankheit sowie deren Bewältigung sind zumeist angstbesetzt und werden häufig als Last empfunden. Die Enge, die manche empfinden, steigert sich, wenn Menschen, die sich nicht näher kennen, an einem unvertrauten Ort zusammenkommen.

Umso heilsamer und erleichternder wirkt dann der Humor. Gemeinsames Lachen ist befreiend. „Dabei sind dem Variantenreichtum auch in Sachen Humor keine Grenzen gesetzt und wohl dem, dem es gelingt, den häufig dicht beieinander liegenden tragischen Aspekten einer Situation, die ebenso vorhandenen komischen Aspekte als Rivalen zur Seite zu stellen. Das erspart oft Zeit und Mühe und macht manchen ansonsten energiezehrenden Prozess überflüssig" (Reifarth 1989, S. 302). Wo Lachen möglich ist, hat Angst weniger Chance.

„Seine erfrischendste und heilsamste Wirkung entfaltet der Humor, wenn er deutlich mit der Liebe legiert ist. Nur dann wirkt er entspannend, einladend, ansteckend. Und nur dann entwickelt er die Kraft, die berühmten Fünfe glaubhaft gerade sein zu lassen."

Wilfried Reifarth

Im Zusammenleben mit der Familie sind Momente oder Phasen der Enge nicht selten. Wenn das Kind abends vor dem Schlafen gehen ewig herumtrödelt und quengelt oder morgens in der Frühe die Schultasche so spät packt, dass es den Unterrichtsanfang verpasst, wenn der Teenager den „Aufstand" probt und sich nicht mehr an getroffene Vereinbarungen hält, aber auch dann, wenn wir Eltern befürchten, dass unser Kind momentan einen Weg beschreitet, den wir nicht durchschauen können, dann hilft – fürchte ich – nur ein Schuss Humor oder ein Augenzwinkern, damit Angst, Liebe, Macht, Ordnung und Zeit in der Balance bleiben.

Die Kraft der Groß-Gruppe nutzen

Dialogische Elternseminare finden in der Regel in der Großgruppe oder besser, im Plenum aller Eltern, die das Seminar besuchen, statt. Die Gruppenstärke von 10 bis 20 Teilnehmern und in dem vorgegebenen Zeitrahmen von jeweils zwei bis drei Stunden pro Seminareinheit hat sich als ideal für einen Dialog heraus ge-

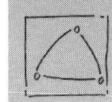

stellt. Eine Gruppenstärke von unter zehn und über 30 Teilnehmern erschwert die Arbeit im Dialog. Wenn darauf geachtet wird, dass die Eltern ihre Teilnahme schriftlich bestätigen, kann im Vorfeld entschieden werden, ob eventuell zwei Seminargruppen gebildet werden müssen. Eine Aufteilung in Untergruppen während des Seminars ist bewusst nicht vorgesehen. Dem liegt zunächst folgende Überlegung zu Grunde: Eine Großgruppe ist ansatzweise so komplex wie das Leben. Die Großgruppe macht alle Vorgänge transparent, da sie vor den Augen aller Anwesenden fühlbar und sichtbar verdeutlicht, was keine theoretische Ausführung in der gleichen Zeit erklären würde. Das Lernen in der Großgruppe hat zudem den Vorteil, dass keine Fantasie darauf verwendet werden muss, was wohl in den anderen Kleingruppen abgelaufen ist (vgl. Reifarth 1989, S. 5).

Darüber hinaus hat sich auch in Kleingruppen herausgestellt, dass dort nur Wenige und fast immer die Gleichen reden und dass man anschließend den „Ergebnissen" der Kleingruppe im Plenum nicht folgen kann. Wenn also keiner etwas versäumen will, müssen wir in der großen Gruppe bleiben.

„Die Großgruppe eröffnet die Chance zum Zuhören, zur ‚pluralistischen' Betrachtung von Problemen (so viele Köpfe, so viele Meinungen). Sie schafft durch ihre spezifische, unkomplizierte Dynamik immer neue und vieldeutige Situationen, in denen allgemein anerkannte Erkenntnisse und ‚Wahrheiten' nur schwer zu gewinnen sind" (ebenda, S. 349). Dies ist beim Selbsterkenntnisprozess ohnehin recht schwierig. Stattdessen können die Seminarteilnehmer im großen Kreis durch Spiegelung eine Überprüfung ihrer Selbst- und Fremdwahrnehmung vornehmen. Die Aussicht, dass ich in einer Großgruppe jemanden treffe, dem es ähnlich geht wie mir, ist sicher größer, als dies bei Kleingruppen der Fall wäre. Ein weiterer Vorteil der Großgruppe liegt in der Option, sich als Individuum aus dem Gruppenprozess partiell auszuklinken oder diesen nur beobachtend wahrzunehmen. Der häufig antizipierte „Druck" der Großgruppe kann so auch zum Schutzraum werden.

Die Kleingruppe bietet diese Vorteile nicht. Erst recht dann, wenn ich mich (mal wieder) in einer Runde mit Menschen „gleicher Gattung", gleichem Menschenbild, mit Menschen also, die ich schon kenne, mit denen ich stets auch in anderen Zusammenhängen kooperiere oder befreundet bin, deren Meinung ich sowieso

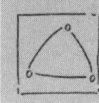

kenne, zusammengetan hätte. Eine Konfrontation, die Chance, „sich auf schwankendem Boden zu bewegen", wie es Reifarth mit dieser treffenden Metapher beschreibt, sich mit der Sicht eines Menschen mit einem mir fremden Muster und dessen anderer Meinung auseinander zu setzen, wird meines Erachtens durch Kleingruppenbildung nicht ausreichend wahrgenommen.

Durch Dialogische Arbeit auch „bildungsferne" Eltern erreichen

Das alte Lied....Immer wieder wird beklagt, dass "diejenigen, die es am nötigsten hätten", Elternbildungsangebote nicht oder selten annehmen. Ob sich Eltern angesprochen fühlen, ob sie gern und interessiert oder gezwungenermaßen und unwillig, oder ob sie gar nicht kommen, hängt von unterschiedlichen Faktoren ab. In jedem Fall hängt es wesentlich von meiner Einstellung und meinen Motiven ab, mit denen ich gerade mit Eltern, die über wenig positive Bildungserfahrungen verfügen, in Kontakt trete. Eltern „erreichen" heißt in erster Linie, eine Beziehung zu ihnen aufzubauen. Die Beziehungsqualität wird dadurch spürbar, dass Eltern merken, dass es auf sie ankommt, dass ihre Meinung zählt.

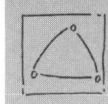

Diese Menschen, die gern mit dem Etikett „bildungsfern" versehen werden, machen immer wieder die Erfahrung, dass die unterschiedlichen Hilfesysteme gerade von ihnen eine besonders schnelle und deutliche Änderung ihres Verhaltens erwarten. Es wundert daher nicht, dass sie einen „siebten Sinn" dafür entwickelt haben, ob sie als Menschen respektiert werden. Viele von ihnen haben eine Menge Kränkungen erfahren. Das macht sie misstrauisch gegenüber professionellen „Experten", die ausstrahlen, dass sie alles besser wissen.

Genau diese Mütter und Väter, die sich häufig in prekären Lebensverhältnissen befinden, sehen sich einer Menge von Unterstellungen und Vorwürfen ausgesetzt: Desinteresse, Faulheit, Bequemlichkeit, etc.. Schule, Kindertageseinrichtungen und Jugendhilfe bezichtigen sie der Unfähigkeit und verdächtigen sie, böswillig oder gedankenlos ihre Erziehungspflichten zu vernachlässigen und entsprechende Hilfsangebote abzulehnen. Was aber könnte hinter dem Fernbleiben stehen? Vielleicht sind sie im Grunde ihres Herzens ebenfalls der Meinung, sie hätten es nötig, schaffen es aber nicht, sich auf den Weg zu machen. Die Perspektive dieser Menschen einzunehmen und sich folgende Aussagen aus einem Dialogischen Seminar für Eltern mit ambulanten erzieherischen Hilfen zu Gemüte zu führen, könnte zu einem neuen Verstehen führen:

Die anderen können gut reden. Wenn die mal in unserer Lage wären... /Ich weiß ja, dass ich etwas ändern müsste, weiß aber nicht wie und wo ich anfangen soll./ Wir haben schon öfters Versuche enttäuscht abgebrochen (Rauchen, Grenzen setzen, Beratungen, Therapien...)./Das geht mir viel zu schnell hier mit der Veränderung. Ich brauche mehr Zeit und kleinere Schritte. Veränderung macht doch auch Angst./ Immer, wenn „man" in der Vergangenheit allen Mut zusammen genommen hat und sich beteiligt hat, fühlte „man" sich abseits./Die anderen nehmen uns doch gar nicht ernst./Die anderen meinen immer, dass sie alles besser wissen als wir./Wir fühlten uns in der Vergangenheit häufig gekränkt und beschämt./Wir haben Angst, den anderen sprachlich nicht gewachsen zu sein./Ich betrete freiwillig keine Schule, weil ich dort nur schlechte Erfahrungen gemacht habe./Ich traue mir selbst nichts mehr zu. In meinem Leben geht sowieso alles schief.

„Es hat etwas zutiefst Heilsames gesehen zu werden, die eigene Selbstachtung wieder zu gewinnen und an einer Interaktion teilzunehmen, die von Liebe getragen wird."

Umberto R. Maturana

Dort, wo sich Eltern, so wie sie sind, als Mensch angenommen und respektiert fühlen, wo sie nicht befürchten müssen, blamiert zu werden, dort wird die Teil-

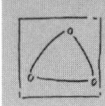

nahme an einem Elternseminar erleichtert. Sie bleiben dem Kurs aber sofort fern, sobald sie sich missverstanden fühlen, beschult oder belehrt werden sollen. Ihre Kränkungsbereitschaft ist relativ hoch. Es gehört daher eine Menge Geduld und Sensibilität dazu, mit allen sprichwörtlich im Dialog zu bleiben und gegenseitige „Feindbilder" zu suspendieren.

Das Abschlusswort einer Teilnehmerin nach dem achten Seminartreffen:

> *„Was jetzt kommt ist die große Leere. Hier, das war Ausgleich für den Sturm zu Hause. Hier sind alles Leute, die einen verstehen. Ich finde mehr Verständnis hier als bei der SPFH und sonst wo. Ich höre sonst überall: mache es so oder so. Wo bleibe ich dabei? Hier wird nicht so gefordert. Hier kann man selbst etwas machen, soviel man kann und möchte. Hier muss man nichts erfüllen. Hier sind andere Betroffene, die das Gleiche durchleben. Schade, dass es aufhört."*

Eltern begleiten statt „abholen"

Des Öfteren ist die sicher gut gemeinte Redewendung zu hören: „Wir holen die Eltern da ab, wo sie stehen." Beim Aussprechen des Satzes zeigen sowohl die Bewegung des Arms als auch der Blick nach unten. Niemand würde auf die Idee kommen zu sagen: „Wir holen den Lehrer oder die Ärztin da ab, wo er/sie steht." So ein Satz klingt irgendwie merkwürdig, weil in der Symbolik des „Abholens" auch steckt, dass ich mir heraus nehme zu wissen, wohin die betreffende Person gehen muss. Ich nehme der Person gewissermaßen gleichzeitig auch die Verantwortung für den nächsten Schritt ab.

Die Dialogische Geste meint aber: „Ich kann zu dir kommen. Ich kann, wenn du es wünscht, mit Dir darüber sprechen, wohin dein Weg führen soll und dich dorthin begleiten, wenn du es wünscht." Niemand kann wissen, wem es wo besser gehen wird, was für den anderen gut ist.

Dialogbegleitung versus Moderation

Während der Ausbildung zum Dialogbegleiter sagte ein Kollege, er sei als Leiter seiner Einrichtung gefürchtet, weil er die Sachen immer „klar auf den Punkt bringen würde". Als ich ihn fragte, „Auf welchen Punkt bringst du die Sachen eigentlich? Auf deinen Punkt, auf den Punkt deines Gegenübers, auf welchen Punkt

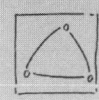

deiner Mitarbeiterin oder – in Elterngesprächen – der Mutter bringst du es?, wurde ihm bewusst, was er so lax ausgedrückt hatte. Anstelle einer Einladung zum Dialog mit unterschiedlichen Standpunkten, übte er mehr Macht/Druck aus, als er sich bewusst gemacht hatte.

Im Dialog soll jeder seinen „Punkt" finden. Dialogbegleiter enthalten sich im Prozess nicht vor, sie bringen sich mit ihrer Meinung und Erfahrung ein. Als Teil der Gruppe ist es selbstverständlich, ihre Sicht der Dinge darzustellen. Das Gesagte bleibt – ohne höheren Wahrheitsanspruch – neben all den anderen geäußerten Beiträgen stehen. Auch als Dialogbegleiter machen wir uns klar, dass wir nur einen (unseren) Teil der ganzen „Wirklichkeit" kennen. Die Verantwortung bleibt immer bei dem Einzelnen. Dementsprechend ermöglicht die Dialogbegleitung, ohne fachlichen Wahrheitsanspruch den Austausch untereinander, sorgt für den „Vertrauensraum" (Container), vertraut dem Prozess und sieht sich auch als Lernender. Dialogbegleiter verzichten darauf, die einzelnen Redebeiträge am Ende zu kommentieren oder ein Resümee zu ziehen.

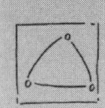

Begleitung eines Dialogprozesses

Abb. 6

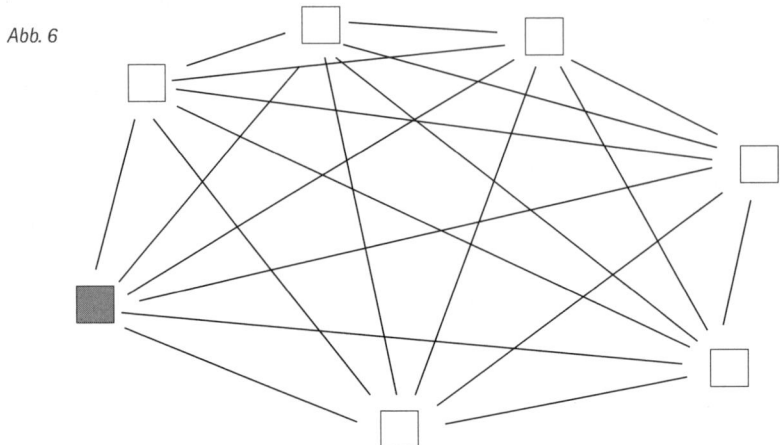

Im Gegensatz dazu steht die Aufgabe der Moderation. Ein Moderator behält die Fäden in der Hand, leitet und strukturiert den Diskussionsprozess. Er greift ein und lenkt den Prozess unter anderem dadurch, dass er zusammenfasst, was **er** für die wichtigsten Punkte hält. Die Meinung des Moderators zählt als eine Art „objektive" Instanz. Es besteht ein Machtgefälle zwischen Teilnehmern einerseits und Leitung andererseits.

Moderation einer Diskussionsrunde

Abb. 7

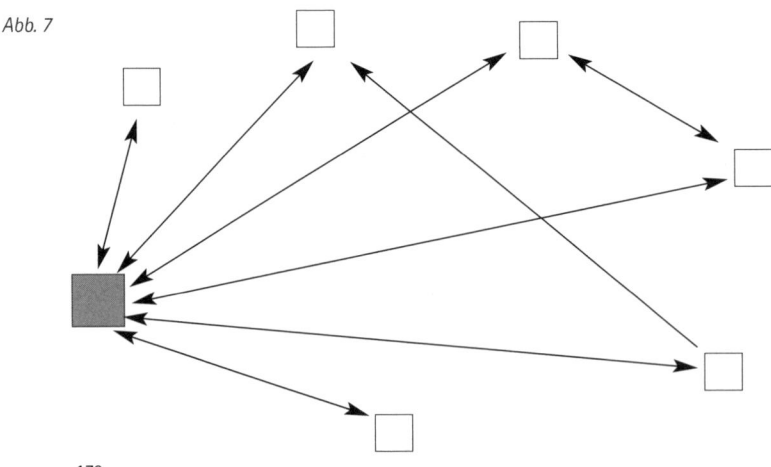

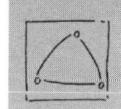

Die „Kunst", den Dialog zu ermöglichen

Ob „Kunst" an dieser Stelle die richtige Vokabel ist, mag dahin gestellt sein. Sie drückt jedenfalls aus, dass bei aller Vorbereitung und Kompetenz dennoch Fingerspitzengefühl, Improvisation und Intuition seitens der Dialogbegleitung gefragt sind. Die folgenden Kompetenzen, Merkmale und Prinzipien zeigen noch einmal, dass der Dialog stets ein eigener und einmaliger und lebendiger Vorgang ist, der mit den besten Methoden nicht planbar ist.

„Du kommst nicht daran vorbei zu improvisieren."

Arist v. Schlippe

„C.G. Jung sagte einmal, dass ein Psychotherapeut viel lernen müsse, dass er oder sie auch über wissenschaftliche Kenntnisse verfügen müsse, dass es jedoch dann darum gehe, all dies ausschließlich wieder zu vergessen und sich in den konkreten Kontakt mit einem konkreten Menschen zu begeben" (v. Schlippe 2005, S. 16). Wie ein Musiker sein Instrument beherrschen muss und eine solide musikalische Ausbildung braucht, benötigt ein Dialogbegleiter ebenfalls gutes „Handwerkszeug", um dann im Dialogischen Prozess „so etwas entwickeln zu können wie ein einzigartiges und unwiederholbares Kunstwerk. Ja, es gehört zum Kunstwerk sogar dazu, ein wenig von der Technik abzuweichen – wenn ein Musiker exakt alle Töne so spielen würde, wie ein Computer spielen würde, wäre sein Spiel langweilig" (ebenda). Ein Musikstück wird jeweils durch die Interpretation eines anderen Musikers so unterschiedlich klingen, wie der Dialog in der Gruppe durch Begleitung eines anderen Menschen.

Dialogbegleiter sollen begleiten, einfühlend beraten und als fachlich versierte „Experten" immer auch Lernender bleiben. Sie sollen, wie Gerald Hüther es ausdrückt, mit ihrer Haltung die Menschen einladen, inspirieren und ermutigen. Sie schaffen eine Atmosphäre, die Begegnung ermöglicht, Austausch statt Belehrung anbietet sowie Angst und Konkurrenz meidet. Auf diese Weise soll bei den Teilnehmenden ein Gefühl der Sicherheit, der Zugehörigkeit und der Verbundenheit entstehen. Das wiederum schafft Zuversicht und Vertrauen in die eigenen Fähigkeiten, in andere Menschen und in die Welt.

Eine Aufgabe, die auf den ersten Blick übergroß erscheinen mag. Die nun folgende übersichtliche Darstellung der unterschiedlichen Herausforderungen soll aber nicht abschrecken, sondern dazu einladen, sich auf den Weg zu machen. Dialogbegleiter sind dann ganz besonders überzeugend, wenn sie selbst mutig ins Leben

Menschliche Kompetenz

- Präsenz zeigen
- Eltern als Gäste sehen
- Einladendes, offenes, zugewandtes Verhalten
- Grundsätzliche Wertschätzung
- Auseinandersetzung mit eigener Biografie, Persönlichkeitsmuster, Lebensbewältigungsstrategien, Verdrängungsmechanismen, Schatten
- Echtheit verkörpern
- Kongruenz verkörpern
- Sich zurücknehmen können
- Gelassenheit und Humor bewahren
- Sensible Selbst- und Fremdwahrnehmung
- Ressourcen sehen („Goldene Brille")
- Mit beiden Beinen im Leben stehen
- Erfahrung in der Bewältigung eigener Krisen
- Erfahrung im Umgang mit den unterschiedlichen Lernwegen (Fünf Ebenen)
- Eigene Erfahrung im Zusammenleben mit Kindern ist förderlich
- Eigene Fragen an das Leben haben
- Selbst „wachsen" wollen

Dialogische Kompetenz

- Sich der eigenen Rolle bewusst sein
- Unbestechlich personales Interesse an Begegnung mit anderen Menschen
- Akzeptieren und Bestätigen des Andersseins
- Neugier und unverbrauchter Blick auf mein Gegenüber
- Entdeckerfreude
- Hinhören können
- Keine Ratschläge erteilen, sondern Eltern bei der Suche eigener Lösungen begleiten
- Sich mit den Dialogischen Kernfähigkeiten stets auseinandersetzen, um sie zu verkörpern
- Wissen über unterschiedliche Lernzugänge (Fünf Ebenen)
- Überzeugung von der Wirksamkeit des Dialogs
- Eigene Grenzen kennen und offen legen
- Schaffung einer Dialogischen Lernatmosphäre
- Arbeiten im Prozess (ohne sklavisches Festhalten an einem Themen- und Zeitraster)
- Vertrauen in den Prozess haben
- Verlangsamung erreichen

Fachliche Kompetenz

- Differenziertes Handlungsinventar im Umgang mit komplexen Situationen (Fünf Ebenen)
- Fundierte Kenntnis über den Erwerb von Lebenskompetenz und über die Salutogenese
- Erkennen familiensystemischer Zusammenhänge
- Differenzierte Kenntnis und Erfahrung mit Gruppenprozessen und deren Gesetzmäßigkeiten
- Wille und Fähigkeiten, mit Großgruppen zu arbeiten
- Fähigkeit, die unterschiedlichen Themen alltagssprachlich auszudrücken
- Balance zwischen Nähe und Distanz in der Beziehung zu den Seminarteilnehmern
- Eigene Erfahrung in Biografiearbeit
- Öffnende und „angemessen ungewöhnliche" Fragen stellen
- Erfahrung im Umgang mit adäquaten Arbeitsweisen (z.B. Fantasiereisen, Metaphern, Geschichten)
- Widerstände respektieren
- Eltern als letzte Entscheidungsinstanz sehen
- Anfangs- und Schlussphase gestalten können

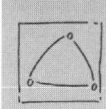

gehen und wenn sie ihr Leben als sinnvoll erleben. Der Weg zum Dialogbegleiter wird nie abgeschlossen sein. Er erfordert ständige freundliche Arbeit an sich selbst, Geduld, Beharrlichkeit und Vertrauen in den Prozess, in sich selbst und die Menschen.

Zusammenfassung

Nochmal, die relativ hohen Ansprüche an die Dialogbegleiter sollen nicht abschrecken, sondern einladen und ermutigen, die eigenen Kompetenzen weiter zu entwickeln und an der Persönlichkeit zu wachsen.

Entlastend für den Dialogbegleiter ist allerdings, dass der Dialog letztlich nur insoweit „erfolgreich sein kann", wie die einzelnen Teilnehmer aus den ihnen angebotenen Informationen, Anstößen und Interventionen, sich „berühren" und „anstecken" lassen. Denn ob und was die Eltern tatsächlich jeweils verändern wollen, entscheiden sie letztlich selbst.

Zum Erwerb einer neuen Grundhaltung oder Sichtweise gehört nicht nur das Lesen einer entsprechenden Lektüre. Das Neue muss geübt werden. Ein Reiseführer ist nur dann überzeugend, wenn er das Land, durch das er die Reisegruppe führt, selbst sehr gut kennt. Das gleiche gilt auch für Dialogbegleiter.

5 Der Seminarablauf

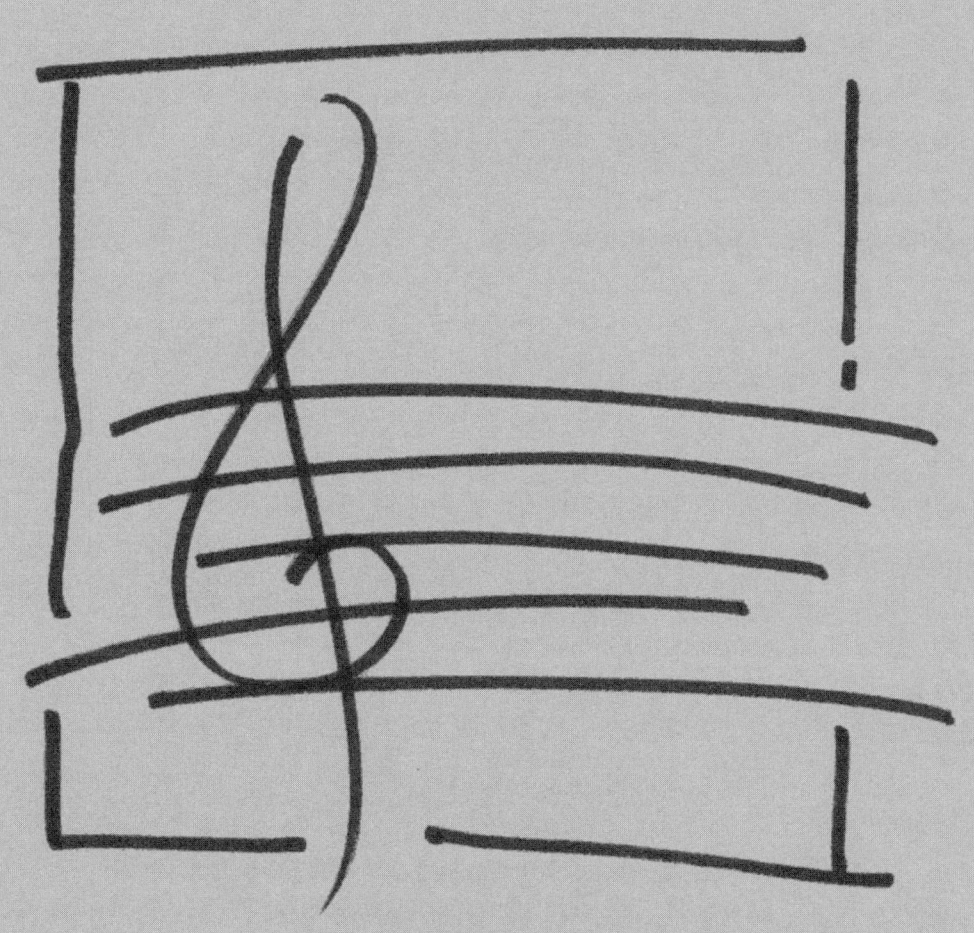

Ein Vorschlag und keine Gebrauchsanweisung

Das Konzept ELTERN STÄRKEN wurde von den Anfängen im Jahr 1995 bis heute kontinuierlich weiter entwickelt. Aus dem ursprünglichen Zwei-Abende-Konzept zur Suchtprävention entstand das vorliegende Dialog-Konzept. Die Inhalte der Seminare sind sehr unterschiedlich. Je nach Thema und Zielgruppe variiert die Dauer zwischen zwei und acht Elterntreffen. Eltern, die durch das Seminar angeregt, weitergehende Beratung wünschen, sind herzlich eingeladen, sich an die entsprechende Person im Jugendamt, im Elterncafé einer Schule, im Allgemeinen Sozialdienst, an eine Beratungsstelle oder an die Seminarleitung zu wenden.

Als besonderer Erfolg ist es zu werten, wenn sich einzelne Eltern oder Teile der Gruppe zu weiteren Treffen in Eigenregie verabreden. Dort, wo das nicht der Fall ist, werden die Eltern von der Leitung ermutigt, sich in einer Art „Selbsthilfegruppe" zu formieren.

Immer wieder werde ich darum gebeten, konkret am Beispiel von einem oder zwei Elternseminaren zu beschreiben, wie ein Dialogisches Elternseminar ganz praktisch abläuft. Wie hinlänglich beschrieben, ist das aus den genannten Gründen nur sehr begrenzt möglich und auch wenig sinnvoll.

Das größte Hindernis für einen lebendigen Dialog ist, als Dialogbegleiter zu viel inhaltlichen „Input", zuviel Struktur oder auch methodische Übungen vorzugeben. Das Seminar und seine Teilnehmer brauchen „Luft zum Atmen", zum Verstehen und zum Verarbeiten. Die beste Vorbereitung für Leiter von Elternseminaren ist daher, den eigenen Kopf frei zu machen, um offen zu sein für das, was von den Eltern kommt. Nur einen leeren Eimer kann man füllen. **Dialog ist Lernen ohne Schema.**

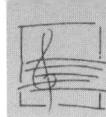

Genaues Hinschauen und Hinhören, was die Eltern bewegt und beschäftigt, kann durch keine noch so gute Methodensammlung ersetzt werden.

Der hier skizzierte Ablauf von zwei Elternseminaren und die anschließenden methodischen Impulse für weitere Dialogische Elternseminare (s. Kap. 6) sind lediglich als Vorschlag zu verstehen, keinesfalls als Gebrauchsanweisung! Lassen Sie einzelne Teile weg, dehnen Sie andere aus. Die Anregungen geben „Stoff" für mehrere Seminareinheiten her. Gehen Sie davon aus, dass die Gruppen sehr unterschiedlich zusammen gesetzt sind, dass sich auch die Dialogbegleiter an Erfahrung und Kompetenz, vor allem aber in ihrer Persönlichkeit voneinander unterscheiden. Dem Seminarkonzept soll es nicht so gehen wie der Ashram-Katze, über die Anthony de Mello eine Geschichte zum Schmunzeln erzählt:

> *„Jeden Abend, wenn der Guru sich zur Andacht niederließ, pflegte die Ashram-Katze herum zu streunen und die Beter abzulenken. Also ließ er die Katze während des Abendgottesdienstes anbinden. Lange nach dem Tode des Gurus wurde die Katze stets während des Abendgottesdienstes angebunden. Und als die Katze schließlich starb, wurde eine andere Katze in den Ashram gebracht, so dass man sie ordnungsgemäß während des Abendgottesdienstes anbinden konnte.*
> *Jahrhunderte später schrieben die Schüler des Gurus gelehrte Abhandlungen darüber, welche wichtige Rolle eine Katze in jedem ordentlich gestalteten Gottesdienst spielte".*
>
> *Anthony de Mello*

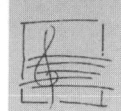

Der Rahmen des Seminars

Das Elternseminar, das ich hier beschreibe, erstreckt sich über zwei Abende im Abstand von ca. einer Woche bis 14 Tagen. Die „Lernzeit" zwischen den Treffen ist besonders wichtig. Das **erste Treffen** dient dem gegenseitigen Kennenlernen und der Einführung in die Themen: Allgemeine Erziehungsfragen; Auseinandersetzung mit eigenen „Stärken" und „Schwächen" und denen der Kinder; das Vertrauen zu den eigenen Kindern wieder finden; Chancen und Handlungsmöglichkeiten für ein möglichst befriedigendes Familienleben erarbeiten etc. Das **zweite** und nächstmögliche Treffen greift offene Fragen aus den ersten bzw. vorangegangenen Zusammenkünften und den jeweiligen „Hausaufgaben" auf. Dies geschieht vor dem Hintergrund einer fühlbaren Selbstreflexion der teilnehmenden Eltern. Jedes Folgeseminar beginnt nach einer Aufwärmübung immer mit der Frage nach „Resten" vom letzten Mal („Was ist übrig geblieben vom letzten Mal?").

Diese „Reste" haben es oft in sich. Dahinter verbergen sich häufig die Erfahrungen mit dem Gelernten in der zurück liegenden Woche. Die „Familiengeschichten" enthalten den „Stoff", der oft schon ausreicht, um den ganzen Abend ohne jeden weiteren Impuls zu gestalten. Geben Sie den Eltern genügend Zeit, um sich zu besinnen und sich zu äußern. Die „Reste"-Runde ist in der Regel recht lebhaft. Die Dauer einer Seminareinheit beträgt jeweils zweieinhalb bis drei Zeitstunden. Die (beiden) Veranstaltungen bauen aufeinander auf. Es ist jedoch ratsam, flexibel mit unregelmäßiger Teilnahme umzugehen, da Eltern genügend triftige Gründe haben, ein Treffen zu versäumen (Schichtarbeit, fehlende Kinderbetreuung, Krankheit, aber auch Angst vor Veränderung oder das Gefühl, schon genügend erfahren zu haben etc.). Das „Fernbleiben" von Teilnehmern bedeutet nicht unbedingt Ablehnung und Rückzug, sondern kann auch besondere Betroffenheit zeigen. Auch Zögerliche sollten die Möglichkeit haben, weiter am Seminar teilzunehmen.

Pausen während des Seminars sind wegen der Kürze der Zeit nicht vorgesehen, können aber selbstverständlich gemacht werden, wenn sie von den Eltern gewünscht werden. Pausenunterbrechungen könnten die sehr konzentrierte Arbeitsatmosphäre behindern. In meiner Praxis der vergangenen Jahre wünschten sich Eltern sehr selten eine Pause.

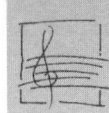

Über die Anzahl der weiteren Treffen entscheiden Sie nach Absprache mit der Gruppe selbst. Nach Ablauf des Elternseminars wäre die Gründung einer Art „Selbsthilfegruppe" wünschenswert, um den begonnenen Dialog in Eigenregie fortzusetzen.

Der Zugang zu Elternseminaren wird für interessierte Eltern dadurch erleichtert, dass sie an dem Ort durchgeführt werden, an dem sich die Kinder regelmäßig aufhalten, der den Eltern also einigermaßen vertraut ist (Kindertageseinrichtung, Schule, Gemeinde, Heim, etc.).

Angesprochen werden mit diesem Seminar Eltern und Erziehungsberechtigte von Kindern jedes Alters. Als günstig für einen Dialog hat sich eine Teilnehmerzahl von 10 bis 20 Personen erwiesen. Bei unter zehn und über 30 Personen empfiehlt es sich, eine Zusammenlegung bzw. Teilung der Gruppe vorzunehmen. Die Gruppenstärke ist schon in der Planungsphase abzusehen, da sich die Eltern schriftlich zu dem Seminar anmelden müssen. Sie überblicken bereits vorher, welches Interesse besteht und sind so vor Überraschungen geschützt. Sie sollten also entscheiden, ob Sie dieses Seminar den Eltern einer Klasse, einer Jahrgangsstufe oder sogar jahrgangsstufenübergreifend anbieten wollen. Genauso müssen Sie für ihre Situation an Ihrem spezifischen Seminar-Ort klären, ob ein solches Seminar regelmäßig als ein Element eines Gesamtkonzeptes durchgeführt werden kann oder ob Sie jeweils nach Bedarf und auf Nachfrage der Eltern ein solches Seminar anbieten wollen. An einigen Schulen und Kindertageseinrichtungen haben sich nach Ablauf der Seminare Eltern zusammengetan, um in Eigenregie weitere Eltern-Treffen zu organisieren.

Da es nicht einfach ist, ein Seminar mit einem relativ hohen Selbsterfahrungsanteil zu leiten, sollten Sie sich für das erste Mal, wenn Sie über keine Erfahrung mit Dialogischer Elternarbeit verfügen, eventuell Unterstützung von einem im Dialog erfahreneren Menschen holen.

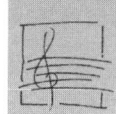

Dieses Buch beschreibt einen Seminarentwurf, der Ihnen Mut machen soll, sich auf einen Dialog mit den Eltern einzulassen. Alle diejenigen, die sich auf diese neue und ungewohnte Lernerfahrung eingelassen und eigene Ängste überwunden haben, bestätigen mir, dass die für sie ungewohnte Seminararbeit zu einem sehr positiven und nachhaltigen Erlebnis für sie und die teilnehmenden Eltern wurde.

Die Eltern als Gäste begrüßen

Als Leiter der hier beschriebenen Seminare lerne ich **mit** den Teilnehmern. Ich sehe sie als „motivierte und motivierbare Gäste" (Lechler). Als Gäste erhalten sie die Zuwendung, die ich Gästen üblicherweise zuteil werden lasse. Dazu gehören ein freundlicher, zugewandter Empfang und eine Begrüßung, die zum Ausdruck bringt: „Ich danke Ihnen, dass Sie gekommen sind"; „Ich freue mich, etwas von Ihnen zu erfahren."; „Es ist gut, dass wir uns heute austauschen dürfen".

Mit einer solchen Grundhaltung lebe ich als Dialogbegleiter ein wichtiges Prinzip für gelingende Beziehungen vor, nämlich die Rolle meines Gegenübers bewusst – verstehen wollend – einzunehmen. Dies wiederum setzt voraus, dass ich die einzelnen Seminarteilnehmer auch als gleichwertige Gegenüber ansehe, ohne abwertende Gesten eines Besserwissers.

Der Dialog im Seminar beginnt nicht mit dem ersten gewechselten Wort, sondern bereits mit der Gestaltung der Atmosphäre des Ortes, an dem die Eltern zusammenkommen. Der Seminarleiter sollte vor dem Eintreffen seiner Gäste mit allen Vorbereitungen fertig sein. Wenn die Vorbereitungen abgeschlossen sind, kann er gelassen die eintreffenden Eltern persönlich begrüßen. Das ist ein Ausdruck von Gastfreundschaft.

Eltern spüren in aller Regel bereits bei der Begrüßung, bei der ich jeden und jede persönlich anspreche bzw. beim Betreten des Seminarraumes, dass irgendetwas Besonderes an diesem Abend geschehen wird. Und sie ahnen vielleicht schon, dass sie auf irgendeine Weise heute wichtiger sind, als das auf üblichen Elterntreffen der Fall ist.

Die Ziele
Ihre Planung sollte darauf abzielen,

- in erster Linie die Interessen, die Fähigkeiten und Ressourcen der Eltern ausfindig zu machen und an diesen anzuknüpfen (Suche nach den eigenen „Schätzen" statt der Suche nach Belegen des Scheiterns).

- die Eltern als Fachleute zu sehen, die ihre eigene Erfahrung täglich in der eigenen Erziehungsarbeit unter Beweis stellen. Ermutigen Sie sie, sich darüber mit den anderen Eltern auszutauschen. Eltern brauchen dafür einen sicheren Raum und genügend Zeit.

- dass Sie als Seminarleiter zum Prozessbegleiter werden, der die Aufgabe hat, die persönlichkeitsstärkende Kommunikation der Teilnehmer untereinander zu fördern, den Eltern zu helfen, das eigene Gespür zurückzugewinnen, sie also in ihrer Erziehungs- und Beziehungskompetenz zu stärken. Das macht sie unabhängiger von „Expertenrat". Eltern sollen sich und ihren Fähigkeiten genau so viel Glauben schenken wie einem sogenannten professionellen Experten (Motto des Seminars: „Gemeinsam lernen statt belehren").

- dass Methoden niemals ein Ersatz für Achtsamkeit und Dialog sind. Gleichwohl können sparsam und gezielt eingesetzte Impulsmethoden wie das „Dialog-Karussell", der Blick in den Spiegel, Fantasiereisen, Blitzlichtrunden, die Gefühlsbilder, die Fundgrube, die Schablonen aus Pappe (s. Kap. 6 und Anlagen) etc., dazu beitragen, eingefahrene Verhaltensmuster aus den Augen anderer zu betrachten, aufzuspüren und vielleicht umzustrukturieren.

- die Eltern erfahren zu lassen, dass sie ihre soziale Kompetenz nur im Austausch, also in der Begegnung mit anderen Betroffenen erweitern können. Kein Buch oder Film ist so wirksam und hilfreich wie die eigene Erfahrung. Auch Gefühle und Affekte in der Gegenseitigkeit des Dialogs zu erleben und sich über die eigenen Empfindungen und die anderer bewusst zu werden, ist durch Referate und Bücher alleine nicht zu ersetzen. Die Seminare sind Übungsfeld für die Wirklichkeit zu Hause.

- die affektiv-emotionale sowie die Handlungskompetenz zu stärken. Das hat nicht unbedingt etwas mit einem Zuwachs an kognitivem Wissen zu tun.

- den Prozessverlauf offen zu halten.

- bei allem Ernst und bei aller Schwere, die manchmal auf der „Erziehung" lastet, den Humor nicht zu vergessen, die ansteckende Leichtigkeit. Mit Humor im Alltag verschwindet die Verbissenheit.

Checkliste für die Planung

- *Termine für die Seminare festlegen,*

- *Raumfrage klären,*

- *Vorbesprechung mit der Leitung der Einrichtung, der Gruppe etc.,*

- *eventuelle Vorbesprechung mit den Kooperationspartnern vor Ort (Elternrat-, Förderverein-, Pflegschaftsvertreter etc.),*

- *endgültige Festlegung des Termins und des Ortes der Veranstaltung,*

- *schriftliche Einladung an die vorgesehene Elterngruppe mit Rückantwort versenden (Anlage 1),*

- *Sichtung der Rückantworten (ggf. Planung einer weiteren Veranstaltung),*

- *eventuell kurzfristige Erinnerung der Eltern an diesen Termin durch die direkte Kontaktperson (z.B. die Kinder).*

Durch die Einladung sind die Eltern schon über die Intention des Elternseminars vorinformiert. Sie bekommen also schon einen Vorgeschmack, auf was sie sich einlassen. Die Anmeldung ist verbindlich.

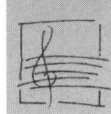

Atmosphäre schaffen

Die atmosphärische Gestaltung des Raums, in dem das Elternseminar stattfindet, steht in einem engen Zusammenhang mit dem Dialogischen Grundgedanken und den Inhalten des Seminars. Wenn es um Beziehung und Begegnung, um das Erkennen von „eingefleischten" Denkblockaden oder um das Wahrnehmen und Ergründen von emotionalen Reflexen im Alltag geht, sollte die Atmosphäre entsprechend beschaffen sein.

Im Eingangsbereich hängt ein Spiegel (wenn ein solcher nicht zur Hand ist, genügt auch eine Wandzeitung), auf dem Fragen bzw. Sätze zur Selbstreflexion stehen. Diese Fragen/Sätze könnten etwa lauten:

- *Kann ich mich annehmen, wie ich bin?*

- *Wie regele ich selbst meine Konflikte?*

- *Wie gut kenne ich mein Kind?*

- *Welche Tugenden und Werte lebe ich tatsächlich meinen Kindern vor?*

- *Was würde mit mir geschehen, wenn ich auf meine liebgewordenen Gewohnheiten verzichten müsste?*

- *Kennen Sie das lustvolle Gefühl, sich zu berauschen? etc.*

Ziel:

Durch die Auseinandersetzung mit diesen Fragen reflektieren die Eltern ihr eigenes Verhalten und kommen zu ersten individuellen Kontakten mit dem Thema. Die Aufmerksamkeit auf das bevorstehende Seminar steigt.

Zur Einstimmung auf das Thema hängen (auf Plakaten) im Seminarraum Fragen und Aussprüche, die während der beiden Abende inhaltlich von Bedeutung sind. Diese Fragen lauten unter anderem:

- *Was kann ich von meinem Kind lernen?*

- *Perfekte Eltern sind ein Schicksalsschlag.*

- *Was bewundere ich besonders an meinem Kind?*

- *Bitte nicht helfen! Es ist auch so schon schwer genug.*

- *Von wem fühlte ich mich als 12-/13-Jährige(r) besonders gut verstanden?*

- *„Definition von Wahnsinn: Immer dasselbe tun und andere Ergebnisse erwarten."*

- *Was schleppe ich aus meiner eigenen Kindheit in meinem „Rucksack" mit mir herum? etc.*

- *„Denk nicht immer an mich. Ich möchte auch mal allein sein."*

Auch für die Dialog-Regeln (Kap. 6) sollte ein Platz im Raum vorgesehen werden. Wenn sie als Plakat gut sichtbar an der Wand hängen, werden sie auch wahrgenommen. Ich empfehle jedoch, sie nicht zu Beginn des Seminars vorzulesen und damit – quasi normativ – zu setzen. Die Dialogischen Leitsätze sollen die Menschen zum Dialog einladen, ohne sie durch ein langes Regelwerk abzuschrecken. Am besten wirken die Dialog-Regeln ohnehin, wenn sie im Seminar von der Dialogbegleitung vorgelebt werden bzw. sich aus dem Kontext heraus ergeben.

Beispiel:

Eltern reden wiederholt von „man", wenn sie eigentlich sehr persönliche Begebenheiten ihres Lebens beschreiben. Oder sie fallen sich gegenseitig ins Wort, versuchen sich gegenseitig von ihrer Sichtweise zu überzeugen. Dann macht es Sinn, auf die Dialog-Regeln hinzuweisen, weil fast alle im Raum spüren, dass wildes Diskutieren niemandem in der Erziehung hilft. Um sich die Regeln immer wieder bewusst machen zu können, ist es sinnvoll, sie auf einem großen Plakat im Raum aufzuhängen und sie als Kopie den Eltern mit nach Hause zu geben.

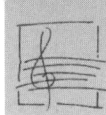

Bevor das Seminar beginnt

Der Raum sollte rechtzeitig, vor dem Eintreffen der Eltern, gestaltet werden (Bereitstellung eines Informationstisches/Anbringen des Spiegels, Gestaltung des Raumes eventuell mit Wandplakaten (s.o.).

Als Sitzordnung eignet sich am besten die Kreisform; eventuell kann man einen Strauß Blumen in die Mitte stellen. Alle sind gleich weit voneinander entfernt. Es gibt keinen „Vorsitzenden" wie in einer frontalen Sitzordnung. Erfahrungsgemäß richten sich dennoch häufig die Blicke der Eltern auf die Lippen des Leiters, Sie können aber durch ihre Haltung, durch die Art der Ansprache und wie Sie die Fragen der Teilnehmer beharrlich in den Kreis zurück geben, zu einem lebhaften Dialog beitragen, in dem alle gleichrangig sind und jeder der anderen Lehrer ist.

Die Kursleiter verstehen sich nicht als Trainer, sondern als Dialogbegleiter. Sie tauschen den *Lehr*stuhl mit dem *Lern*stuhl.

Der Sitzkreis ist außerdem praktisch, weil die Stühle schnell zu einem inneren und äußeren Kreis (Dialog-Karussell) geordnet werden können.

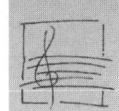

Authentizität statt Inszenierung

In den Dialogischen Elternseminaren wird nichts künstlich inszeniert. Es gibt zum Abschluss eines jeden Seminars kein aufgesetztes „Resümee", sondern jede und jeder zieht persönlich Bilanz. Kein an den Haaren herbeigezogenes Beispiel dient zur Verdeutlichung für die anwesenden Eltern. Es gibt keine (Video-) „Vorführung" von besonders „schlechten" oder „idealen" Beispielen in Familien. All das führt weg vom Einzelnen, von der persönlichen Auseinandersetzung, und es hilft im konkreten Fall nur bedingt weiter.

Die Elternseminare leben aus sich heraus, aus der Beigabe der anwesenden Menschen, die durch den Dialog ermutigt werden, sich zu öffnen. Die Begegnung der Eltern befördert viel Staunenswertes, Einmaliges und dennoch oft so Einfaches oder Banales zu Tage. Manches davon ist für Einzelne neu, manches war auch nur verschüttet. Und selbst wenn einigen Eltern die Inhalte und Aussagen des Seminars schon bekannt waren, so werden sie dann erst recht als stärkend empfunden. „Ich habe heute gemerkt, dass ich schon auf dem richtigen Weg bin."

Die Eltern spüren im Seminar: Dies ist keine pädagogische Lehrstunde, dies ist vertrauensvolle Begegnung, ein Stück Leben, ein Gespräch miteinander über den ganz normalen Alltag, wofür wir uns meistens keine Zeit nehmen. Es ist eine Form situativen Lernens und nicht die Erfüllung eines didaktisch-methodischen Lehrplans.

Dafür bürgen wichtige Prinzipien des Dialogs:

- *Radikaler Respekt. Jede und jeder kann sagen, was sie oder er will.*

- *Es findet keine Moralisierung statt. So können alle von allen lernen.*

- *Es geht nicht um „richtige" oder „falsche", sondern um für die einzelnen Eltern „brauchbare" Antworten, die Entwicklung ermöglichen.*

- *Als Dialogbegleiter kann und will ich mir nicht anmaßen, die Eltern von einem besseren Weg zu überzeugen.*

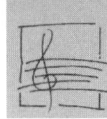

Sobald das Gelernte persönlich von Bedeutung ist, verändert sich die Aufmerksamkeit automatisch. So ist z.B. die Freude über glückliche Lebensumstände anderer besonders erfreulich, wenn ich den Menschen, von dem hier die Rede ist, persönlich kenne oder wenn es etwas mit meinen Lebensumständen zu tun hat. Dagegen wiegen Trauer und Entsetzen besonders schwer, wenn mir die Person, die betroffen ist, besonders nahe steht oder ich Parallelen zu meiner aktuellen Lebenswirklichkeit ziehen kann. Dies alles ist wenig spektakulär, aber – wie ich immer wieder erfahre – sehr hilfreich.

Lernfortschritte werden selbst bewertet

Da im Dialog jeder des anderen „Lehrer" ist und es nicht um das Erreichen allgemeingültiger Lernschritte geht, fällt die Bewertung des individuellen Wissens- und Lernzuwachses den Eltern selbst zu. So genannte Lernfortschritts-Kontrollen durch eine pädagogische Fachkraft widersprechen der Vorstellung vom eigenverantwortlichen Lernen und der Erfahrung der eigenen Selbstwirksamkeit. Die Gruppe der Teilnehmer dient als Spiegel, als Forum für Austausch und als Schutzraum (Container) für „kollegiale" Beratung. Stärke und Selbstachtung der Eltern erwachsen auch aus dem Bewusstsein, sowohl die Größe der Schritte und Teilschritte, die auch Rückschritte einschließen können, als auch den „Erfolg" bei den „Hausaufgaben" selbst zu definieren. Als Beispiel dienen die persönlichen Worte einer Mutter und eines Vaters:

Die Gespräche hier haben mir sehr viel geholfen. Wir sind nicht allein mit den Problemen, auch ist es in anderen Familien ähnlich; es ist nicht alles Gold, was glänzt. Die unheimliche Offenheit hat mich überrascht, es kamen ja sehr viele harte Sachen zur Sprache.

Gehe an manche Probleme anders ran als vorher, Ich habe von anderen hier gelernt, z.B.: Regelungen treffen in der Familie; ich habe selbst Pflichten, auch die Kinder. Wir reden jetzt mehr miteinander, vorher wurde mehr geschrieen. Beispiel „Schimpfwörter": Die Kinder lernen auch von mir. Ich habe meine Aussprache überprüft. Das hat sich auf das Sprachverhalten der Kinder positiv ausgewirkt.

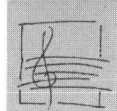

Was machen, wenn es „kritisch" wird?

Ein offener Prozess ist nicht planbar. Das macht ihn andererseits so lebendig. Ein neuer Standpunkt kann Angst, Verunsicherung, Panik oder Abwehr erzeugen. Wichtig für die Dialogbegleitung ist, dies immer im Auge zu behalten. Manch leicht daher gesagte Äußerung kann für jemand anderes eine Verletzung oder Zumutung darstellen. Wenn es also „kritisch" zu werden scheint, sind aus meiner Sicht folgende Reaktionen denkbar:

- *nachfragen, das Problem/die Frage erhellen,*

- *die Frage an die Gruppe weiterleiten,*

- *bestimmte Sätze einfach stehen lassen,*

- *den eigenen Helferdrang bremsen (es ist kein Drama, wenn mal jemand weint),*

- *falls nötig evtl. die betreffende Person mit aufmunternden Worten trösten,*

- *das mögliche Problem zum zentralen Thema machen,*

- *das Schutzbedürfnis der Einzelnen immer wahren,*

- *als Dialogbegleiter immer nur das anstoßen, was ich auch selbst verantworten kann.*

Der Erfolg des Seminars hängt zum großen Teil von Ihrer persönlichen Haltung zum Dialog ab. Wägen Sie auch ab, welche der angebotenen Impulsmethoden zu Ihnen passen und welche nicht. Verändern Sie das vorgeschlagene Konzept methodisch, wo Sie es für richtig halten. Sie sind es, die die Treffen gemeinsam mit den Eltern mit Leben füllen.

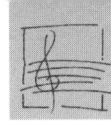

Entscheidend sind nicht die Methoden, sondern Ihre innere Haltung zu den Eltern als Gästen.

Diese innere Haltung und **Ihre Dialogische Kompetenz** entscheiden mit, ob es zu einem Austausch von Wissen und Erfahrung im Dialog kommt. Das heißt für Sie, sich vor allem mit der Idee des Dialogs vertraut zu machen.

Bedenken Sie, dass jede Gruppe sich von der vorherigen unterscheidet und dass jeder Abend auch mit der gleichen Gruppe anders verläuft. Der Dialog entwickelt sich ebenfalls sehr unterschiedlich, so dass wir als Dialogbegleiter nie das Programm „durchpeitschen" dürfen oder auch könnten. Der hier beschriebene Ablauf ist ein Wegweiser, kein Gesetz. **Es ist in erster Linie das Seminar der Gäste.** Die Gruppe entscheidet über das Tempo und über inhaltliche Schwerpunkte. Wenn Sie merken, dass Sie das, was Sie geplant haben, nicht schaffen, machen Sie sich bewusst, dass die Eltern die Verantwortung für den inhaltlichen Prozess tragen. Sie haben ein Recht darauf, ihre Fragen stellen und beantworten zu dürfen. Hinzu kommt, dass sich die Themen niemals erschöpfend klären lassen. Sollte die Gruppe den Wunsch äußern, weiter zu arbeiten, sollten Sie weitere Seminartreffen mit ihnen vereinbaren oder aber die Eltern bei der Gründung einer Seminargruppe in Eigenverantwortung unterstützen.

Fordern Sie während des Seminars die Teilnehmenden immer wieder auf, die Fragen, die ihnen unter den Nägeln brennen, und die sie zur Teilnahme an dem Seminar bewogen haben, auch loszuwerden. Sie ersparen dadurch den Teilnehmern die Frustration, nach Hause zu gehen und sagen zu müssen: „Das Seminar war ja ganz schön, aber unser/mein Anliegen wurde leider nicht behandelt."

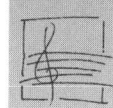

Ablauf Elternseminar I:

- Begrüßung der Gäste und Vorstellung der eigenen Person als Dialogbegleiter

- Dialog-Karussell

- Auswertung des Dialog-Karussells –
  Erarbeitung der inhaltlichen Schwerpunkte der von den Eltern gewünschten Themen

- Die „Goldene Brille" – Auseinandersetzung mit eigenen „Stärken" und „Schwächen" und denen der Kinder

- Fantasiereise: „Eigene Lebensbewältigung"

- Auswertung der Fantasiereise

- „Hausaufgaben" für Eltern

- Persönliches Abschlusswort

- „Knoten im Taschentuch"

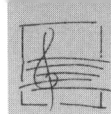

Einstieg

Sie haben die Eltern bereits vor der Tür persönlich begrüßt und sie gebeten, einen Augenblick vor dem Spiegel zu verweilen und sich dann im Seminarraum umzuschauen. Sobald alle Eltern da sind, setzen Sie sich in den Stuhlkreis. Dieser stumme Impuls reicht meist als Startsignal aus. Die Eltern, die noch nicht Platz genommen haben, werden dies daraufhin tun.

Sie als Dialogbegleiter stellen sich nun kurz persönlich vor.

Dialog-Karussell

Zum Dialog-Karussell werden die Eltern gebeten, jeweils zwei Stühle gegenüber zu stellen, so dass ein Innen- und ein Außenkreis entsteht. Falls keine gerade Anzahl an Teilnehmern vorhanden ist, nehmen Sie als Dialogbegleiter in dieser Sequenz eine Teilnehmerrolle ein. Die Eltern erhalten nun einen Zettel mit verschiedenen Fragen (Anlage 2). Anfangs sollten alle jeweils einmal in der Frage- bzw. Antwortgeberrolle, also aktiv gefordert sein. Die Fragenden dürfen sich aus diesem Katalog die Fragen aussuchen, über die sie in den nächsten vier bis fünf Minuten mit ihrem Gegenüber sprechen wollen. Wenn die Zeit um ist, lassen Sie ein akustisches Signal (Klingel, Klangschale, Triangel) erklingen. Die Eltern bedanken sich für das Gespräch und verabschieden sich. Dann rutschen die Teilnehmer eines der beiden Kreise im Uhrzeigersinn einen Stuhl weiter. Sie behalten den Fragenkatalog, suchen sich die gleichen oder andere Fragen aus und tauschen sich über diese wieder etwa fünf Minuten mit ihrem neuen Gesprächspartner aus. Dann wieder weiterrutschen, usw. Diese Übung sollte einige Male (vier bis sechs Mal) wiederholt werden.

Wenn ein Gesprächspaar schnell mit den Antworten fertig ist, hat es manchmal den Anschein, als sei ihnen das Gespräch lästig oder langweilig. Das muss nicht am Thema liegen, sondern an der Konstellation der beiden, es kann auch ein Hinweis auf eine Verlegenheit sein. Wenn die Gesprächspartner gewechselt haben, ändert sich meist die Intensität der Begegnung. Mit jedem Wechsel steigt der Geräuschpegel im Raum als Zeichen des Warmwerdens und des Gefühls, nicht allein dazustehen.

Als Leitung achten Sie auf die Zeit.

Mit diesem Dialog zwischen jeweils zwei Personen werden verschiedene Ziele erreicht:

- *kennenlernen der Teilnehmer untereinander, abtasten, miteinander warm werden,*

- *erste intensive Gespräche über das Thema,*

- *Gedanken- und Erfahrungsaustausch, Spiegelung eigener Ideen, Auflockerung und Bewegung,*

- *gemeinsames Lachen oder Schmunzeln über Lustiges im Alltag,*

- *nicht in passiver Rolle versinken, sondern aktive Haltung einnehmen im Zueinander-Sprechen und im Zuhören,*

- *Sicherheit gewinnen in der Gruppe, die eigene Stimme im Raum vernehmen sowie die anderen Stimmen, die in einem Murmeln im Raum verschmelzen, und sich tragen lassen von der Atmosphäre,*

- *erkennen, „dass ich nicht alleine bin, dass es anderen ähnlich geht wie mir" (häufiges Statement),*

- *Verantworten der eigenen Meinung.*

Auswertung des Dialog-Karussells

Nachdem die Stühle in den Ausgangskreis zurückgestellt wurden, werden die Paargespräche im Plenum ausgewertet. Von der Qualität der Auswertung hängt viel für den weiteren Verlauf der folgenden Seminare ab. Je sorgfältiger die Ergebnisse des Karussell-Gesprächs durch den Prozessbegleiter gesichert werden, desto deutlicher werden sowohl die Fragestellungen der Eltern als auch das in der Gruppe vorhandene Potenzial sichtbar.

Hier einige Vorschläge für Auswertungsfragen:

- *Wie haben Sie sich zunächst in den Paargesprächen gefühlt? Was hat es Ihnen gebracht?*

- *Was hat Ihnen besonders gut gefallen?*

- *Hat sich etwas verändert im Laufe der Zeit?*

- *Welche Unterschiede haben Sie zwischen den einzelnen Antworten wahrgenommen und worin bestanden diese?*

- *Welche Themen haben Sie insbesondere interessiert?*

- *Welche Frage ist Ihnen in diesem Seminar am wichtigsten?*

Anschließend können Sie die Fragen des Zettels durchgehen, die die Eltern für sich am wichtigsten fanden. Sammeln Sie die Antworten der Eltern und machen Sie sie an einer Tafel oder auf einem Flip Chart sichtbar.

Wichtig! Alle Nennungen haben die gleiche Wertigkeit. Keine besonders hervorheben oder „unter den Tisch fallen lassen" (sich selbst beobachten und auf nonverbale Signale der Zustimmung und des Missfallens achten). Notieren Sie die Ausdrücke und Sätze der Eltern und benutzen Sie keine Fachbegriffe. Holen Sie sich eventuell Unterstützung beim „Übersetzen" und Zusammenfassen bei anderen Eltern. Wenn die Eltern mitbekommen, dass ihre Rückmeldungen aufgeschrieben werden, fühlen sie sich wertgeschätzt und ermutigt, weiter ihre Meinung und Fragen öffentlich zu äußern.

Wenn Sie das Dialog-Karussell ausgewertet haben, können Sie in einen freien Dialog mit den Eltern über deren Themen eintreten. Die Voraussetzung ist nun gegeben, dass Sie sich sehr nahe an den Interessen der Teilnehmer orientieren.

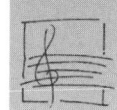

Impulse für einen Dialog

Ausgangspunkt für den Dialog in der Elternrunde sind zuerst und in aller Regel die zuvor zusammengetragenen Anregungen und Fragen der Eltern. Das wird von den Eltern meist wohlwollend zur Kenntnis genommen.

Sie können auch einen bestimmten Gegenstand, der zum Thema passt und schon vom Beginn des Seminars an in der von Ihnen gestalteten Mitte liegt, zum Thema machen. Ebenso eignen sich eine kurze Geschichte oder eine der zahlreichen Übungen in diesem Buch (Kap. 6), um die Teilnehmenden miteinander ins Gespräch zu bringen.

Der Dialog mit seinen persönlichen Fragestellungen verdeutlicht den Teilnehmern, dass Suchtvorbeugung mehr ist als das Wissen über Suchtmittel. An dieser Stelle ein Beispiel aus einem Seminar:

Eine Mutter wünscht sich von mir als „Leiter" konkrete Informationen zum Thema: Wie wirken eigentlich Drogen? Ich überlege, wie die o. g. Mutter ohne ein Referat ihre Fragen befriedigend beantwortet bekommen kann. Erstens können Referate immer nur ausgewählte Informationen aus einem unbegrenzten Themenreservoir bieten, zweitens verlässt der Referent die Rolle des Dialogbegleiters. Also bat ich die anwesenden Eltern, von ihren eigenen Erfahrungen mit Drogen zu berichten. Nach und nach berichteten fast alle anwesenden Eltern – die Dialogbegleitung eingeschlossen – über ihre „guten" und „schlechten" Erlebnisse mit den unterschiedlichsten Suchtmitteln, mit Alkohol, Cannabis, Zigaretten, Esssucht etc. Auf diese Weise waren alle persönlich entweder als Redende oder als Zuhörende aktiv beteiligt.

Nicht nur die Frau, die diesen Austausch mit Ihrer Frage ausgelöst hatte, sondern auch die anderen Anwesenden spürten, was ein Referent allein nicht besser hätte erklären können, dass Drogen völlig unterschiedliche Wirkungen auf Menschen haben können. Im Abschluss sagte die Frau zufrieden, die Informationen hätten ihr gut getan.

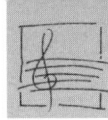

Verabschieden Sie sich am besten von der Vorstellung, dass Sie es sind, der die Eltern informieren muss. Der Charme eines Dialogseminars besteht gerade darin, dass die Teilnehmer voneinander hören und lernen. Die grundsätzlich wertschätzende Haltung der Dialogbegleitung allein genügt nicht als Ausdruck der Dialogischen Haltung. Dialog bedeutet Verzicht auf jede Form von Belehrung und Besserwisserei. Grundsätzlich gilt: je sicherer der ‚Container', desto lebendiger entwickelt sich der Dialog.

Die „Goldene Brille"

Im Alltag haben wir zu häufig einen pathologischen Blick. Wir sehen wie durch eine Lupe überscharf das Fehlerhafte, das Störende und „Kranke". Im Seminar benutzen wir bewusst einmal die „Goldene Brille" für die wohlwollende Suche nach den „Schätzen" in uns selbst bzw. in unseren Kindern. Die „goldene" unterscheidet sich von der eher beschönigenden „rosaroten Brille". Um ein realistisches Selbstgefühl zu entwickeln bzw. zu stärken, brauchen wir Rückmeldungen jenseits der Bewertung besonderer Leistungen. Wir brauchen neben dem Vertrauen in unsere Leistungsfähigkeit das Gefühl: „Ich bin so, wie ich bin und ganz allein deshalb, weil ich bin, in Ordnung" (vgl. Juul 2003, S. 96).

In dieser Sequenz richten wir mit den Eltern gemeinsam den Blick auf die eigenen „Stärken" und „Schwächen" und die unserer Kinder. Das gesamte Seminar ist an den Ressourcen orientiert. Zentrale Fragen dabei sind: Was hält uns gesund? – Was schützt uns? Was macht meinen Kern aus? Worin liegt der „Schatz" meines Kindes? etc.

Ein positiver Nebeneffekt besteht darin, dass die Eltern parallel dazu auch die eigenen Bewertungsmaßstäbe reflektieren.

Verteilen Sie an jede Person eine Papierschablone (Anlage 4), und stellen Sie in die Mitte des Kreises ein Körbchen mit blauen und roten Wachsmalkreiden in ausreichender Zahl. Die Figur symbolisiert je nach Schwerpunkt der Fragestellung die Eltern selbst oder ihr Kind/eines ihrer Kinder.

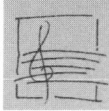

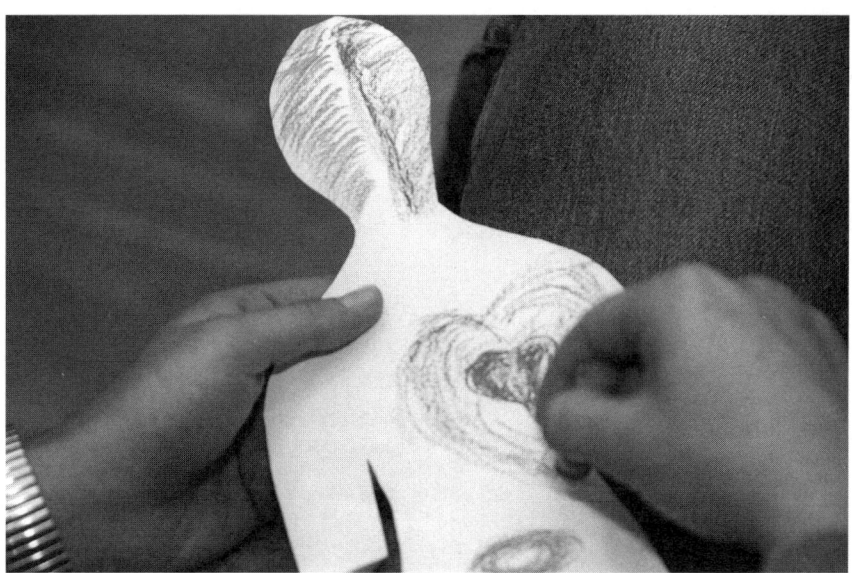

Die Eltern erhalten jetzt den Auftrag, mit der blauen Kreide die vermeintlichen „Schwächen" und mit der roten Kreide die vermeintlichen „Stärken" in diese Figur hinein zu malen. Dabei kann die gesamte Figur ausgemalt werden oder nur einzelne Körperstellen (beispielsweise Beine, Kopf, Hände, Bauch, Herz etc.). Es können sowohl körperliche als auch symbolische Bilder gemeint sein. Beispiel: Die Füße und Beine sind rot, weil jemand kräftig und ausdauernd laufen kann. Die rote Farbe könnte auch bedeuten, dass die betroffene Person leicht auf Menschen zugehen, in Kontakt treten kann.

Auswertung „Goldene Brille"

Eine Auswertung dieser Aktion findet zunächst nicht im selben Elternseminar statt. Die Eltern werden gebeten, die Figur mit nach Hause zu nehmen, sie für eine Woche auf sich wirken zu lassen und zum folgenden Seminar wieder mitzubringen. Das führt in den meisten Fällen zu einer erhöhten Aufmerksamkeit zwischen Eltern und Kindern, verbessert die Eltern-Kind-Kommunikation und fördert die elterliche Feinfühligkeit.

Eltern berichten immer wieder lebhaft, dass sie – angeregt durch die Übung – ihre Kinder seit langem einmal mit neuen Augen angeschaut haben und dass sie Seiten an ihnen entdeckt haben, die sie bisher übersehen hatten. Ein Vater, dem nach eigenen Bekunden eine lockere Kommunikation mit seinem 12-jährigen Sohn schwer fiel, berichtete in der Dialogrunde seine Art, mit der ausgemalten Papierschablone umzugehen:

> *„Ich ließ abends nach dem Seminar mein bemaltes Püppchen im Auto auf dem Beifahrersitz liegen, weil ich ihn morgens zur Schule bringe. Ich war gespannt, was er dazu sagen würde. Er war überrascht, wie ich ihn sehe, was ich an ihm stark fand. Wir hatten die ganze Woche viele gute Gespräche miteinander."*

Fantasiereise: „Eigene Lebensbewältigung"

Die Eltern haben jetzt die Gelegenheit, sich intensiv und ausschließlich mit sich selbst und mit ihren eigenen (Über-)Lebensstrategien zu beschäftigen, sich der persönlichen Konfrontation mit den Themen zu stellen. Sie werden eingeladen, sich auf eine gemeinsame, gelenkte Fantasiereise (Anlage 5) einzulassen.

Die Teilnahme ist selbstverständlich freiwillig. Diejenigen, die nicht teilnehmen wollen, bitte ich, ein paar Minuten abzuwarten, bis die Reise vorbei ist. Leise, ruhig fließende Musik kann je nach Geschmack eingesetzt werden.

Intention:

Die für viele Eltern vielleicht ungewohnte Methode soll helfen, ihnen in einem geschützten und die Intimsphäre wahrenden Raum, eigene Süchte und Affinitäten zu Suchtmitteln, Abhängigkeiten, „Lebenskrücken", Realitätsflucht, die individuelle Einstellung zum Leben, den Umgang mit unsicheren Situationen und Ängsten, Gewohnheiten etc. bewusst zu machen.

Das heißt, ich höre und spüre in mich hinein und erfahre etwas über mich und meine eigenen Verhaltens- und Gewohnheitsmuster, die ich als Vater oder Mutter meinen Kindern vorlebe. Ich bekomme mehr Verständnis für mich und andere also auch für meine Kinder. Ich erfahre möglicherweise das Thema im tieferen Sinne.

Imaginationen einer Fantasiereise können dazu beitragen, Vorbewusstes für die Suche nach Problemlösungen zu erschließen (vgl. Scherpner u.a. 1992, S. 159ff.). Sie unterstützen die biografische Selbstreflexion. In einer Fantasiereise werden Gefühle geweckt, die nicht sogleich dem Verstand zum Opfer fallen. Diese Gefühle zu visualisieren und ins Bewusstsein zu holen, ist Sinn dieser Reise. Sie kann neben Entspannung und Glücksgefühlen auch schmerzhafte Emotionen auslösen.

Wichtig! Sie müssen von dieser Methode überzeugt sein, wenn Sie sie anwenden wollen. Wer imaginative Verfahren einsetzt, sollte sich unbedingt auf eigene Erfahrungen stützen, zu deren Erwerb ich ausdrücklich motivieren möchte. Wenn Sie bisher wenig Erfahrung mit Fantasiereisen haben, empfehle ich Ihnen, auch Ergänzungsliteratur zu diesem Thema zu lesen, damit Sie selbst an Sicherheit gewinnen.

Jede Fantasiereise beginnt und endet mit einer Entspannungsphase. Denken Sie daran, den Teilnehmern genügend Zeit zu lassen, wieder in den normalen Wachzustand zurückzukommen.

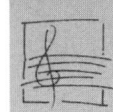

Auswertung der Fantasiereise

Dieser Moment verlangt unbedingt das Prinzip Freiwilligkeit. Niemand braucht sich hier zu offenbaren, es sei denn, er oder sie wünscht es. Der Dialogbegleiter hat in dieser Phase vor allem die Aufgabe, vorsichtig zu Äußerungen zu motivieren und eigene wertend kommentierende Äußerungen zu unterlassen bzw. solche anderer Teilnehmer offen zu legen bzw. zu unterbinden.

Hilfreiche Fragen können sein:

- *Wie ging es Ihnen bei der Fantasiereise?*

- *Wer hat sich entspannen können?*

- *Konnten Sie der Geschichte folgen?*

- *Welche Bilder sind hoch gekommen?*

- *Können Sie etwas mit den Bildern anfangen?*

„Hausaufgaben"

Mit der Verteilung der „Hausaufgaben" nähert sich der Abend dem Ende. Die Eltern werden gebeten, sich bis zum nächsten Treffen mit einem selbst gestellten Thema zu beschäftigen.
Einige Beispiele:

- *Ich nehme mir einen Tag in der kommenden Woche vor, an dem ich ausschließlich für mich etwas Gutes tue.*

- *Ich beobachte in der nächsten Woche einmal, auf welche Weise ich Grenzen setze.*

- *Eine Woche setze ich die „Goldene Brille" auf.*

- *Ich versuche jeden Tag ein Stück mehr, mein Kind nicht anzuschreien, zu beleidigen oder bloßzustellen.*

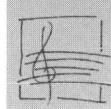

- *Ich versuche den Punkt zu spüren, an dem mir gewöhnlich „die Hand ausrutscht", um dann einen anderen Weg zu gehen.*

Denkbar sind auch kleine „Fasten-Übungen", die sich aus der Fantasiereise ergeben können. Mit Hilfe eines Frage- und Motivationsbogens (Anlage 6) können die Eltern an den in der Fantasiereise nun selbst erkannten kleineren oder größeren (Sucht-)Problemen oder Gewohnheiten ein bis zwei Wochen arbeiten.

Beispiele:
- *Eine Woche lang äußere ich meinen Ärger und schlucke ihn nicht runter.*

- *Eine Woche kritisiere ich nicht herum (für notorische Nörgler).*

- *Eine Woche gehe ich in Kontakt mit anderen Menschen und hole mir „Streicheleinheiten", die ich brauche.*

- *Eine Woche lang verzichte ich auf Tabak und/oder Süßigkeiten, Alkohol, Computer o.Ä.*

Intention:

Diese Aufgaben bieten die Chance, individuell für sich oder gemeinsam mit den Partnern und den Kindern zu spüren, inwiefern die familiäre Kommunikation schon gelingt oder, wenn sie auf eingefahrenen brüchigen Gleisen fährt, neue Optionen zu erproben. Es geht nicht darum, sich beim nächsten Seminartermin unbedingt in der Gruppe über die eigenen Erfahrungen zu „outen".

Entscheidend sind und bleiben der Veränderungswille und -zeitpunkt der Seminarteilnehmer selbst.

Persönliches Schlusswort

Das persönliche Schlusswort hat eine zentrale Bedeutung im Rahmen der Dialogischen Seminare. Jede Teilnehmerin und jeder Teilnehmer soll sich frei äußern können. Der Dialogbegleiter schließt sich damit ein. Es muss für die Gedanken aller Teilnehmer auf jeden Fall genügend Zeit eingeplant werden. Eine zwanzigköpfige Gruppe benötigt ungefähr 15 bis 20 Minuten.

Das „Blitzlicht" bündelt noch einmal das individuell Gehörte, Gesagte und Erlebte. Es bedeutet so eine Art „Aufräumen". Manches Erlebte kann so, von allen zusammengetragen, noch einmal Revue passieren und nachträglich verstanden werden. Durch die persönliche Rückschau werden sich die Teilnehmer also sowohl ihres eigenen Lernzuwachses als auch ihrer eigenen Befindlichkeit und Gefühle bewusst. Andererseits erhält der Dialogbegleiter eine persönliche Rückmeldung über die Qualität des Seminars. Er kann sowohl die Stimmung in der Gruppe als auch den Wissensstand und das Lerntempo in der Gruppe besser erkennen und diese Erkenntnis für die Vorbereitung des folgenden Seminars nutzen. Im Schlusspunkt wird der Dialog noch einmal in der gesammelten Aufmerksamkeit sehr „dicht".

Es gelten folgende Regeln:

- *Ich bleibe bei mir und meinen Erfahrungen bzw. bei dem, was ich persönlich wahrgenommen habe (allgemeine Statements wie: „Ich schließe mich meiner Vorrednerin an", sind aus meiner Erfahrung eher die Ausnahme).*

- *„Sprich von Herzen" heißt, das Gesagte muss sich nicht brillant anhören, nicht ausgereift klingen, sondern soll vor allem ein ehrlicher persönlicher Satz, eine Bemerkung, eine Frage o.Ä. sein.*

- *Erwiderungen, Zwischenfragen und Unterbrechungen aller Art sind nicht erlaubt. Erwiderungen sind auch deshalb nicht zugelassen, damit alle wirklich offen zuhören können, ohne sich eine entsprechende Antwort zurechtlegen zu müssen. (Ich mache überwiegend die Erfahrung, dass die Eltern gerade diese Intention des Blitzlichtes schätzen.).*

- *Als Symbol für die Begrenztheit der Zeit lasse ich meine Taschenuhr als „Sprechstein" herum gehen. Mit der Uhr in der Hand hat nur einer das Recht, zu reden. Diejenigen, die sehr viel „loswerden" wollen oder der Gruppe mitzuteilen haben, halten mit der Uhr eine zeitliche Richtschnur in der Hand. (die Einhaltung dieser Regel braucht meistens nicht eingefordert zu werden. Sie ergibt sich aus der Symbolik).*

Einleitend sind folgende Fragen hilfreich:

- *Wie ging es Ihnen heute Abend?*

- *Was nehmen Sie mit?*

- *Was hat Sie irritiert oder verunsichert?*

- *Was wünschen Sie sich für das nächste Mal?*

- *Was möchten Sie sonst noch sagen, bevor Sie nach Hause gehen?*

Ein „Knoten im Taschentuch"

Als Symbol des Erinnerns erhalten die Gäste des Seminars einen kleinen Halb-
edelstein (als Symbol für den „Schatz", den sie in sich bzw. in den Kindern suchen),
eine kleine Schnecke aus Metall oder sonst einen kleinen Gegenstand. Diese kleinen
Gegenstände, die entweder in der Hosentasche bzw. im Portemonnaie spielend
Platz finden, helfen, die „Hausaufgaben" und die aufgeworfenen Fragen bis zum
Elternseminar II und auch darüber hinaus zu verankern.

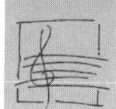

Ablauf Elternseminar II

- Begrüßung

- Gefühlsbilder

- Reflexion der „Hausaufgaben"

- Auswertung – „Goldene Brille"

- Fantasiereise zum „eigenen Kind"

- Auswertung der Fantasiereise

- Starke Kinder

- Persönliches Schlusswort

Die Raumgestaltung unterscheidet sich nicht von der des ersten Elternseminars.

Begrüßung

Bei der Begrüßung sollten Sie auflockernde Worte besonders für die „Neuen" finden, die beim letzten Mal nicht anwesend waren. Stellen Sie sich als Dialogbegleiter ggf. noch einmal kurz persönlich vor. Für die neuen Eltern, aber auch für die „alten Hasen", kann es zur Einstimmung wichtig sein, einen kurzen Rückblick auf den ersten Abend zu geben.

Inhaltlich wird es im Seminar II schwerpunktmäßig um folgende Fragen gehen:

- *Die Bedeutung der Gefühle?*

- *Was trage ich aus meiner Kindheit in meinem „Rucksack" mit mir herum?*

- *Wie stärke ich die Stärken meines Kindes?*

- *Welche Fragen sind noch offen?*

Gefühlsbilder

Der Einsatz der Gefühlsbilder (Anlage 7) erfüllt mehrere Funktionen. Erstens erleichtern Bilder den Einstieg. Zweitens lockern sie die Stimmung und Vertrautheit innerhalb der Teilnehmergruppe auf. Alle müssen sich von ihren Plätzen erheben, sich im Raum bewegen und kommen kurz zu Wort. Darüber hinaus werden noch einmal wichtige Aspekte des Lebens – Gefühle wahrzunehmen, zu akzeptieren und sie anderen mitzuteilen – in das Bewusstsein der Teilnehmer gerückt.

Durchführung:

- Legen Sie die zehn Bilder, auf denen verschiedene Ausdrucksmöglichkeiten von Gefühlen abgebildet sind (vergrößert auf Karton), im Innern des Stuhlkreises auf den Boden.

- Bitten Sie jetzt die Eltern, einmal aufzustehen und sich einen Moment Zeit zu nehmen, um die Bilder einzeln genau anzuschauen.

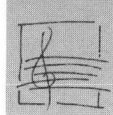

- Danach werden alle gebeten, bei dem Bild stehen zu bleiben, das ihre eigene momentane Gefühlslage am besten ausdrückt (Dialogbegleiter sind hierbei eingeschlossen).

- Wenn alle Anwesenden ihren „Standort" gefunden haben, werden sie gebeten, den anderen mitzuteilen, welche Gefühlsäußerung aus ihrer Sicht auf dem ausgesuchten Bild abgebildet ist, und zu beschreiben, was dieses Gefühl mit ihnen zu tun hat.

- Es gilt die gleiche Regel wie auch beim Abschluss-Blitzlicht: Versteckte und offene Wertungen der Gefühle des Einzelnen müssen auf jeden Fall unterbleiben. Nach Abschluss der Übung setzen sich alle wieder auf ihre Stühle.

Auswertung der Gefühlsbilder

Die Gefühlsbilder dienen einerseits dem Einstieg, andererseits werden auch sehr persönliche Äußerungen der Teilnehmer angeregt. Dieser Baustein eignet sich gut für einen Dialog über die Bedeutung der Gefühle. Stellen Sie Fragen wie:

- *Wie ging es Ihnen bei dieser Übung?*

- *Wie leicht oder wie schwer ist es Ihnen gefallen, sich einem Bild zuzuordnen?*

- *Wie ging es Ihnen, als Sie über Ihre Gefühle offen reden sollten?*

- *Was glauben Sie, hat diese Übung mit dem Thema des heutigen Abends zu tun? etc.*

Reflexion der „Hausaufgaben"

Die Teilnehmer werden nun mit der Frage konfrontiert: „Welche Erfahrung haben Sie in der vergangenen Woche gemacht?" Ich motiviere sie, über ihre Erfahrungen mit den selbst gestellten „Hausaufgaben" zu berichten. Einzelne Eltern beschreiben, welche Aufgabe sie sich gestellt haben und worin sie erfolgreich waren bzw. woran sie gescheitert sind.

Bei sorgfältiger Auswertung ergibt sich schnell ein lebhafter und spannender Dialog, in den sich die meisten eingebunden fühlen. Die zunächst Zögerlichen fühlen sich ermutigt, auch von sich etwas preiszugeben. Die individuell gemachten Erfahrungen regen die Zuhörenden an, nachzudenken. Die Eltern fassen durch ihre Berichte meist alle wesentlichen Aspekte des Seminarthemas mit eigenen Worten und so unterschiedlich und vielfältig zusammen, wie es ein Referent allein nicht könnte. Es ist also für jede und jeden ein Bild, eine Erfahrung, eine Anregung dabei, an dem oder an der sich andere orientieren können.

Meine Erfahrung ist, dass immer mehrere Teilnehmer von ihren Erfahrungen berichten wollen. Falls sich dennoch zunächst niemand melden sollte, geben Sie sich nicht damit zufrieden. Versuchen Sie zu ergründen, was es im Augenblick so schwer macht, sich zu den „Hausaufgaben" zu äußern. Indem Schwierigkeiten und Ängste thematisiert werden, hören sie in aller Regel auf zu existieren.

Wichtig! Es gilt bei aller Ermunterung das Prinzip der Freiwilligkeit.

Auswertung – „Goldene Brille"

Oftmals sind die „Hausaufgaben" kaum zu trennen von der Auswertung der Schablonen. Denn nicht selten nehmen sich die Eltern als Aufgabe zwischen den Seminaren vor, eine oder zwei Wochen lang einmal mit anderen Augen oder mit dem Blick durch die „Goldene Brille" eigene Stärken bzw. die Stärken der Kinder zu beobachten.

Wesentliche Ergebnisse der Auswertung sind:
- Das gegenseitige Vorstellen der rot-blau bemalten Papierschablonen findet ein lebhaftes Echo bei den Eltern. Es ermutigt fast alle, an einem Dialog sprechend oder zuhörend teilzunehmen.

- Mütter oder Väter berichten von erstaunten Kindern daheim, die sich darüber gewundert haben, wie sie von einem ihrer Eltern eingeschätzt wurden. Es ergeben sich also zu Hause Gespräche, die bei manchen schon länger eine Ausnahme sind. Manche Kinder benutzen die Rückseite der Pappfigur, um sich aus ihrer Sicht „richtig" darzustellen.

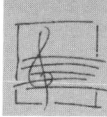

- In anderen Familien ergaben sich mitunter Auseinandersetzungen mit dem Partner oder der Partnerin über die Bewertung der „Stärken" und „Schwächen" der Familienmitglieder.

Intention:

Diese Übung gibt einen Impuls, der längere Zeit Wirkung auf die Eltern-Kind-Beziehung zeigt. Eltern werden daran erinnert, die eigenen Kinder immer wieder mit neuen Augen und nicht immer nur das vermeintlich „Negative" zu sehen. Kinder sind überrascht darüber, dass mal nicht ständig an ihnen „herum gemeckert" wird. Eine Entspannung belasteter Nerven auf beiden Seiten ist eine mögliche positive Folge.

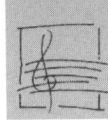

Fantasiereise zum „eigenen Kind"

Bei der „Reise zum eigenen Kind" (Anlage 8) geht es um eine Reise zum Kind in einem selbst. Es geht also primär um eigene mehr oder weniger bewältigte Kindheitserlebnisse der Eltern. Die Teilnehmer sollen einen Blick auf den Inhalt ihres „Rucksacks" werfen, den sie oft unreflektiert mit sich herumtragen und der die heutige Beziehung zu ihren Kindern belasten kann. Mit Hilfe der Imagination sollen sie spüren, was es heißt oder was es heißen kann, als Kind den Eltern oder anderen Erziehungsberechtigten ausgeliefert zu sein oder missachtet zu werden. Übersehen zu werden wirkt sich ebenso schwächend auf die kindliche Psyche aus, wie ständig bevormundet und überbehütet oder belächelt zu werden. Fatalerweise wirkt es sich auch negativ auf die Entwicklung des Kindes aus, jeden Willen und jeden Wunsch ohne eigene Anstrengung oder Warten erfüllt zu bekommen.

Die Teilnahme ist selbstverständlich wiederum freiwillig! Bitte beachten Sie an dieser Stelle die Grundregeln zum Umgang mit imaginativen Verfahren, wie ich sie bereits bei der Fantasiereise im Rahmen des Elternseminars I beschrieben habe.

Während der Fantasiereise findet ein ständiges Wechselspiel zwischen Vergangenheit und Gegenwart statt. Das ist so gewollt. Die Eltern begegnen sich selbst als Kind mit beispielsweise 12 bis 13 Jahren und dann wieder als Bezugsperson des Kindes, dessen Eltern sie sind.

Für Eltern, die ihr Kind oder ihre Kinder stärken wollen, ist es hilfreich, sich der eigenen alten Erfahrungen, wie z.B. Konflikten, Kränkungen usw., die heute ihrem positivem Ziel im Wege stehen, zu stellen. Sich dieser Hemmnisse bewusst zu werden, kann für die Eltern ein erster Schritt sein, um erfolgreich ihr Kind zu stärken.

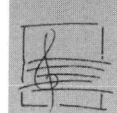

Auswertung der Fantasiereise

Genauso wichtig wie die Fantasiereise mit all ihren individuell durchlebten Gefühlen ist die Auswertung. Die Eltern brauchen genügend Zeit, über ihre inneren Bilder und über ihre „Geschichten" zu reden oder den Geschichten der anderen zu lauschen!

Daher ist es besonders wichtig, für die Auswertungsphase genügend Zeit einzuplanen. Durch öffnende Fragen können Sie die Eltern einladen und ermutigen, etwas von sich zu erzählen:

- *Welche Bilder sind vor Ihnen aufgetaucht?*

- *Welche Gefühle haben die Bilder bei Ihnen ausgelöst?*

- *Waren Sie beim Kind in sich, also in der eigenen Kindheit,*
  oder bei Ihrem Kind?

- *Haben Sie Parallelen dabei erkannt? etc.*

Nach Möglichkeit sollten alle diejenigen, die es wünschen, zu Wort kommen. Erfahrungsgemäß wollen die meisten über ihre Bilder, mit denen auch Schmerzen, Ängste usw. verbunden sind, reden. Um die notwendige Sensibilität im Auswertungsdialog zu haben, ist es unbedingt erforderlich, als Moderator diese Fantasiereise selbst schon einmal aus Teilnehmerperspektive miterlebt zu haben.

Für mich ist es immer wieder verblüffend, wie ernsthaft sich die Eltern auf Fantasiereisen einlassen und wie lebhaft sie andere an ihrem Erfahrungsschatz teilhaben lassen. Nicht minder bemerkenswert finde ich die Tatsache, dass auch Eltern, die sich an eine durchweg glückliche und behütete Kindheit erinnern, sich dennoch „dabei ertappen", wie sie ihre Kinder durch ständige tägliche Zurechtweisungen kränken und damit schwächen, obwohl ihr erklärtes Erziehungsziel eigentlich die Stärkung ist.

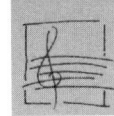

Starke Kinder

Diese Phase schließt sich zum Abschluss des Elternseminars II an die Fantasiereise an. Gemäß dem Titel: ELTERN STÄRKEN verfolgt das Seminar das Ziel, die Eltern mit einer gestärkten Dialogischen Kompetenz und mit dem Gefühl von Zuversicht nach Hause zu entlassen, um ihre Kinder stärken zu können, und es will vermitteln, dass es sich lohnt, sich für die eigenen Kinder einzusetzen.

Die Fragen dieser letzten Sequenz des zweiten Seminars lauten:
- *Was braucht mein Kind, um innerlich stark zu sein oder zu werden?*

- *Was kann ich als Mutter oder Vater dazu beitragen, dass mein Kind gestärkt durchs Leben gehen kann?*

Es geht dabei nicht darum, alle erdenklichen pädagogischen „Lehrsätze" zusammenzutragen, sondern um die individuelle Bedeutung dieser Frage. Konkret richtet sich die Frage an die Mütter und an die Väter, sich Gedanken zu machen, was eben **ihr Kind zu Hause** braucht, um ein starker Mensch zu werden, und was sie ihm ganz konkret geben können und wollen, damit das gewünschte Ziel auch realisiert werden kann.

Beschreibung der Übung:
- Sie legen zwei der Gefühlsbilder in der Mitte des Seminarkreises auf den Boden, legen Karteikarten und dicke Stifte dazu und fordern die Anwesenden auf, ihre „Angebote" an ihre Kinder auf unterschiedliche Karten zu schreiben. Die Schriftstärke sorgt dafür, dass sie auf dem begrenzten Raum der Karte mit einem Begriff die „Essenz" wiedergeben (z.B. Mein Kind braucht „Beachtung" und „Interesse" etc.).

- Wenn alle mit dem Schreiben fertig sind, werden die Eltern gebeten, ihre Karten im Kreis den anderen vorzulesen und die Karten anschließend auf die vor ihnen liegenden Kinderzeichnungen zu legen. Auf diese Weise wird zum Abschluss noch einmal die ganze Palette der Möglichkeiten, Kinder zu stärken, transparent. Die Eltern ergänzen sich gegenseitig, und was ihnen selbst nicht eingefallen ist, wird von anderen zum Ausdruck gebracht.

Persönliches Schlusswort

Die persönliche Bilanz kann mit der vorigen Übung gut kombiniert werden. Die Bitte um ein persönliches Abschluss-Resümee, analog zum ersten Seminar, wird also mit dem oben beschriebenen Vorlesen der Karten verbunden.

Die Ergebnisse dieser abschließenden Gruppenarbeit fallen so unterschiedlich aus, wie es unterschiedliche Menschen gibt. Ein weiteres Mal wird allen Eltern deutlich, dass es keine „wahre" und „richtige" Antwort auf ihre Fragen gibt. Wir alle unterscheiden uns „wesentlich", d.h. vom ganzen Wesen her. Diese Erkenntnis ist einerseits tröstlich und entlastend und gleichzeitig auch frustrierend für all diejenigen, die mit der Erwartung in die Elternseminare gegangen waren, ein Rezept für eine störungsfreie „Erziehung" zu erhalten.

Die meisten Eltern melden allerdings zurück, dass es ihnen gut tut, zu wissen, dass wir uns damit zufrieden geben müssen und dürfen, dass jeder Moment neu und nie dagewesen ist und dass wir immer wieder neu entscheiden müssen, dass wir die momentan hilfreichen Lösungen immer nur selbst finden können und dass sie nicht schon gebrauchsfertig vor uns liegen. Jede neue Situation fordert uns, wie es Martin Buber einmal gesagt hat, neu heraus, fordert uns als ganzen Menschen.

An dieser Stelle endet die detaillierte Beschreibung zweier Dialogischer Elternseminare. Die im folgenden Kapitel aufgeführten Einstiegshilfen und Übungen zur Dialogarbeit können Sie bei der Begleitung von ELTERN STÄRKEN-Seminaren unterstützen.

In diesem Kapitel finden Sie in Anregungen und Beispiele für den Einstieg in den Dialog mit Eltern sowie praktische Übungen für Dialogische Elternarbeit. Es ist sinnvoll, mit der jeweiligen Elterngruppe vier bis acht Seminartreffen zu vereinbaren. Die Themen der Eltern können dann eingehender und nachhaltiger bearbeitet werden.

Entscheidend für das Gelingen des Dialogs sind Kontakt, Wahrhaftigkeit, Präsenz, die Bereitschaft, Fragen zu stellen und zuzuhören. Es gibt nichts, auf das Sie sich verlassen können. Kein Elternseminar gleicht dem vorherigen. Dialog ist nicht planbar. Es lässt sich nichts kopieren, nicht die Worte, nicht der Tonfall, was zählt sind Ihre ganz persönliche Note und Ihre Dialogbereitschaft.

Methoden stellen den reibungslosen Ablauf eines Seminars nur scheinbar sicher, können aber – rigide angewandt – auch zum Hindernis für Kreativität und individuelle Erfahrung werden.

Variante zu den beiden Seminaren:
Geben Sie den einzelnen Sequenzen der beiden zuvor detailliert beschriebenen Seminare mehr Raum.

Hier weitere Empfehlungen:

Dialog-Karussell
- *Wie viele Kinder haben Sie?*
- *Was mögen Sie an Ihren Kindern besonders?*
- *Wofür sind Sie Ihren eigenen Eltern dankbar?*
- *Für was in Ihrem Leben sind Sie besonders dankbar?*
- *Was können Sie besonders gut?*
- *Welche Werte sind Ihnen besonders wichtig?*
- *Gelingt es Ihnen diese Werte zu leben?*
- *Was machen Sie als Vater und Mutter für sich selbst?*
- *An welches Ritual in Ihrer Familie erinnern Sie sich besonders gern?*
- *Wann haben sie das letzte Mal mit Ihrem Kind gelacht?*

Auswertungsfragen (Beispiel):
Wie ist es Ihnen ergangen? Welche Frage war Ihnen am wichtigsten? Was beschäftigt Sie am meisten?

Folgende **Themenschwerpunkte** können sich für weitere Treffen heraus kristallisieren:

- **Was ist Erziehung?**
  Zielgerichtetes Verhalten oder ein unbewusster Vorgang?
  Was bewirkt Erziehung? – Was bringen die Kinder mit?

- **Grenzen setzen – Konsequenz – Respekt**
  Mein Kind fordert mich heraus, bringt mich an die Grenzen
  „Teufelskreis" einerseits und Wunsch nach Harmonie im Alltag

- **Suchtprävention**
  (Wie) kann ich mein Kind vor Sucht/Drogen schützen?

- **Das Kind stärken, nicht unterbuttern**
  Was kann ich dafür tun, dass mein Kind mit Glück und Leid umgehen kann?

- **Vertrauen zu meinem Kind**
  Wie kann ich Einfluss auf den Umgang meines Kindes mit Freunden nehmen?
  Was kann ich den Kindern zutrauen?

- **Klarheit**
  Wie kann ich meine Wünsche und Erwartungen meinem Kind und meiner Familie vermitteln bzw. ihnen vorleben?

Einladung zum Dialog (S. 222)
Stellen Sie die Regeln des Dialogs aus dem jeweiligen Kontext heraus vor, jedoch nicht zu Beginn eines Seminars oder einer Beratung als „Gesetz". In einem Seminar in einem Kindergarten ergab sich daraus ein ausgedehnter offener Dialog

über das Thema „Schlagen", „Hilflosigkeit", „nicht mehr weiter wissen" in der Erziehung. Nachdem im Seminar die im Raum aufgehängten Dialog-Regeln vorgestellt wurden, erwiderte eine Mutter zur ersten Botschaft: „Jeder genießt den gleichen Respekt":

> *„Aber da gibt es doch eine Grenze. Alles kann man doch nicht respektieren. Wie soll ich es denn respektieren, wenn jemand sagt, dass er sein Kind schlägt? Das kann man doch nicht einfach so akzeptieren!" Im vorliegenden Fall öffnete der Dialogbegleiter den Raum, indem er die Frage an die anderen Eltern weiter gab. Binnen weniger Minuten gaben weit über die Hälfte der Eltern zu, dass sie in manchen Situationen ihr Kind geschlagen haben, sich danach aber schlecht fühlten. Sie berieten sich nun untereinander, wie oder wann sie die Situationen gemeistert haben und wann nicht.*

„Energizer" (S. 223ff.)
Aktivierungsspiele erleichtern den Einstieg, lockern auf und unterstützen das Aufwärmen und Ankommen der Teilnehmer, fördern die Kommunikation, helfen zu entspannen oder sind nützlich, um müde Geister wieder munter zu machen.

Beobachtung oder Bewertung? (S. 226)
Diese Übung zeigt, wie unterschiedlich Wahrnehmung sein kann und dass die Dinge nicht so sind, wie es den Anschein hat, sondern dass wir selbst sie konstruieren.

Übungen zur Ressourcenorientierung und zum Dialog (S. 227)
Mithilfe dieser drei Übungen gelingt es, sich der eigenen Ressourcen und der der familiären Umgebung bewusster zu werden.

Fünf Säulen entwicklungsfördernder Erziehung (S. 228)
Das Modell, das im Rahmen eines Forschungsprojektes von Prof. Dr. Sigrid Tschöpe-Scheffler an der FH Köln entwickelt wurde, stellt eine weitere Möglichkeit dar, sich im Rahmen von Elternseminaren mit dem eigenen Erziehungsverhalten bzw. mit den Erziehungsidealen auseinander zu setzen (s. Tschöpe-Scheffler 2003a und 2005b).

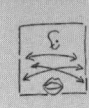

Ausflug in die eigene Kindheit (S. 229)

Hier geht es einerseits darum, die eigene Kindheit zu würdigen, andererseits zu erkennen, was eventuell unbewusst unseren heutigen Lebensidealen im Wege steht.

Fundgrube (S. 230)

Viele Menschen bewahren bestimmte Gegenstände oder Relikte aus ihrer Kindheit/Jugend wie Schätze auf. Mit ihnen verbinden sie Erinnerungen an bestimmte Begebenheiten (Erfreuliches, Leidvolles) und Beziehungen zu Menschen, die ihnen etwas bedeuten oder die für das eigene Leben bzw. für das eigene Familiensystem wegweisenden Charakter hatten (wie z.B. Puppen, Stofftiere, Spielzeuge, Bücher, Schmuckstücke, religiöse Gegenstände etc.). Die Eltern werden aufgefordert, zum nächsten Treffen einen solchen persönlichen Gegenstand mitzubringen.

Den „goldenen Kern" meines Kindes wieder sehen lernen (S. 231)

(Idee: Reinhart Wolff und Remi Stork 2004, „ElternCoaching und Konfliktmanagement", Kronberger Kreis für Qualitätsentwicklung e.V.)

In Zeiten, in denen es uns Eltern besonders schwer fällt, unser Kind mit einem wertschätzenden Blick zu sehen, tut Unterstützung durch andere Eltern besonders gut. In dieser Gruppenübung schauen sich alle jeweils die Fotos der anderen Kinder an und geben den Eltern eine Rückmeldung, was sie in dem Kind sehen, was ihnen dazu einfällt und was sie an dem Kind bewundern. Es sind ausschließlich wertschätzende Äußerungen erlaubt.

Jede Mutter und jeder Vater nimmt das Gehörte als gesammelten „Schatz" mit nach Hause.

Geschichten als Impuls für einen Dialog (S. 233ff.)

Ob als Einstimmung für einen Dialog oder als Seminarabschluss, Geschichten bringen Menschen zum Nachdenken, zum Schmunzeln, zum Überprüfen der eigenen Haltungs- und Wertmaßstäbe sowie zum Perspektivenwandel. Sie helfen uns achtsamer im Alltag zu werden. „Kindern", so sagt Anthony de Mello, „erzählt man Geschichten zum Einschlafen. Erwachsene brauchen Geschichten zum Aufwachen" (Grün, S. 18).

Manche Geschichten erzielen eine ganz besondere Wirkung dadurch, dass sie unkommentiert von mehreren Seminarteilnehmern nacheinander vorgelesen werden. Sie können auch eine „Hausaufgabe" anregen.

Das Fahrrad als Sinnbild (S. 244)

Diese Übung soll anhand eines einfachen und übersichtlichen Bildes helfen, die eigene Position innerhalb des Familiensystems oder eines Teams zu reflektieren. Überall in der Welt lässt sich kurzfristig ein Fahrrad auftreiben, um es in die Mitte des Seminarraums zu stellen. Das Fahrrad eignet sich deshalb als Bild für ein Familiensystem und andere Systeme, weil ein „Rad" ins andere greift. Alle Teile hängen in irgendeiner Weise zusammen.

Dialogischer Spaziergang (S. 245)

In dieser Übung zu zweit experimentieren wir mit behutsamem, nicht-wissendem Wahrnehmen und Zuhören und nehmen eine soweit wie möglich „besuchende Haltung" in der Welt des anderen ein. Nicht um Auszufragen. Es geht um Dialogische Präsenz und Achtsamkeit.

Die folgenden Seiten dienen als Kopiervorlagen für Ihre Kursunterlagen; sie sind nicht zur kommerziellen Nutzung freigegeben!

Einladung zum Dialog

- Jede/Jeder genießt den gleichen Respekt.

- Ich mache mir bewusst, dass meine „Wirklichkeit", nur ein Teil des Ganzen ist.

- Ich genieße das Zuhören.

- Ich brauche niemanden von meiner Sichtweise zu überzeugen.

- Ich verzichte darauf, (m)eine Lösung über den Lösungsweg meines Gegenübers zu stellen.

- Wenn ich von mir rede, benutze ich das Wort „Ich" und spreche nicht von „man".

- Bevor ich rede, nehme ich mir einen Atemzug Pause.

- Ich rede von Herzen und fasse mich kurz.

- Ich vertraue mich neuen Sichtweisen an.

- Ich nehme Unterschiedlichkeit als Reichtum wahr.

„Energizer"*

Aufwärmen, ankommen, einander besser kennen lernen, als Gruppe zusammen wachsen, gute Laune verbreiten, Spaß miteinander haben, Konzentration fördern etc.

1. Persönlicher Gegenstand*

Ablauf:

Es erheben sich alle von ihren Plätzen und verteilen sich im Raum.

Jede/r nimmt einen kleinen persönlichen Gegenstand/Wertsache zur Hand (Uhr, Ohrring, Schlüsselanhänger, Ehering, Kette, Stift, Münze, Lippenstift, Armreif, Haarspange, den Edelstein aus dem Seminar etc.).

Alle haben den Auftrag, ihren Gegenstand an einen beliebig anderen weiter zu geben; das kann folgendermaßen klingen:

„Ich heiße Erika. Dies ist meine Haarspange." Oder „Ich bin Hans-Georg und dies ist mein Schlüssel." Alle erhalten nach und nach neue Gegenstände. Sie müssen sich gut merken, von wem die „Wertsachen" stammen, denn sie müssen sie so weitergeben, wie sie sie erhalten haben. (Nach einigen Minuten wird immer unklarer, von wem welcher Gegenstand stammt.)

Wenn das Spiel abgebrochen wird, werden die rechtmäßigen Besitzer der Wertgegenstände ermittelt.

Auswertung im Plenum über das persönliche Erleben und Befinden.

Persönlicher Gegenstand – Variante
Übung zu unserem „Wahrnehmungsfilter"

Ablauf:

Vorbereitung wie oben

Wenn Sie den Gegenstand weitergeben, erzählen Sie neben dem Namen der Besitzerin oder des Besitzers auch die (kurze) Geschichte des Gegenstandes weiter, die Sie von Ihrem Gegenüber erfahren haben.

* bearbeitet von Erwin Thielemans

Beispiel: „Ich bin Eduard, und dies ist die Haarspange von Felicitas. Felicitas hat diese Spange vor 20 Jahren während eines Urlaubs in Spanien von ihrem damaligen Freund geschenkt bekommen. Sie erinnert sich gerne an diesen Urlaub. Deswegen ist ihr die Spange besonders wichtig..." etc.

Nach Beendigung des Spiels setzen sich alle in den Kreis zurück. Jetzt zeigen der Reihe nach alle die Gegenstände in die Runde und geben die Geschichte, so wie sie sie in Erinnerung haben, wieder. Dadurch, dass neben dem Namen auch die Geschichten jeweils erzählt und weitergegeben werden müssen, verändern sich diese Geschichten. Der individuelle „Wahrnehmungsfilter" erzeugt so manche neue Geschichte bzw. sorgt dafür, dass Namen, Gegenstände und Geschichten durcheinander geworfen werden.

Dialog im Plenum über das persönliche Erleben und über unsere (begrenzten) Möglichkeiten der Wahrnehmung.

2. Paradoxe Übung zum Thema Kommunikation: „Schlechtes Zuhören"

Diese Übung klingt paradox. Die Eltern bekommen den Auftrag, einmal in Paargesprächen bewusst jede Aufmerksamkeit und Zuwendung im Gespräch mit einem anderen Menschen zu vermeiden.

Ablauf:

Alle im Raum stehen von ihren Plätzen auf. Je zwei Personen stehen sich gegenüber. Zunächst erhält einer der beiden den Auftrag, seinem Gegenüber eine Minute lang etwas persönlich Bedeutendes zu erzählen. Es soll wirklich um ein wichtiges persönliches Thema gehen.

Die andere Person hat nun die Aufgabe, seinem Gegenüber non-verbal und verbal konsequentes Desinteresse zu signalisieren, z.B.:
• *jeden Augenkontakt vermeiden,*
• *auf die Uhr schauen,*

- *sich Anderen im Raum zuwenden,*
- *seufzen, stöhnen, gähnen,*
- *sich mit etwas Anderem beschäftigen,*
- *sich in Gespräche anderer einmischen,*
- *ein völlig anderes Thema anfangen,*
- *Interesse heucheln etc.*

Nach einer Minute (wenn die erzählende Person es überhaupt so lange aushält) folgt die Auswertung. Die Partner tauschen sich eine Minute lang über ihre Erfahrung und Gefühle aus.

Danach findet ein Rollenwechsel statt, wiederum mit nachfolgendem Austausch der Partner.

Obwohl allen Beteiligten bewusst ist, dass es sich um ein Spiel mit klarer Anweisung handelt, kann auf beiden Seiten Wut und Entrüstung aufkommen. Deswegen sollen sich beide „Gesprächspartner" herzlich voneinander verabschieden (wenn sie mögen, können sie sich umarmen). Alle Beteiligten streifen ihre Rolle ab.

Anschließend Dialog im Plenum mit Bezug zum Alltag:

- *Wo begegnet mir im Alltag ähnlich ignorantes Verhalten?*
- *Kenne ich solches Verhalten auch von mir?*
- *Was habe ich gelernt? etc.*

Jede Antwort wird zugelassen, und es wird nicht bewertet, was „richtig" oder „falsch" ist. Als Dialogbegleiter setzen sie keine Norm. Die Stärkung der Teilnehmer erfolgt dadurch, dass diese für ihre Meinung und ihre Gefühle selbst die Verantwortung übernehmen.

Übung:
Beobachtung oder Bewertung? *

Um Ihre Kompetenz in der Unterscheidung zwischen Beobachtung und Bewertung zu bestimmen, machen Sie bitte die folgende Übung: Markieren Sie die Nummerierungen der Sätze, die eine reine Beobachtung ausdrücken – ohne jegliche Bewertung.

1. Karl war gestern völlig grundlos wütend auf mich.
2. Gestern Abend hat Nina beim Fernsehen an ihren Nägeln gekaut.
3. Klaus hat mich während des Meetings nicht um meine Meinung gebeten.
4. Mein Vater ist ein guter Mensch.
5. Jenny arbeitet zu viel.
6. Hans ist aggressiv.
7. Christine war in dieser Woche jeden Tag die erste in der Warteschlange.
8. Mein Sohn putzt sich oft nicht die Zähne.
9. Franz hat zu mir gesagt, gelb steht mir nicht besonders.
10. Meine Tante klagt immer, wenn ich mit ihr spreche.

Dialogrunde über folgende Fragen:

- *Welche Unterschiede in der Sichtweise nehmen Sie im Vergleich mit den anderen wahr?*
- *Gelingt es Ihnen, allen gleichen Respekt entgegen zu bringen?*
- *Welche Erkenntnisse ziehen Sie für sich und Ihre Eltern-Kind-Beziehung aus dieser Übung? etc.*

* aus: Marshall B. Rosenberg: Gewaltfreie Kommunikation, Junfermann 2001, bearbeitet von Hartkemeyer und Dhority, Osnabrück, 2003

Drei Übungen zur Ressourcenorientierung und zum Dialog*

1. Nennen Sie bitte ein Beispiel für einen **Wendepunkt** in Ihrem Leben, mit dem Sie (vielleicht auch erst im Rückblick) besonders gut zurecht gekommen sind.

Was hat Ihnen dabei geholfen? Was hat Ihnen besonders gut getan?

Ablauf: Sie haben ca. fünf Minuten Zeit zum Nachdenken. Dann schreiben Sie diese Situation in Skizzen auf. Anschließend teilen sich alle in der Dialogrunde mit.

2. Für welche Ihrer Wesenszüge bzw. Eigenschaften sind Sie besonders dankbar? (Übung zum inneren Dialog)

Ablauf: Nehmen Sie sich ca. fünf Minuten Zeit, um sich einige Notizen zu machen. Ein Austausch darüber in der Gruppe ist möglich.

3. Stellen Sie sich einen Menschen aus Ihrem Alltag (Ihr Kind, Ihre eigene Mutter oder Vater, Ihren Partner oder Ihre Partnerin, ihren Kollegen oder Ihre Kollegin) vor.

Welche Verbindung spüren Sie im Moment zu diesem Menschen? Welchen „goldenen" Kern entdecken Sie in dieser Person, wenn Sie durch die „Brille der Empathie" schauen?

Ablauf: Sie haben ca. fünf Minuten Zeit zum Nachdenken. Dann schreiben Sie diese Situation in Skizzen auf. Anschließend teilen Sie sich in der Dialogrunde (im Plenum oder in Kleingruppen) mit.

Alle drei Übungen bieten „Stoff" für ergiebige Dialoge.

Folgende Fragen eignen sich für das persönliche Abschlusswort:
- *Haben Sie etwas Neues bei sich entdeckt?*
- *Wie haben Sie den Dialog in der Gruppe wahrgenommen?*
- *Welche Auswirkungen wird Ihre Erfahrung zu Hause haben? etc.*

* bearbeitet von Hartkemeyer und Dhority, Osnabrück, 2003

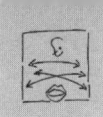

Fünf Säulen der Erziehung*

„Ich habe beobachtet, dass Eltern, die ein Grundvertrauen in das Leben und ein kosmisches Urvertrauen in das Leben haben, gelassener sind, weniger Kontrolle ausüben, insgesamt mehr Zutrauen zu ihren Kindern haben, besser loslassen und mit ihrer Angst um ihre Kinder angemessener umgehen können."

Tschöpe-Scheffler

können Dialogbegleitern und Eltern als Hintergrundfolie dienen. Anhand dieses Modells erhalten sie die Möglichkeit, die beiden Gegenpole zwischen entwicklungsfördernder Haltung *(Liebe, Achtung, Kooperation, Struktur, Förderung, Gemeinschaft, Spiritualität)* und entwicklungshemmender Haltung *(emotionale Kälte/ Überfürsorge, Missachtung, Dirigismus, Chaos, mangelnde Förderung und Überforderung, Isolation, Allmachtsphantasie)* in Bezug auf ihre eigene Erziehungspraxis wahrzunehmen und zu reflektieren. Als Dialogbegleiter achten sie darauf, dass es sich dabei nicht um „goldene Erziehungsregeln" oder Rezepte und Gebrauchsanweisungen für schwierige Kinder handelt (vgl. Tschöpe-Scheffler, 2012, S. 18). Es ist für alle heilsam, sich auf einen Suchprozess einzulassen, insbesondere um Eltern, die sich vermeintlich am eher „negativ" bewerteten Ende des Kontinuums erleben, nicht bloßzustellen, sondern zu ermutigen.

Unter die Haut geht das Lernen besonders durch Geschichten, Bilder und Dialogrunden, in denen Themen wie *Vertrauen in das Leben, Gelassenheit, Hoffnung, Verzeihen, Trost oder Mut* in der persönlichen Auseinandersetzung reflektiert werden können.

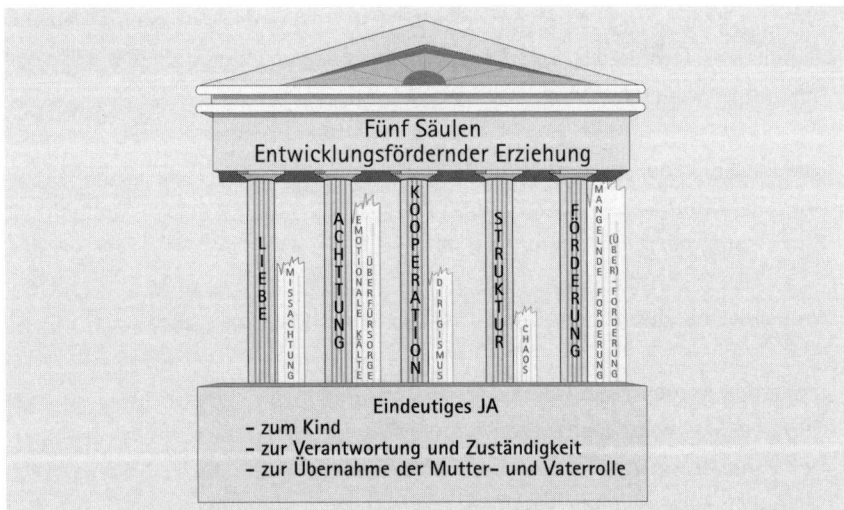

* Das Modell der „Fünf Säulen der Erziehung" wurde ergänzt um zwei weitere, *Gemeinschaft* und *Spiritualität* auf Seiten der entwicklungsfördernden Dimensionen und als deren „Gegenspieler" *Isolation* und *Allmachtsphantasie.* Zur Vertiefung empfehle ich das Buch „Große Kraft in kleinen Dingen – Spiritualität im Zusammenleben mit Kindern" von Sigrid Tschöpe-Scheffler und Helmut Tschöpe, 2012, S. 17 ff.

Ausflug in die eigene Kindheit

Wir alle bringen eine Menge Erlebnisse (Glücksmomente, Kränkendes etc.) mit, die möglicherweise unbewusst unseren heutigen Lebensidealen im Wege stehen. Der Ausflug in die eigene Lebensgeschichte mithilfe von Fotos aus der eigenen Kindheit, kann die Teilnehmer für sich und für die Kinder sensibilisieren.

Eltern berichten, unterstützt durch Kinderfotos, die sie mitbringen und auch herumreichen können, über ihre Erfahrungen und Gefühle aus Kindertagen. Nach Möglichkeit sollte jeder, der es wünscht, das Wort bekommen. Erfahrungsgemäß wollen die meisten über ihre Bilder und dazu gehörenden Erinnerungen reden.

Strukturierende Fragen können sein:
- *Wie haben Sie sich als Kind gefühlt?*
- *Was hat Sie glücklich gemacht?*
- *Was hat Sie gekränkt oder verletzt?*
- *Wie haben Sie Ihre Mutter/Ihren Vater und mögliche Geschwister erlebt*
- *Was hätten Sie sich von den Eltern gewünscht? etc.*

Durch das Nachdenken und den Dialog in der Gruppe bekommen Eltern einen Einblick, wie sich der selbst erlebte bzw. erlittene Erziehungsstil auf das eigene Verhalten und die Beziehung zum eigenen Kind auswirkt. Waren die Eltern aus Ihrer Sicht (zu) nachgiebig/streng, kontrollierend, liebevoll/lieblos, leistungsorientiert oder desinteressiert, verbissen oder ausgeglichen? etc. Welche Werte, Vorstellungen und Lebensgrundsätze aus Ihrer Familiengeschichte beeinflussen Ihre heutige Beziehungsgestaltung?

Auswertung:
- *Ist es Ihnen leicht oder schwer gefallen in der Gruppe über Ihre Kindheit zu reden?*
- *Haben Sie heute etwas Neues über sich erfahren?*
- *Wie haben Sie die Atmosphäre in der Gruppe empfunden?*
- *Wie hat das, was die anderen erzählt haben, auf Sie gewirkt? etc.*

Fundgrube

Viele Menschen bewahren bestimmte Gegenstände oder Relikte aus ihrer Kindheit/Jugend wie Schätze auf. Mit ihnen verbinden sie Erinnerungen an bestimmte Begebenheiten (Erfreuliches, Leidvolles) und Beziehungen zu Menschen, die ihnen etwas bedeuten oder die für das eigene Leben bzw. für das eigene Familiensystem wegweisenden Charakter hatten (wie z.B. Puppen, Stofftiere, Spielzeuge, Bücher, Schmuckstücke, religiöse Gegenstände etc.).

Die Eltern werden aufgefordert, zum nächsten Treffen einen solchen persönlichen Gegenstand mitzubringen. Die Gegenstände werden in der Gruppe von allen nacheinander inklusive ihrer Bedeutung vorgestellt. Das Gesagte bleibt unkommentiert im Raum stehen, Nachfragen sind möglich.

Durch die erzählten Geschichten entsteht in der Gruppe eine besondere Achtsamkeit.

Fundgrube – Varianten

- Ein Sprichwort aus der Kindheit,
- Ein religiöser und ritueller Gegenstand,
- Lieblingsspiel aus der Kindheit,
- Gegenstände, die Sie für ihre Kinder aufbewahren,
- Eltern werden gebeten zu erforschen, welche Bedeutung ihr Vorname hat und wer ihnen den Namen gegeben hat. Gibt es eine Geschichte zu dem Namen?

Durch die Impulse werden Dialoge von großer Tiefe entstehen, die einerseits Verbundenheit und damit den „Container" der Gruppe stärken und andererseits die Kommunikation innerhalb der Familie fördern können. Die Wirkung dieser Übung beginnt schon mit dem Suchen nach geeigneten Gegenständen, Spielen, Sprichwörtern und der semantischen Bedeutung des eigenen Namens.

Den „goldenen Kern" meines Kindes wieder sehen lernen
(Idee: Reinhart Wolff und Remi Stork 2004, „ElternCoaching und Konfliktmanagement", Kronberger Kreis für Qualitätsentwicklung e.V.)

Ablauf:
Achten Sie darauf, dass die Eltern schon in der Einladung zu dem Seminar erfahren, dass sie alle ein Foto (möglichst ein Portrait) ihres Kindes mitbringen sollen, oder vereinbaren Sie es gemeinsam mit den Eltern für einen bestimmten Tag.

Die Gruppengröße sollte bei dieser Übung zehn nicht überschreiten. Bei größeren Gruppen empfehle ich eine Teilung, damit alle Eltern von dem „warmen Regen", der von dieser Übung ausgeht, profitieren können.

Die Gruppe sitzt im Halbkreis vor einer Pinwand. Zur Einstimmung könnte z. B. die Geschichte „Ein Wunder" (S. 245) oder ein anderer Text vorgetragen werden.

Verteilen Sie vor Beginn der Übung zunächst an jede Mutter und jeden Vater so viele Moderationskarten, wie insgesamt Eltern anwesend sind. Die Mutter, die als erstes das Foto ihres Kindes aufhängen möchte, beginnt. Die anderen Eltern der Gruppe stehen jetzt von ihren Plätzen auf und schauen sich das Foto aus der Nähe genau an. Neben dem Foto hängen die folgenden drei Fragen gut sichtbar an der Wand:

- *Was sehe ich in diesem Kind?*
- *Was fällt mir dazu ein?*
- *Was bewundere ich an diesem Kind?*

Jede und jeder schreibt nun die Antworten auf die drei Fragen auf eine der Karten. Sind alle mit dem Schreiben fertig, werden die Karten mit den Rückmeldungen laut vorgelesen, eingesammelt und als „Geschenk" den jeweiligen Eltern mitgegeben. Die jeweilige Mutter oder Vater sollten Gelegenheit bekommen, ihr persönliches Befinden zu beschreiben.

Erst jetzt werden der Reihe nach alle Bilder aufgehängt.

Die besondere Stimmung in der Gruppe sollte anschließend dazu genutzt werden, einen offenen Dialog zu führen.

Geschichten als Impuls für einen Dialog

Autobiografie in fünf Kapiteln

1.
Ich gehe die Straße entlang.
Da ist ein tiefes Loch im Gehsteig.
Ich falle hinein.
Ich bin verloren ... Ich bin ohne Hoffnung.
Es ist nicht meine Schuld.
Es dauert endlos, wieder herauszukommen.

2.
Ich gehe dieselbe Straße entlang.
Da ist ein tiefes Loch im Gehsteig.
Ich tue so, als sähe ich es nicht.
Ich falle wieder hinein.
Ich kann nicht glauben, schon wieder am gleichen Ort zu sein.
Aber es ist nicht meine Schuld.
Immer dauert es noch sehr lange, herauszukommen.

3.
Ich gehe dieselbe Straße entlang.
Da ist ein tiefes Loch im Gehsteig.
Ich sehe es.
Ich falle immer noch hinein ... aus Gewohnheit.
Meine Augen sind offen.
Ich weiß, wo ich bin.
Es ist meine Schuld.
Ich komme sofort heraus.

4.
Ich gehe dieselbe Straße entlang.
Da ist ein tiefes Loch im Gehsteig.
Ich gehe darum herum.

5.
Ich gehe eine andere Straße.

Portia Nelson

Aus: Reifarth 1997, Das Enneagramm, Frankfurt/M., S. 233

Die Blinden und der Elefant

Hinter Ghor lag eine Stadt, deren Bewohner erblindet waren. Ein König zog eines Tages mit Gefolge und einer Armee in die Gegend. Er führte einen mächtigen Elefanten mit sich, den er bei kriegerischen Angriffen einsetzte und auch, um der Leute Ehrfurcht zu vergrößern.

Die Menschen waren begierig, mehr über den Elefanten zu erfahren, und einige Blinde liefen in die Gegend, wo sie den Elefanten vermuteten. Dort angekommen betasteten sie die Teile des mächtigen Tieres, die ihnen erreichbar waren. Und da sie über Elefanten nichts wussten, waren sie überzeugt, nun die wahren Tatsachen zu kennen.

Der Mann, dessen Hand ein Ohr betastet hatte, sagte: „Er ist groß und rau, so breit und ausgedehnt wie ein Teppich." Einer, der den Rüssel berührt hatte, sagte: „Ich kenne die wahren Tatsachen. Er ist eine gerade und hohle Röhre, schrecklich und zerstörerisch." Ein anderer, der die Füße und Beine des Elefanten berührt hatte, rief: „Ich sage Euch, er ist ein mächtiger und großer Pfeiler." Und der Blinde, der den Schwanz des Elefanten in seinen Händen gehalten hatte, sagte: „Er ist ein riesiger Pinsel." Und der schließlich, der den Leib des Elefanten meinte, „Glaubt mir, er ist eine wuchtige Tonne."

Jeder hatte ein Teil von vielen berührt. Und weil keiner alles wusste, hatte jeder es falsch aufgefasst.

Aus: Reifarth und Scherpner 1993, Der Elefant – Texte für Beratung und Fortbildung, Frankfurt/M.

Augen und Augenlider

Nachdem sich einer seiner Schüler eines ernsten Vergehens schuldig gemacht hatte, erwarteten alle, dass der Meister ihn exemplarisch bestrafen würde.

Als ein voller Monat vorübergegangen war, ohne dass er etwas getan hatte, machte man dem Meister Vorwürfe:

„Wir können nicht übersehen, was passiert ist. Schließlich hat uns Gott Augen gegeben."

„Ja", erwiderte der Meister, „Und Augenlider."

Aus: Anthony de Mello, Zeiten des Glücks, Geschichten für Herz und Seele, Herder Verlag Freiburg

---

Die Geschichte vom Rabbi

Ein alter Rabbi erhält Besuch von einem jungen Theologiestudenten. Während die beiden miteinander über die verschiedensten Dinge reden, kommt ein älteres Ehepaar zum Rabbi, das sich zerstritten hat und das sich vom Rabbi einen Rat erhofft.

Der Rabbi sagt: Zuerst soll der Mann hereinkommen.

Der Mann schimpft und flucht und zetert über seine Frau, und als er fertig ist mit seinem Klagen, sagt der Rabbi zu ihm: „Du hast Recht!" Der Mann geht hinaus.

Danach kommt die Frau herein und jammert und klagt und stöhnt über ihren Mann, und als sie fertig ist mit ihrem Klagen, sagt der Rabbi zu ihr: „Du hast Recht!"

Als auch die Frau hinaus gegangen ist, hält es den jungen Theologen nicht länger, und er hält dem alten Rabbi vor, dass es nicht möglich sei, beiden Recht zu geben, wo sie doch so verschiedener Meinung gewesen seien, und er verwirft das Verhalten des Rabbis auf das entschiedenste. Als er fertig ist mit seinem Plädoyer, sagt der Rabbi zu ihm: „Du hast Recht!"

Aus: Palmowski 1996, Der Anstoß des Steines, Dortmund, S. 66

Der Zwangsneurotiker

Ein Mann sitzt im Bummelzug. Bei jeder Station steckt er den Kopf zum Fenster hinaus. Er liest den Ortsnamen und stöhnt entsetzlich. Nach vier oder fünf Stationen fragt ihn sein Gegenüber besorgt: „Tut Ihnen etwas weh?" Da antwortet der Mann: „Ich fahre in die falsche Richtung." Der Gegenüber: „Warum steigen Sie denn nicht aus?" Der Mann: „Aber hier ist es so schön warm."

Ich entdeckte diese kleine Geschichte in dem Buch: Mathias Jung/Adelheid Gerstenberg 2005, Alles blüht um mich her – Erinnerungen an Ingo Gerstenberg, Dan-Casriel-Institut „Hirsenmühle", Hadamar, S. 29. Ursprünglich stammt sie aus dem Buch: „Mut zum Ich" von Mathias Jung.

Dobermann und Lebertran

*Ein Mann begann, seinem Dobermann große Mengen Lebertran zu geben,
weil man ihm gesagt hatte, das Zeug sei gut für Hunde. Jeden Tag pflegte er
den Kopf des widerstrebenden Tieres zwischen seinen Knien festzuhalten,
seine Schnauze gewaltsam zu öffnen und ihm die Flüssigkeit mit dem Löffel
hineinzuschütten.*

*Eines Tages riss sich der Hund los und spuckte den Lebertran aus. Zum größten
Erstaunen seines Herrn begann er dann jedoch, den Löffel abzulecken. So kam
der Mann darauf, dass der Hund nichts gegen Lebertran hatte, sondern gegen
die Art der Verabreichung.*

Aus: Anthony de Mello 2002, Geschichten, die gut tun – Weisheiten für jeden Tag, Freiburg, S. 52

Einklang

*Als ein Mann, dessen Ehe nicht gut ging, seinen Rat suchte,
sagte der Meister: „Du must lernen, deiner Frau zuzuhören."*
*Der Mann nahm sich diesen Rat zu Herzen und kam nach einem Monat zurück
und sagte, er habe gelernt, auf jedes Wort, das seine Frau sprach, zu hören.*
Sagte der Meister mit einem Lächeln:
„Nun geh nach hause und höre auf jedes Wort, das sie nicht sagt."

Aus: Anthony de Mello, Zeiten des Glücks, Geschichten für Herz und Seele, Herder Verlag Freiburg

*Ein Mann, der sehr stolz auf seinen makellosen Rasen war, stand eines Morgens
stattdessen vor einer mit Löwenzahn übersäten Wiese. Er versuchte alles mögliche, um den Löwenzahn loszuwerden, aber der kam immer wieder. Schließlich
schrieb er in seiner Verzweiflung an das Landwirtschaftsministerium. Er zählte
auf, was er schon alles versucht hatte und schloss mit der Frage: „Was soll ich
jetzt bloß machen?"*
*Nach einiger Zeit kam die Antwort: „Wie wär's, wenn Sie versuchten, den Löwen-
zahn einfach schön zu finden und ihn lieben zu lernen?"*

Dag Hammerskjöld
Aus: Kurtz u. Ketcham, Spiritualität der Unvollkommenheit, S. 199

Niemals Gewalt gegen Kinder

Jenen, die jetzt so vernehmlich nach härterer Zucht und strafferen Zügeln rufen, möchte ich das erzählen, was mir einmal eine alte Dame berichtet hat. Sie war eine junge Mutter, als ihr kleiner Sohn etwas getan hatte, wofür er ihrer Meinung nach eine Tracht Prügel verdiente, die erste in seinem Leben.

Sie trug ihm auf, in den Garten zu gehen und selber nach dem Stock zu suchen, den er ihr dann bringen sollte. Der kleine Junge ging und blieb lange fort. Schließlich kam er weinend zurück und sagte: „Ich habe keinen Stock finden können, aber hier hast Du einen Stein, den kannst Du ja nach mir werfen." Da fing auch die Mutter des Kindes an zu weinen, denn plötzlich sah sie alles mit den Augen des Kindes. Das Kind musste gedacht haben, *„meine Mutter will mir wirklich weh tun, und das kann sie ja auch mit einem Stein"*. Sie nahm ihren kleinen Sohn in die Arme. Dann legte sie den Stein auf ein Bord in der Küche, und dort blieb er liegen als ständige Mahnung an das Versprechen, das sie sich in dieser Stunde selber gegeben hatte: „Niemals Gewalt!"

Astrid Lindgren, 1976

Zwei

Schweigend saß der alte Indianer mit seinem Enkel am Lagerfeuer. Die Bäume standen wie dunkle Schatten, das Feuer knackte und die Flammen züngelten in den Himmel.

Nach einer Weile sagte der Alte: „Manchmal fühle ich mich, als ob zwei Wölfe in meinem Herzen miteinander kämpfen. Einer der beiden ist rachsüchtig, aggressiv und grausam. Der andere ist liebevoll, sanft und mitfühlend."

„Welcher der beiden wird den Kampf um dein Herz gewinnen?", fragte der Junge.

„Der, den ich füttere", antwortet der Alte.

Verfasser unbekannt

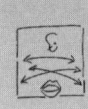

Der Segen meines Großvaters

Wenn ich an den Freitagnachmittagen nach der Schule zu meinem Großvater zu Besuch kam, dann war in der Küche seines Hauses bereits der Tisch zum Teetrinken gedeckt. Mein Großvater hatte seine eigene Art, Tee zu servieren. Es gab bei ihm keine Teetassen, Untertassen oder Schalen mit Zuckerstückchen oder Honig. Er füllte Teegläser direkt aus einem silbernen Samowar. Man musste zuerst einen Teelöffel in das Glas stellen, denn sonst hätte das dünne Glas zerspringen können. Mein Großvater trank seinen Tee auch nicht so, wie es die Eltern meiner Freunde taten. Er nahm immer ein Stück Zucker zwischen die Zähne und trank dann den ungesüßten heißen Tee aus dem Glas. Und ich machte es wie er. Diese Art, Tee zu trinken, gefiel mir viel besser als die Art, auf die ich meinen Tee zu Hause trinken musste.

Wenn wir unseren Tee ausgetrunken hatten, stellte mein Großvater stets zwei Kerzen auf den Tisch und zündete sie an. Dann wechselte er auf hebräisch einige Worte mit Gott. Manchmal sprach er diese Worte laut aus, aber meist schloss er einfach die Augen und schwieg. Dann wusste ich, dass er in seinem Herzen mit Gott sprach. Ich saß da und wartete geduldig, denn ich wusste, jetzt würde gleich der beste Teil der Woche kommen.

Wenn Großvater damit fertig war, mit Gott zu sprechen, dann wandte er sich mir zu und sagte: „Komm her, Neshumele." Ich baute mich dann vor ihm auf, und er legte mir sanft die Hände auf den Scheitel. Dann begann er stets, Gott dafür zu danken, dass es mich gab und dass Er ihn zum Großvater gemacht hatte. Er sprach dann immer irgendwelche Dinge an, mit denen ich mich im Verlauf der Woche herumgeschlagen hatte, und erzählte Gott etwas Echtes über mich. Jede Woche wartete ich bereits darauf, zu erfahren, was es diesmal sein würde. Wenn ich während der Woche irgend etwas angestellt hatte, dann lobte er meine Ehrlichkeit, darüber die Wahrheit gesagt zu haben. Wenn mir etwas misslungen war, dann brachte er seine Anerkennung dafür zum Ausdruck, wie sehr ich mich bemüht hatte. Wenn ich auch nur kurze Zeit ohne das Licht meiner Nachttischlampe geschlafen hatte, dann pries er meine Tapferkeit, im Dunkeln zu schlafen. Und dann gab er mir seinen Segen und bat die Frauen aus ferner Vergangenheit, die ich aus seinen Geschichten kannte – Sara, Rahel, Rebekka und Lea – auf mich aufzupassen.

Diese kurzen Momente waren während meiner ganzen Woche die einzige Zeit, in der ich mich völlig sicher und in Frieden fühlte. In meiner Familie von Ärzten und Krankenschwestern rang man unablässig darum, noch mehr zu lernen und noch mehr zu sein. Da gab es offenbar immer noch etwas mehr, das man wissen musste. Es war nie genug. Wenn ich nach einer Klassenarbeit mit einem Ergebnis von 98 von 100 Punkten nach Hause kam, dann fragte mein Vater: „Und was ist mit den restlichen zwei Punkten?" Während meiner gesamten Kindheit rannte ich unablässig diesen zwei Punkten hinterher. Aber mein Großvater scherte sich nicht um solche Dinge. Für ihn war mein Dasein allein schon genug. Und wenn ich bei ihm war, dann wusste ich irgendwie mit absoluter Sicherheit, dass er recht hatte.

Mein Großvater starb, als ich sieben Jahre alt war. Ich hatte bis dahin nie in einer Welt gelebt, in der es ihn nicht gab, und es war schwer für mich, ohne ihn zu leben. Er hatte mich auf eine Weise angesehen, wie es sonst niemand tat, und er hatte mich bei einem ganz besonderen Namen genannt – „Neshumele", was „geliebte kleine Seele" bedeutet. Jetzt war niemand mehr da, der mich so nannte. Zuerst hatte ich Angst, dass ich, wenn er mich nicht mehr sehen und Gott erzählen würde, wer ich war, einfach verschwinden würde. Aber mit der Zeit begann ich zu begreifen, dass ich auf irgendeine geheimnisvolle Weise gelernt hatte, mich durch seine Augen zu sehen. Und das einmal gesegnet worden zu sein heißt, für immer gesegnet zu sein.

Viele Jahre später, als meine Mutter in hohem Alter überraschenderweise begann, selbst Kerzen anzuzünden und mit Gott zu sprechen, erzählte ich ihr von diesen Segnungen und was sie mir bedeutet hatten. Da lächelte sie traurig und sagte zu mir: „Ich habe dich an jedem Tag deines Lebens gesegnet, Rachel. Ich habe nur nicht die Weisheit besessen, es laut auszusprechen."

Quelle: Aus Liebe zum Leben, Geschichten, die der Seele gut tun, Rachel Naomi Remen, Arbor Verlag

Eine alte persische Geschichte

Nacherzählt von Walther H. Lechler

Es wird eine alte persische Geschichte überliefert. Die Geschichte erzählt von einem Mann. Dieser Mann, der hatte auf dem Kopf einen halb verdorbenen Kürbis, einen großen Kürbis, den trug er auf dem Kopf. In der rechten Hand hatte er einen unförmigen Stein, in der linken einen Felsbrocken, um den Hals herum an einem ausgefransten Strick einen Mühlstein, um die Lende herum einen Wasserschlauch, wie es in früheren alten Zeiten war - das waren ja Mägen von Tieren - einen Wasserschlauch mit brackigen Wasser, auf dem Rücken trug er einen Rucksack mit Sand und an den Füßen an rostigen Ketten schwere Gewichte, und der bewegte sich so durch die Welt, und es staubte hinter ihm, wenn er die Lasten an den Ketten durch den Staub zog, er musste ja aufpassen, dass der Kürbis nicht runter fiel.

Und nun begegnete er einem Menschen der sehr früh schon draußen ist, nämlich einem Bauern, und der sagt: „Du Freund, sag mal, was machst du denn eigentlich mit diesem Felsbrocken in deinen Händen?" ...Der Mann sagt: „...Felsbrocken? Felsbrocken? Mmmh...?? Das habe ich ja überhaupt nicht gemerkt, das ist ja eigentlich wahr." Dann ließ er die Felsbrocken fallen und sagte: „Ich danke dir Freund, mir ist jetzt viel leichter schon."

Und so zog er seines Weges, und gegen Mittag kam ein anderer Bauer, und dieser Bauer sagte: „Mein Freund, um Gottes Willen, was hast du denn da auf dem Kopf?" ...Sagt der Mann: „Auf dem Kopf? hha...? Was habe ich denn da?" „Ja, du hast da einen halbverfaulten Kürbis." Sagt er: „Ja? Habe ich überhaupt nicht gemerkt." ... „Oh, oh, ist das schön, oh ist das schön!!", ruft er, als er den Kürbis vom Kopf nimmt.

Und dann in der Nachmittagshitze sagt ein weiterer Bauer zu ihm: „Sag mal, wozu trägst du eigentlich den Sand herum?" ...Sagt der Mann: „Welchen Sand?" „Na ja, da in deinem Rucksack." ...Sagt er: „In meinem Rucksack?... Sand?"... Da lacht der Bauer und sagt: „Hier, hier gibt es mehr Sand als am Meer und in der Wüste Gobi." Sagt er: ... „So?" Und dann lässt er den Sand runter und füllt damit Schlaglöcher in der Straße. „Das ist gut!", murmelt er erfreut.

Der Bauer mustert erstaunt den Wasserschlauch und fragt: „Und der Wasser-schlauch, siehst du nicht da drüben, da ist ein Fluss mit klarem, wunderbar frischem Wasser?" Sagt der Mann: „So...?" Und so lässt er das Wasser in den Sand rinnen, und sagt: „Ja, es ist schön, ich fühle mich jetzt ganz anders, ich danke dir Freund, dass du mich darauf aufmerksam gemacht hast."

Der Bauer sagt: „Was machst du denn jetzt mit den Ketten, die sind doch unbe-quem, und die Gewichte sehen schwer aus?" Der Mann schaut erstaunt auf die Ketten mit den Gewichten. „Ketten? Warum trage ich Ketten mit Gewichten?" ...und er nimmt die Ketten ab mit den Gewichten. Dann geht er weiter des Wegs, aber immer noch ein bisschen nach vorne gebeugt. Dankend verabschiedet er sich von dem Bauern.

Dann plötzlich in der Abendsonne sieht er an sich herunter und sieht den Mühl-stein am ausgefransten Strick. Kopfschüttelnd legt er den auch noch ab, geht end-gültig befreit und aufrecht davon und sucht sich eine Herberge.

Ein junger Vertreter ging auf den Farmer zu und begann aufgeregt über das Buch zu reden, das er in der Hand hatte. „Aus diesem Buch erfahren Sie alles, was Sie über die Landwirtschaft wissen sollten", sagte er voller Begeisterung. „Sie erfah-ren, wann zu säen ist und wann zu ernten. Sie erfahren alles über das Wetter, was Sie wann zu erwarten haben. Dieses Buch sagt Ihnen alles, was Sie wissen sollten."

„Junger Mann", erwiderte der Farmer, „das ist nicht das Problem. Ich weiß alles, was in dem Buch steht. Mein Problem ist, es auch zu tun."

Thomas Hopko
Aus: Kurtz u. Ketcham, Spiritualität der Unvollkommenheit, S. 159

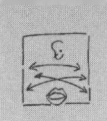

12 Forderungen eines Kindes an seine Eltern/ErzieherInnen

1. Verwöhne mich nicht!
Ich weiß genau, dass ich nicht alles bekommen kann - ich will dich nur auf die Probe stellen.

2. Sei nicht ängstlich, im Umgang mit mir standhaft zu bleiben!
Mir ist Haltung wichtig, weil ich mich dann sicher fühle.

3. Weise mich nicht im Beisein anderer zurecht, wenn es sich vermeiden lässt!
Ich werde deinen Worten mehr Bedeutung schenken, wenn du zu mir leise und unter vier Augen sprichst.

4. Sei nicht fassungslos, wenn ich zu dir sage: „Ich hasse dich!"
Ich hasse dich nicht, sondern deine Macht, meine Pläne zu durchkreuzen.

5. Bewahre mich nicht immer vor den Folgen meines Tuns!
Ich muss auch peinliche und schmerzhafte Erfahrungen machen, um innerlich zu reifen.

6. Meckere nicht ständig!
Ansonsten schütze ich mich dadurch, dass ich mich taub stelle.

7. Mache keine vorschnellen Versprechungen!
Wenn du dich nicht an deine Versprechungen hältst, fühle ich mich schrecklich im Stich gelassen.

8. Sei nicht Inkonsequent!
Das macht mich unsicher und ich verliere mein Vertrauen zu dir.

9. Unterbrich mich nicht und höre mir zu, wenn ich Fragen stelle!
Sonst wende ich mich an andere, um dort meine Informationen zu bekommen.

10. Lache nicht über meine Ängste!
Sie sind erschreckend echt, aber du kannst mir helfen, wenn du versuchst, mich ernst zu nehmen.

11. Denke nicht, dass es unter deiner Würde sei, dich bei mir zu entschuldigen!
Ehrliche Entschuldigungen erwecken bei mir ein Gefühl von Zuneigung und Verständnis.

12. Versuche nicht, so zu tun als seiest du perfekt oder unfehlbar!
Der Schock ist so groß, wenn ich herausfinde, dass du es doch nicht bist.

Ich wachse so schnell auf und es ist sicher schwer für dich, mit mir Schritt zu halten,
aber jeder Tag ist wertvoll, an dem du es versuchst.

Aus: Lucia Feider, 1999, Entdeckungskiste, Kindergarten-Fachverlag.

Ein Wunder

Wann wird man unsere Kinder in der Schule lehren, was sie selbst sind?

Jedem dieser Kinder sollte man sagen:

Weißt du, was du bist?

Du bist ein Wunder!

Du bist einmalig!

Auf der ganzen Welt gibt es kein zweites Kind, das genauso ist wie du.

Und Millionen von Jahren sind vergangen, ohne dass es je ein Kind

gegeben hätte wie dich.

Schau deinen Körper an, welch ein Wunder!

Deine Beine, deine Arme, deine geschickten Finger, deinen Gang.

Aus dir kann ein Shakespeare werden, ein Michelangelo, ein Beethoven.

Es gibt nichts, was du nicht werden könntest.

Jawohl, du bist ein Wunder. Und wenn du erwachsen sein wirst,

kannst du dann einem anderen weh tun,

der, wie du selbst, auch ein Wunder ist?

Worte des großen spanischen Cellisten Pablo Casals

Aus: Mathias Jung, Adelheid Gerstenberg, 2005, Alles blüht um mich her – Erinnerungen an Ingo Gerstenberg, Dan-Casriel-Institut „Hirsenmühle", Hadamar, S. 29. Ursprünglich stammt der Text aus dem Buch: „Der kleine Prinz in uns – Auf Entdeckungsreise mit Saint-Exupery", 2005, von Mathias Jung.

Das Fahrrad als Sinnbild

Diese Übung soll anhand eines einfachen und übersichtlichen Bildes helfen, die eigene Position innerhalb des Familiensystems oder eines Teams zu reflektieren. Überall in der Welt lässt sich kurzfristig ein Fahrrad auftreiben, um es in die Mitte des Seminarraums zu stellen. Das Fahrrad eignet sich deshalb als Bild für ein Familiensystem und andere Systeme, weil ein „Rad" ins andere greift. Alle Teile hängen in irgendeiner Weise zusammen.

1. **Schritt:** Auf eine Karte schreibt jede/jeder für sich auf die Vorderseite die Antwort auf folgende Frage: „Wenn ich mir ein Rad anschaue, als welchen Teil dieses Rades empinde ich mich?" (bezogen auf meine Rolle, Funktion, Position)
2. **Schritt:** Auf der Rückseite wird die Begründung notiert auf die Fragen: „Was tue ich dafür, dass ich mich als .... empfinde oder diese „Rolle" auch ausfülle?", „Wie zufrieden bin ich mit meiner Rolle?"
3. **Schritt:** Nach ein paar Minuten Bedenkzeit werden die ausgefüllten Karten laut im Kreis vorgelesen und anschließend einzeln mit Klebstreifen an der entsprechenden Seite des Rades befestigt.
4. **Schritt:** Dialog-Runde: Die Äußerungen der Teilnehmer lösen in der Regel einen ausgiebigen Dialog über Rollenbilder, Funktionen in den Familien, Beteiligung der Familienmitglieder am Haushalt etc. aus.

* Bearbeitet von Siegfried Seeger

Dialogischer Spaziergang*

Thema: (Beispiel) „Welcher Wachstumsschritt steht bei mir an?"
Was tue ich zu seiner Realisierung?
Wie sabotiere ich mich?

Regel: Der Zuhörende ist jeweils Zeitwächter (zeitlicher Ablauf: 10'/5'/10'/5'/15' Min.)

Struktur:

1. Schritt: A spricht 10 Minuten – ohne Unterbrechung durch Fragen o. ä. (Auf jeden Fall einhalten, auch wenn A zwischendurch nichts mehr einfällt und A schweigt. In der Regel dauert das Schweigen nicht sehr lange)

B hört absolut präsent zu. (Kein Blickkontakt, keine Unterbrechungen). B lädt A auf diese Weise ein, seinen Gedanken freien Lauf zu lassen. B beobachtet, wann Wertungen auftauchen, (Stell diese ins „Regal", du brauchst nicht auf Details zu achten/ musst nicht alles zu behalten.)

2. Schritt: B fasst 5 Minuten das Gehörte, oder die Essenz dessen zusammen. Es kommt nicht auf „Vollständigkeit" an. Vollständigkeit gibt es nach Dialogischem Verständnis nicht. (Achte darauf, ob und was du bereits bewertest.)

A korrigiert nicht („Das hab ich aber nicht gesagt" o. ä.) und hört B ohne Unterbrechungen aufmerksam zu

3. Schritt: Wechsel von A und B

4. Schritt: Paarweise Austausch 15 Minuten

5. Schritt: Dialog-Runde über Qualität und Wirkung des Zuhörens und Gehört-Werdens, des Verstehens, des Sich-angenommen-Fühlens

* Diese Übung wurde von L. Freeman Dhority entwickelt.

Beschreibung:

In dieser Übung zu zweit experimentieren wir mit behutsamem, nicht-wissenden Wahrnehmen und Zuhören und nehmen eine soweit wie möglich „besuchende Haltung" in der Welt des anderen ein. Nicht um Auszufragen. Es geht um Dialogische Präsenz und Achtsamkeit.

Zwei Menschen gehen während eines Spazierganges nebeneinander her. Es wird vorher mit allen Teilnehmern vereinbart, dass die Partner sich während der jeweils 10 Minuten, in denen Sie von sich erzählen, nicht anschauen und auf jede Form von zustimmenden bzw. ablehnenden Worten, Nachfragen wie: „Sag doch nochmal, wie war das?", „Geräuschen" wie: „hmm", Gesten mit den Händen, Dazwischen reden wie z.B.: „Ach du je, das kenne ich auch", „Das ist ja noch gar nichts", „Das will ich genauer wissen", verzichten.

Diese Art des aktiven Zuhörens eignet sich auch in der Beratung. Alternativ können sie sich nebeneinander hinsetzen und gemeinsam einen bestimmten Punkt, ein Bild, einen Baum anschauen. Eltern berichten auch von guten Erfahrungen mit dieser Art des Zuhörens bei Autofahrten.

Anlagen zum Seminarablauf I und II

Die folgenden Seiten dienen als Kopiervorlagen für Ihre Kursunterlagen; sie sind nicht zur kommerziellen Nutzung freigegeben!

Ob und wie ich als Einladender die Eltern erreiche, inwiefern es mir gelingt, mit Eltern in Kontakt zu treten, hängt wesentlich von meiner Einstellung und meinen Motiven ab. Eltern „erreichen" heißt in erster Linie, eine Beziehung zu ihnen aufzubauen. Die Beziehungsqualität wird dadurch spürbar, dass Eltern merken, dass es auf sie ankommt, nicht, „weil sie es aus meiner Sicht nötig haben". Eine schriftliche Einladung sehe ich allenfalls als Ergänzung.

Anlage 1, Elternbrief (Vorschlag)*

Liebe Mutter und lieber Vater,

Ich/wir freue(n) mich/uns, Ihnen hiermit Elternseminare im Dialog anbieten zu können.

In den zwei bis acht Treffen geht es um den Austausch von Gedanken, Erfahrungen und Vorstellungen über das Leben in Ihren Familien und über:
Das Zusammenleben mit den Kindern.
Ihre Bedürfnisse als Eltern und als Paar.
Das, was Sie momentan bewegt und Ihnen wichtig erscheint.
Das, was Ihnen Sorgen und Freude bereitet.
Das, was Ihnen im Leben bisher gut gelingt und Kraft gibt.
etc.

Im Dialog wollen wir uns mit unseren Gedanken bereichern und viele unterschiedliche Möglichkeiten und Wege entdecken, das Leben mit unseren Kindern zu gestalten. Der Kurs bietet Raum und Zeit für Ihre Anliegen. Rezepte sind nicht zu erwarten, denn die gibt es für das Leben nicht. Bestimmt wird für jede und jeden etwas (anderes) dabei sein. Viele Gründe, sich zu diesem besonderen Dialog anzumelden.

* Dieser Vorschlag stammt von Jana Wehner.

Die Elterseminare werden am _____ und _____ jeweils in der Zeit von _____ bis _____ Uhr stattfinden.

Ort: _____

Die inhaltliche Vorbereitung und die Durchführung liegen in den Händen von_____, die/der in dem Bereich von Elternseminaren einige Erfahrung gesammelt hat.

Ich/wir freuen uns auf Sie.

Herzliche Grüße

_____

[ ] Ich bin an den Elternseminaren interessiert
und werde an ihnen mit _____ Personen teilnehmen.

[ ] Ich werde nicht teilnehmen.

Unterschrift _____

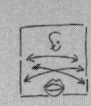

Anlage 2
Fragen zum Dialog-Karussell

Bitte wählen Sie etwa sechs bis sieben Fragen aus oder stellen dem Thema entsprechend andere Fragen.

Zum Thema „Sucht" und Lebensbewältigung:

- *Welche Süchte bzw. welches süchtige Verhalten kennen Sie? Welche Einstellung haben Sie dazu?*
- *Glauben Sie, dass es Eigenschaften gibt, die Kinder und Erwachsene davor schützen können, süchtig zu werden?*
- *Irgendwie habe ich Angst, dass mein Kind süchtig werden könnte – geht es Ihnen genauso?*
- *Welche Unterstützung wünschen Sie sich als Eltern?*
- *Können Sie auf Anhieb drei Punkte benennen, wo die Stärken Ihres Kindes/ Ihrer Kinder liegen?*
- *Was kann Ihrer Meinung nach zu gestörter Kommunikation führen?*
- *Was kann aus Ihrer Sicht zu Suchtverhalten führen?*
- *Entdecken Sie manchmal auch an sich selbst süchtige Verhaltensweisen?*
- *Was braucht Ihr Kind, um als starker Mensch durchs Leben zu gehen?*
- *Gibt es bei Ihnen feste Familientermine (z.B. Abendessen), zu denen alle Familienmitglieder gerne und ohne Hektik zusammenkommen?*
- *Sind die Aufgaben in Ihrer Familie gerecht verteilt, oder führt Mutter ein Hotel „Mama"?*
- *Wie viele Kinder haben Sie und wie alt sind sie?*
- *Über was können Sie besonders herzlich lachen?*

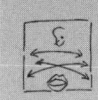

Anlage 3
Impulsfragen zum Dialog:

Was stärkt uns, was schützt uns?

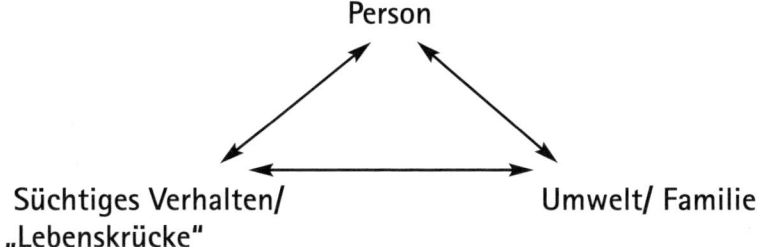

Person

Süchtiges Verhalten/   Umwelt/ Familie
„Lebenskrücke"

Person
- *Wie viel Eigenverantwortung lasse ich meinen Kindern/dem Partner/ der Partnerin?*
- *Was tue ich dafür, damit mein Kind ein „gesundes", realistisches Selbstwertgefühl entwickelt?*
- *Wie steht's mit meiner Lust am Leben?*
- *Stelle ich mich dem Leben mit allen Höhen und Tiefen? Und lebe ich das den Kindern vor?*
- *Lebensziele und Lebenssinn suchen – ist ja gut und schön, aber was tue ich dafür?*
- *Erlebe ich Konflikte eher als Gewinn oder als Dauerbelastung?*
- *Sehe ich Probleme und Krankheiten als Herausforderungen?*
- *Sehe ich mich überwiegend in einer Opferrolle?*
- *Kann ich Trauer als einen Teil meines Lebens zulassen?*

Umwelt – Elternhaus/Familie/Partnerschaft
Umgang miteinander – Familienklima
- *Lebe oder schreibe ich meinen Kindern alles vor?*
- *Ermutige oder bremse ich ihren Tatendrang und ihre Neugier?*
- *Wie viel Zeit nehme ich mir als Vater oder Mutter für die Familie?*

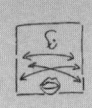

- *Wie viel und über was reden wir zu Hause miteinander?*
- *Höre ich den anderen zu?*
- *Finden meine Belange das Interesse der anderen Familienmitglieder?*
- *Gibt es gemeinsame Familientermine, zu denen sich alle zusammenfinden?*
- *Wie halten wir es mit (Familien-)Traditionen?*
- *Sind die Aufgaben im Haushalt gerecht verteilt, oder führt Mutter ein Hotel?*
- *Übernehme ich Verantwortung für meine Familie oder für Freunde?*
- *Wann und wie setze ich Grenzen?*
- *Fällt es mir leicht, mich von anderen Familienmitgliedern abzugrenzen?*

Konflikte und Umgang mit Krankheiten

- *Wird bei uns alles offen angesprochen oder gibt es Tabu-Themen, die immer ausgespart bleiben?*
- *Wie gehe ich mit Konflikten und Frustration um?*
- *Wie verhalten sich die Kinder in derartigen Situationen?*
- *Werden bei uns Streitigkeiten eher unter den Teppich gekehrt?*
- *Gehören für mich Gesundheit und Krankheit gleichermaßen zum Leben?*
- *Suche ich bei Krankheit gleich den Arzt auf oder überlege ich auch, was ich zur Krankheit beigetragen habe und wie ich die Heilung unterstützen kann?*

Konsumverhalten – Lebensstil und Werte

- *Wie stehe ich zu Modeerscheinungen und neuen Trends?*
- *Wird bei uns zu Hause Konsumverhalten thematisiert?*
- *Wie wichtig sind mir neue „Klamotten"?*
- *Fühle ich mich von der Werbung angesprochen?*

Suchtmittel – „Droge" – „Lebenskrücke" (gute Seiten – schlechte Seiten) Genuss

- *Was würde ich als meine „Droge" bezeichnen?*
- *Was mag ich an meiner „Droge"?*
- *Gelingt es mir, schöne Momente ohne „Droge" ganz bewusst zu genießen?*
- *Woran könnte ich selbst Genuss, Gewohnheit oder Abhängigkeit unterscheiden?*

Gewohnheit

- *Gibt es Dinge in meinem Leben, die ich als Gewohnheit bezeichnen würde?*
- *Wobei hilft mir die Gewohnheit?*
- *Wobei behindert sie mich?*
- *Wo liegt für mich die Grenze zwischen Gewohnheit und Abhängigkeit?*

Wirkung des Suchtmittels

- *Wozu „benutze" ich ein Suchtmittel, eine Droge oder eine andere „Lebenskrücke"?*
- *Was tut mir gut daran?*
- *Was erweist sich zunehmend als unangenehm?*
- *Welche Wirkung will ich durch mein Verhalten erzielen?*
- *Wobei hilft mir mein süchtiges Verhalten?*
- *Was reizt mich immer wieder, zu meiner „Droge" zu greifen?*
- *Was berauscht mich?*

Image des Suchtmittels

- *Wie möchte ich nach außen wirken?*
- *Welches Suchtmittel bevorzuge ich?*
- *Was möchte ich verkörpern?*
- *Wer möchte ich auf keinen Fall sein?*
- *Gilt das Suchtmittel gemeinhin als chic oder „cool"?*
- *Welche symbolische Bedeutung hat meine „Droge"?*

Sehnsucht

- Wonach habe ich „Hunger" und „Durst"?
- Wie stille ich diese(n)?
- Welche Wünsche und Bedürfnisse habe ich?
- Was tue ich dafür, dass diese in Erfüllung gehen?

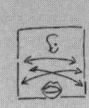

Einstiegshilfen und Übungen für Dialogisches Arbeiten

Anlage 4
Schablone „Kinderfigur"

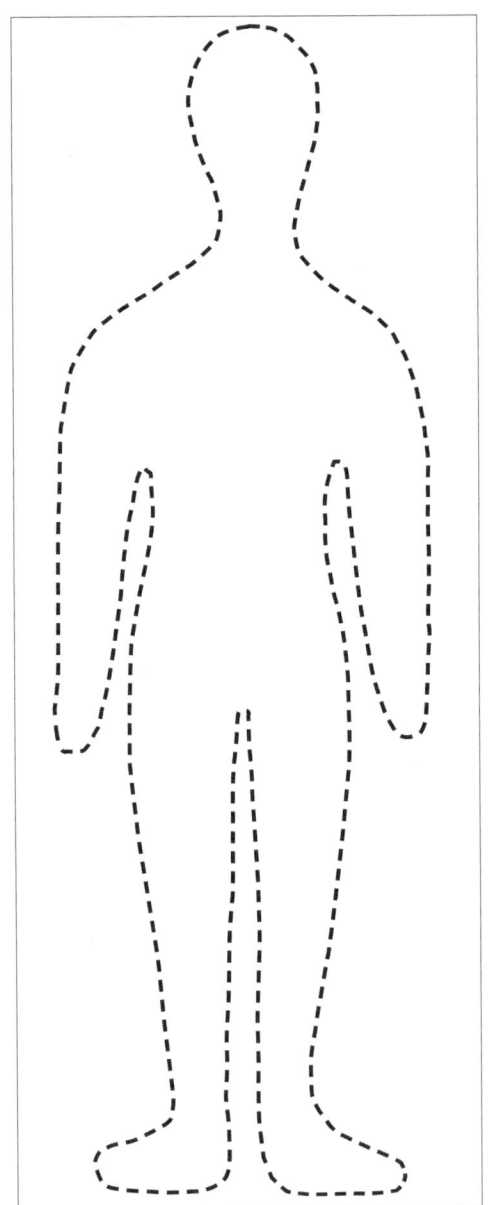

Anlage 5

Fantasiereise 1 – „Eigene Lebensbewältigung" (von Wilfried Reifarth)

Ich nehme eine bequeme Sitzposition ein / die Füße berühren mit der ganzen Sohle den Boden / Ich schließe die Augen / Ich konzentriere mich ganz auf meine Atmung / Meine Gedanken kommen und gehen / Beim Ausatmen lasse ich sie einfach weiterziehen / Meine Arme hängen locker und entspannt von den Schultern herab und die Hände liegen auf den Oberschenkeln / Ich entspanne jetzt den ganzen Körper / Ich lasse die Gesichtsmuskeln los //

Ich stelle mir vor, mein Kopf würde von einem unsichtbaren Faden gehalten, wie der Kopf einer Marionette // Ich brauche jetzt meinen Kopf nicht mehr aus eigener Kraft zu halten / Er steht vollständig in Balance / Jetzt entspannen sich Hals und Nacken // Die Entspannung wandert langsam den Rücken hinunter bis ins Becken / Von dort aus entspanne ich die Ober- und Unterschenkel bis hinunter zu den Füßen /

Ich stelle mir vor, es steht ein Tisch vor mir, den nur ich alleine sehe / Ich habe jetzt die gute Gelegenheit, einmal alle großen und kleinen Sorgen in Form von größeren und kleineren Päckchen vor meinem geistigen Auge auf dem Tisch auszubreiten / Ich schaue in mich hinein und betrachte, wie ich selbst mit meinen eigenen Problemen umgehe. Wie verhalte ich mich bei Konflikten? / Wie gehe ich mit Angst um ? / Wie reagiere ich auf unsichere Situationen? //

Wie begegne ich einer neuen, unbekannten Situation, fremden Menschen und Situationen, die mir Angst machen? / Was erzeugt bei mir Stress, und wie reagiere ich dann? / Wie verhalte ich mich unter Druck, bei Druck von Außen, aber auch bei Druck, den ich mir selbst mache? / Wie gehe ich mit Einsamkeit um? / Erlaube ich mir, glücklich zu sein? / Kann ich Ruhe und Stille gut aushalten, oder was tue ich, wenn ich mich vernachlässigt fühle? / Wie fülle ich empfundene Leere und Langeweile? / Wenn ich mich unwohl oder kränklich fühle, wie schnell greife ich zu Medikamenten? / Was mache ich, um mich zu entspannen und zu zerstreuen? / Brauche ich vielleicht auch kleine Hilfsmittel wie Kaffee, Zigaretten, Süßigkeiten, ein Glas Bier oder Wein oder sonst ein Mittel? / Wie verhalte ich mich in Momenten des Glücks? / Wie berausche ich mich? / Vielleicht sind es auch ganz andere Fragestellungen, die mich beschäftigen? ///

Ich lege alles, was mir jetzt an Bildern kommt, in Form von Päckchen auf den Tisch, der vor mir steht /// Ich betrachte die Gegenstände auf dem Tisch noch ein letztes Mal / Dann lege ich ein großes Tischtuch über alle Sachen / So entsteht vor meinem geistigen Auge eine Landschaft aus großen und kleinen Bergen, mit Tälern und Hügeln / Ich richte meinen Blick auf den höchsten Berg / Dann nehme ich einen Zipfel der Decke hoch und greife den größten Gegenstand heraus. Das Tuch lasse ich wieder los und betrachte den hervorgeholten Gegenstand /// Ich atme jetzt wieder ganz bewusst und tief durch / Ich spüre den Boden unter den Füßen, den Stuhl unter meinem Gesäß und die Lehne in meinem Rücken / Ich atme noch einmal tief ein und aus / nehme die Arme hoch und recke und strecke mich/ So komme ich langsam wieder zurück in den Klassenraum und öffne die Augen. //

Fantasiereise 2 – „Eigene Lebensbewältigung"

Ich nehme eine bequeme Sitzposition ein / die Füße berühren mit der ganzen Sohle den Boden / Ich schließe die Augen / Ich konzentriere mich ganz auf meine Atmung / Meine Gedanken kommen und gehen / Beim Ausatmen lasse ich sie einfach weiterziehen / Meine Arme hängen locker und entspannt von den Schultern herab und die Hände liegen auf den Oberschenkeln / Ich entspanne jetzt den ganzen Körper / Ich lasse die Gesichtsmuskeln los. //

Ich stelle mir vor, mein Kopf wird von einem unsichtbaren Faden gehalten, wie der Kopf einer Marionette // Ich brauche jetzt meinen Kopf nicht mehr aus eigener Kraft in der Balance zu halten / Jetzt entspannen sich Hals und Nacken // Die Entspannung wandert langsam den Rücken hinunter bis ins Becken / Von dort aus entspannen sich die Ober- und Unterschenkel / Die Entspannung fließt bis hinunter zu den Füßen //

Ich stelle mir nun vor, ich sitze bequem und entspannt in einem alten Kino / Das Licht geht langsam aus, und der rote Vorhang öffnet sich // Der Film beginnt. Dieser Film, den ich mir alleine anschaue, handelt von meinem Leben // Er handelt davon, wie ich in meinem Leben mit den unterschiedlichsten Situationen umgehe. Z.B. mit Situationen, in denen ich mich zunächst überfordert fühle und die

mir Angst machen sowie Situationen mit mir fremden Menschen // Ich betrachte von außen, quasi als Zuschauer, was mich in Stress versetzt, und wie ich dann reagiere //

Eine Szene führt mir vor Augen, wie ich mich unter Druck verhalte, bei Druck von Außen, wie auch bei Druck, den ich mir selbst mache / Ich erlebe mich in einer Situation von Einsamkeit und dem Gefühl, verlassen zu sein //

In manchen Sequenzen fühle ich mich glücklich. Diese Bilder gefallen mir besonders gut. Mir schießen Fragen durch den Kopf, was mich bisher alles glücklich gemacht hat im Leben und was ich dafür getan habe und tue //

Zum Teil sehe ich mich ruhelos. Stille kann ich mal besser und mal weniger gut aushalten / Ich hatte mir bisher selten als stiller Beobachter angeschaut, mit was ich Zeiten der Leere und Langeweile fülle //

Wie schnell greife ich zu Medikamenten in Zeiten, in denen ich mich unwohl oder kränklich fühle? / Was mache ich, um mich zu entspannen und zu zerstreuen? / Schonungslos entlarvt der Film meine kleinen „Lebenskrücken", die ich mir in der Regel nicht eingestehe / Und er zeigt mir, wie ich mit den sogenannten Alltagsdrogen wie: Kaffee, Zigaretten, Süßigkeiten, einem Glas Bier oder Wein, mit Essen, mit dem Computer und so weiter umgehe //

Wenn mich jemand vor diesem Film gefragt hätte, an was und wie ich mich berausche, ich hätte diese Frage glatt von mir gewiesen. Ich staune, was der Film alles zeigt / Ich nehme mir jetzt in aller Stille Zeit, die Bilder und Gefühle, die der Film bei mir hinterlassen hat, Revue passieren zu lassen ///

Ich beginne bereits schon etwas zu träumen, als der Film zu Ende geht. Der Abspann interessiert mich. Deswegen bleibe ich sitzen. Ich wundere mich über die lange Liste der Darsteller / Die vertraute Musik klingt aus, und das Licht im Kinosaal geht an / Ich bin beim Verlassen des Kinos noch ganz nachdenklich / Die wichtigsten Szenen begleiten mich auf meinem Heimweg. Sie werden mich sicher noch eine Weile beschäftigen ///

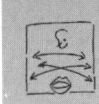

Ich kehre jetzt langsam in diesen Raum zurück / Mein kurze Reise durch meinen Körper beginnt bei meinen Füßen / In Gedanken wandere ich langsam, in meinem Tempo, von den Füßen aus durch die Beine bis zum Gesäß / Ich spüre den Stuhl, auf dem ich sitze / und die Lehne, die meinen Rücken hält / Meine Gedanken führen mich zur Schulter am Nacken vorbei bis hin zum Kopf / Ich atme jetzt wieder ganz bewusst und tief ein und aus / balle die Hände zu Fäusten / und öffne langsam meine Augen ///

Hinweis:
- Die Schrägstriche / symbolisieren jeweils unterschiedlich lange Sprechpausen.
- Leise, meditative Musik im Hintergrund kann die Entspannung fördern.

Nach Beendigung der Reise können Sie den „mitreisenden" Eltern folgende Anregung geben:
- Nehmen Sie die unterschiedlichen Gefühle wahr.
- Bleiben Sie bei Ihren Gefühlen und geben Sie ihnen Worte.
- Versuchen Sie nicht, die Gefühle zu bewerten; lassen Sie sie alle zu.
- Achten Sie einfach auf die Bilder, die vor Ihrem geistigen Auge entstehen. Und nehmen Sie diese mit nach Hause; etc.

Anlage 6

„Hausaufgaben" – Frage- und Motivationsbogen
Eine „Fasten-Übung": Im Spannungsbogen von Genuss – Gewohnheit – Abhängigkeit – Missbrauch – süchtiges Verhalten – Sucht

- *Welche Gewohnheit/Abhängigkeit entdecke ich bei mir?*
- *Was gewinne ich durch die Gewohnheit/ Abhängigkeit bzw. was verhindere ich durch sie?*
- *Welche Gewohnheit/Abhängigkeit sehe ich bei mir kritisch und möchte ich verändern?*
- *Kann ich eine Woche/oder mehrere Tage auf eine Gewohnheit verzichten?*
- *Was spüre ich beim Verzicht?*
- *Wie sabotiere ich meine Vorsätze?*
- *Wie geht es mir damit, wenn ich nicht einhalte, was ich mir vorgenommen habe?*
- *Welche Hilfen brauche ich, um diese Ziele zu erreichen?*
- *Was muss ich auf jeden Fall unterlassen?*
- *Welchen Gewinn hatte ich durch die Einhaltung der Fasten-Übung?*

Beispiele für mögliche Gewohnheiten/Abhängigkeiten/süchtiges Verhalten:

essen, rauchen, telefonieren, lesen, Bier/Wein/Kaffee trinken, fernsehen, im Internet surfen, putzen, Auto fahren, Musik hören, joggen, streiten, naschen, arbeiten, kaufen, …

Sie finden sicher noch mehr …

Vielleicht möchten Sie sich auch einmal eine Woche lang etwas erlauben, was Sie sich allgemein streng verbieten …

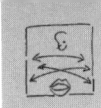

Anlage 7
Gefühlsbilder

Die auf den nächsten zehn Seiten folgenden Zeichnungen sind sehr vielfältig einsetzbar. Ursprünglich stammen sie aus der Arbeit mit Schülerinnen und Schülern. Seit 1995 setze ich sie auch in der Dialogischen Elternarbeit und in jeder Form von Multiplikatorenseminaren und Workshops ein. Für die Arbeit mit Gruppen können sie vergrößert und für die Einzelberatung verkleinert und am besten laminiert werden.

In Seminaren und Workshops werden die Bilder um die „Mitte" herum auf dem Boden ausgelegt. Die Teilnehmer werden gebeten, einmal aufzustehen, sich jedes Bild genau anzuschauen und letztendlich bei dem Bild stehen zu bleiben, auf dem sie sich entsprechend der jeweiligen Fragestellung momentan am besten wiedergegeben fühlen. In der Einzelberatung werden die Bilder auf dem Tisch verteilt und analog angewendet. Die Bilder helfen, sich leichter vor anderen zu öffnen. Das offene Sprechen über die eigenen Gefühle stärkt den Vertrauensraum oder den „Container" der Gruppe. Das wiederum fördert die Bereitschaft zum Dialog.

„Wirkliche Begegnungen können verzaubern und verwandeln; sie bringen die Welt in uns zum Klingen, gehen in Resonanz mit den eigenen Potenzialen und Fähigkeiten.

Wirkliche Begegnungen sind ein schützendes Dach für all das Keimende und Verletzliche in uns – sie sind ein Lebensgeschenk."

Karl Heinz Heilig

Hier einige Beispiele für Fragestellungen beim Einsatz der „Gefühlsbilder":

- Zum Ankommen in Seminarrunden, Workshops und in der Beratung: Wie bin ich hier? Was bringe ich mit? Wie geht es mir? Wer ist für meine Gefühle verantwortlich?

- Zum Abschluss eines Seminars, Workshops oder einer Beratung: Wie geht es mir jetzt? Wo stehe ich jetzt? Wie verlasse ich den Raum?

- Während eines Gruppen- bzw. Beratungsprozesses bezogen auf das Verhalten der Kinder, Partner, Kollegen der Teilnehmer etc.:
  - Wie wünsche ich mir, dass mein ....sein sollte/ sich verhalten sollte?
  - Bei welchem der abgebildeten Verhaltensweisen meiner/s...........ist bei mir eine Grenze erreicht, bin ich am Ende?

- Während eines Gruppen- bzw. Beratungsprozesses bezogen auf mich selbst:
  - Wie möchte ich (für meine Kinder, Partner, Kollegen) sein? Was möchte ich ausstrahlen/ verkörpern? Was halte ich für erstrebenswert?
  - Was stört mich an meinem eigenen Verhalten? Woran möchte ich konkret arbeiten? Was bin ich bereit, dafür zu tun?

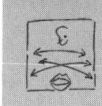

Niemand sollte bei ihren/ seinen Ausführungen unterbrochen werden. Das Gesagte wird nicht kommentiert. Nachfragen sind möglich. Es geht um Selbsteinschätzung. Und es handelt sich immer nur um eine Momentaufnahme.

Die Themen und Fragestellungen können in einer anschließenden Dialogrunde vertieft werden.

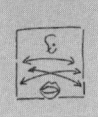

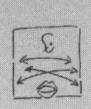

Anlage 8
Fantasiereise zum „eigenen Kind"

Ich nehme eine bequeme Sitzposition ein / die Füße berühren mit der ganzen Sohle den Boden / Ich schließe die Augen / Ich konzentriere mich ganz auf meine Atmung / Meine Gedanken kommen und gehen / Beim Ausatmen lasse ich sie einfach weiterziehen / Meine Arme hängen locker und entspannt von den Schultern herab und die Hände liegen auf den Oberschenkeln / Mein Körper entspannt sich jetzt / Ich lasse die Gesichtsmuskeln los //

Ich stelle mir vor, mein Kopf wird von einem unsichtbaren Faden gehalten, wie der Kopf einer Marionette // Ich brauche jetzt meinen Kopf nicht mehr aus eigener Kraft in der Balance zu halten / Jetzt entspannen sich Hals und Nacken // Die Entspannung wandert langsam den Rücken hinunter bis ins Becken / Von dort aus entspannen sich die Ober- und Unterschenkel / Die Entspannung fließt bis hinunter zu den Füßen ///

Ich stelle mir jetzt vor, ich wäre wieder ein Kind von etwa 11 bis 13 Jahren ///

Ich schaue mich um, wie es in unserer Wohnung, in meinem Zimmer aussieht // Spiele ich gerade oder bin ich bei den Hausaufgaben ? / Habe ich noch beide Eltern ? / Ich schaue mir die Bilder gut an //

Ich sehe mich, wie ich versuche, mit meinen Eltern in Kontakt zu kommen // Ich höre in meinem geistigen Ohr meine Eltern etwa Folgendes sagen:

Jetzt nicht, ich habe keine Zeit / Du bist noch zu jung, um das zu verstehen / Wir sprechen später darüber / Geh auf Dein Zimmer / ... Nicht bevor die Hausaufgaben fertig sind / Iss Deinen Teller leer / Ich schufte mich kaputt für Dich / Warte, bis Dein Vater nach Hause kommt / Tu jetzt, was ich Dir sage / Hier entscheide ich / Warum? – Weil ich es gesagt habe / Sitz gerade, lümmele nicht so herum / Was hast DU denn schon wieder gemacht? / Du bist doch schließlich noch ein Kind / Ich will wissen, mit wem Du Dich immer herumtreibst / Hör gefälligst zu, wenn ich mit Dir rede / Reiß Dich bloß zusammen – sonst kannst Du was erleben / Stell Dich nicht so dumm an / Halte den Mund / Das sind nicht die richtigen Freunde für Dich / Sei nicht so unverschämt / Du gehst jetzt sofort auf Dein

Zimmer und ziehst Dir etwas Ordentliches an / Das habe ich Dir schon fünfundzwanzigmaaaal gesagt / Mach endlich die Glotze aus / Mach die Musik leiser / Ich nehme Dir gleich Dein Handy weg / Kannst Du den gar nichts Vernünftiges machen? / Jetzt aber raus mit Dir, verdammt noch mal / Mutti ist ganz enttäuscht von dir / Na schön, dann kriegst Du, was Du verdient hast / Ich will doch nur Dein Bestes, aber alles kann ich einfach nicht akzeptieren an Dir ///

Ich gehe meinen Gefühlen noch einmal nach, die mir bei diesen Worten hochkamen ///

Ich fühle die Schmerzen und die Verletzungen über das Unverständnis meiner erwachsenen Erzieher ///

Ich kehre jetzt langsam in diesen Raum zurück / Meine kurze Reise durch meinen Körper beginnt bei meinen Füßen / In Gedanken wandere ich langsam, in meinem Tempo, von den Füßen aus durch die Beine bis zum Gesäß / Ich spüre den Stuhl, auf dem ich sitze / und die Lehne, die meinen Rücken hält / Meine Gedanken führen mich zur Schulter am Nacken vorbei bis hin zum Kopf / Ich atme jetzt wieder ganz bewusst und tief ein und aus / Balle die Hände zu Fäusten / und öffne langsam meine Augen ///

Hinweise:
- *Die Schrägstriche / symbolisieren jeweils unterschiedlich lange Sprechpausen.*
- *Leise meditative Musik im Hintergrund kann die Entspannung fördern.*
- *Die Musik sollte noch etwas länger laufen als die Fantasiereise dauert, damit alle Eltern Zeit haben, sich wieder zu sammeln.*

Nach Beendigung der Reise können Sie den „mitreisenden" Eltern folgende Anregungen geben:
- *Nehmen Sie die unterschiedlichen Gefühle wahr.*
- *Bleiben Sie bei Ihren Gefühlen und geben Sie ihnen Worte.*
- *Versuchen Sie nicht, die Gefühle zu bewerten; lassen Sie alle zu.*
- *Achten Sie einfach auf die Bilder, die vor Ihrem geistigen Auge entstehen. Und nehmen Sie diese mit nach Hause; etc.*

Anlage 9
Beispiele für „angemessen ungewöhnliche Fragen"

Fragen schaffen nach systemischem Verständnis neue Informationen für die Gesprächspartner, sie ermöglichen Verhaltensänderungen und helfen, Lösungen zu finden anstelle von neuem Problembewusstsein (gemeinsame Suche nach Ressourcen, Fokus auf das, was funktioniert, keine „Warum?"-Fragen).

zeitlich

War das schon immer so?

Wie lange glauben Sie, wird es so bleiben?

Gab es eine Zeit, wo es .... besser ging?

Ausnahmen Seit wann haben Sie diese Erklärung für Ihr Problem?

In welchen Situationen geht es ... besser? Was machen Sie dann anders?

Wann haben Sie guten Kontakt zu Ihrem Kind?

In welchen Situationen haben Sie das Problem nicht? Wie erklären Sie sich das?

Was muss passieren, damit das Problem nicht auftritt?

räumlich Was haben Sie als hilfreich/nützlich erlebt?

Ist das .... zu Hause auch so?

Bezugspersonen Ist das .... überall so?

Wie verhält sich ... bei anderen Personen?

Mit wem kommt ... am besten zurecht?

Wer kommt mit ... am besten zurecht? Was ist da anders?

Was glauben Sie, wie sich Ihr Kind/Partner fühlt; wenn ...?

Wunderfrage Was würden Sie sich von ... wünschen?

Angenommen, es würde nachts ein Wunder geschehen und das Problem wäre verschwunden, was werden Sie am nächsten Morgen anders wahrnehmen?

Was müssten Sie machen, um so zu tun, als sei das Wunder geschehen?

Wenn Sie das ... machen würden, was wäre die erste Veränderung, die Sie feststellen würden?

Aus: Winfried Palmowski 1997, Der Anstoß des Steines, Dortmund, S. 104ff.

Wenn-/Wann-Fragen	Wann werden Sie sich entscheiden …?
	Wenn dieses Problem gelöst sein wird …, was wird dann anders sein?
	Wenn Sie es schaffen, der Einladung zu einem Wutanfall nicht zu folgen, Was werden Sie dann anders gemacht haben?
Zukunft	Wie glauben Sie, wird die Situation in drei Monaten aussehen?
	Wann haben Sie beschlossen, es … als ein Problem zu betrachten?
	Wann werden Sie entscheiden, es anders zu sehen?
Wunsch	Wie möchten Sie es denn am liebsten haben? Wie wäre der ideale Zustand für Sie, wie müssten Sie sich selber ändern, damit das eher möglich ist?

„Das Leben ist ein Theaterstück ohne vorherige Proben. Darum: singe, lache, tanze und liebe…
Und lebe jeden einzelnen Augenblick deines Lebens, bevor der Vorhang fällt und das Theaterstück ohne Applaus zu Ende geht."

Charlie Chaplin

Literatur

ANTONOVSKY, A., (1997), Salutogenese - Zur Entmystifizierung der Gesundheit, Dt. erw. Hrsg. Alexa Franke, Tübingen,

BAACKE, D., SCHULZE, Th., (1993), Aus Geschichten lernen - Zur Einübung pädagogischen Verstehens, Weinheim,

BALLREICH, R., (2000), Problemlösen im Dialog, in: Agogik, Zeitschrift für Fragen sozialer Gestaltung, Bern-Stuttgart-Berlin,

BARKHOLZ, U., ISRAEL, G., PAULUS, P., POSSE, N., (1998), Gesundheitsförderung in der Schule, Soest,

BATESON, G., (1981), Ökologie des Geistes - Anthropologische, psychologische, biologische und epistemologische Perspektiven, Frankfurt/M.,

BENGEL, J., STRITTMATTER, R., WILLMANN, H., (2000), Was erhält Menschen gesund? Antonovskys Modell der Salutogenese, Diskussionsstand und Stellenwert, Köln,

BERGMANN, W., (2009), Warum unsere Kinder ein Glück sind – So gelingt Erziehung heute, Weinheim/Basel,

BERGGÖTZ, A., LAVES, U., (2007), Kinder respektvoll berühren – Ein Begleitbuch für Kindermassage „Berührung mit Respekt®", Hildesheim,

BOHM, D., (1996), Der Dialog, Das offene Gespräch am Ende der Diskussion, Stuttgart,

BUBER, M., (1962), Werke - Erster Band Schriften zur Philosophie, München,

BUBER, M., (1986), Begegnung - Autobiografische Fragmente, Gerlingen,

BUBER, M., (1993), Auf die Stimme hören, München,

BUBER, M., (1994), Ich und Du, Gerlingen,

BUBER, M., (1995), Reden über Erziehung, Gerlingen

BUBER, M., (1997), Das Dialogische Prinzip, Gerlingen,

BUBER, M., (1998), Alles wirkliche Leben ist Begegnung, München,

BUBER, M., (1999), Der Weg des Menschen nach der chassidischen Lehre, Gütersloh,

BUBER, M., (1996), Buber für Atheisten: ausgewählte Texte, hrsg. und kommentiert von Thomas Reichert, Gerlingen,

BUROW, O.A., (2011), Positive Pädagogik, Sieben Wege zu Lernfreude und Schulglück, Weinheim,

CANACACKIS, J., (1995), Ich sehe deine Tränen - Trauern, Klagen, Leben können, Stuttgart,

CANETTI, E., (1989), Die Provinz des Menschen, Das Geheimherz der Uhr - Aufzeichnungen 1942- 1985, München,

DE MELLO, A., (2002), Geschichten, die gut tun - Weisheit für jeden Tag, Freiburg,

DOUBRAWA, E., (2002), Die Seele berühren - Erzählte Gestalttherapie, Wuppertal,

DOUBRAWA, E., STEAMMLER, F.-M., (1999), Heilende Beziehung - Dialogische Gestalttherapie, Wuppertal,

FRANKE-GRICKSCH, M., (2002), Du gehörst zu uns! - Systemische Einblicke und Lösungen für Lehrer, Schüler und Eltern, Heidelberg,

ENDE, M., (2002), Momo, Stuttgart,

FRANKL, V. E., (1999), Theorie und Therapie der Neurosen, München,

FRESE, H.L., (2002), Kinder sind Philosophen, Weinheim,

FRIEDENTHAL-HAASE, M., KOERRENZ, R., (Hrsg.), (2005), Martin Buber: Bildung, Menschenbild und Hebräischer Humanismus, Paderborn,

FRIEDMAN, M., (1987), Der heilende Dialog in der Psychotherapie, Köln,

FUHR, R., GREMMLER-FUHR, M., (1991), Dialogische Beratung, Person - Beziehung - Ganzheit, Köln,

GIBRAN, K., (1995), Der Prophet, Düsseldorf,

GRÜN, A., (2005), Das kleine Buch vom guten Leben, Freiburg,

HAFIS, (2002), Die Liebe erleuchtet den Himmel, Düsseldorf & Zürich,

HARTKEMEYER, M.& J.F., DHORITY, L. F., (1998), Miteinander Denken - Das Geheimnis des Dialogs, Stuttgart,

HARTKEMEYER; J.& M., DHORITY, L. F., (2002), in: Grundlagen der Weiterbildung, Neuwied,

HARTKEMEYER, J.& HARTKEMEYER, M:, (2005), Die Kunst des Dialogs – Kreative Kommunikation entdecken, Stuttgart,

HENRY-HUTHMACHER, CH., BORCHARD, M., Hrsg., (2008), Eltern unter Druck – Selbstverständnisse, Befindlichkeiten und Bedürfnisse von Eltern in verschiedenen Lebenswelten, Eine sozialwissenschaftliche Untersuchung von Sinus Soziovision im Auftrag der Konrad-Adenauer-Stiftung e.V., Stuttgart,

HENRY-HUTHMACHER, CH., HOFFMANN, E., Hrsg. (2009), Wie erreichen wir Eltern? Aus der Praxis für die Praxis, Veröffentlichung der Konrad-Adenauer-Stiftung, Sankt Augustin/Berlin,

HESSE, H., (2002), Siddhartha, Frankfurt,

HÜTHER, G., (2011), 7. Aufl., Was wir sind und was wir sein könnten: Ein neuro-biologischer Mutmacher, Frankfurt,

HÜTHER, G., (2012), 11. Aufl., Biologie der Angst. Wie aus Stress Gefühle werden, Göttingen

HYCNER, R., (1989), Zwischen Menschen, Ansätze zu einer Dialogischen Psychotherapie, Köln,

ISAACS, W., (2011), Dialog als Kunst, gemeinsam zu denken, Dia neue Kommunikationskultur in Organisationen, Bergisch Gladbach,

JUNG, M., (2004) Mut zum Ich – Auf der Suche nach dem EigenSinn, München,

JUNG, M., (2005), Der kleine Prinz in uns – Auf Entdeckungsreise mit Saint Exupery, Düsseldorf,

JUNG, M., GERSTENBERG, A., (2005), Alles blüht um mich her – Erinnerungen an Ingo Gerstenberg, Dan-Casriel-Institut „Hirsenmühle", Hadamar,

JUUL, J., (2003), Das kompetente Kind, Hamburg,

JUUL, J., JENSEN, H., (2004a), Vom Gehorsam zur Verantwortung – Für eine neue Erziehungskultur, Düsseldorf & Zürich,

JUUL, J., (2004b), Grenzen, Nähe, Respekt – Wie Eltern und Kinder sich finden, Hamburg,

KABAT-ZINN, M. & J., (2004), Mit Kindern Wachsen – Praxis der Achtsamkeit in der Familie, Freiamt,

KINDERMANN, W., (1991), Drogen - Abhängigkeit Missbrauch Therapie, München,

KORCZAK, J., (2002), Das Recht des Kindes auf Achtung, Gütersloh,

KORCZAK, J., (2002), Wie liebt man ein Kind – Das Kind in der Familie, Gütersloh,

KIVEL, P., (1993), Adultismus, in: Die Gewalt stoppen, Mühlheim an der Ruhr,

KRAUSE, H. U., RÄTZ-HEINISCH, R., (2009), Soziale Arbeit im Dialog gestalten – Theoretische Grundlagen und methodische Zugänge einer dialogischen Sozialen Arbeit, Opladen & Farmington Hills

KRONE, W., (1992), Zur Erziehung des Erziehers - Behaviorismus - Psychoanalyse - Humanistische Psychologie, Frankfurt/M.,

KRONE, W., (1993), Martin Buber - Erziehung unter dem Radikalanspruch mitmenschlicher Verantwortung, Frankfurt/M.,

KURTZ, E., KETCHAM, K., (2006), Die Spiritualität der Unvollkommenheit, Goch,

KURZ, W., (1986), Menschenbild und therapeutische Zielsetzung - Die Bedeutung der Logotherapie für die Suchttherapie, in: Sinnfrage und Suchtprobleme, Hamm,

LAIR, J.C., LECHLER W. H., (1996), Von mir aus nennt es Wahnsinn - Protokoll einer Heilung, Stuttgart,

LECHLER, W. H., (1994), So kann's mit mir nicht weitergehen, Neubeginn durch spirituelle Erfahrung in der Therapie, Stuttgart,

LIEVEGOED, B., (1979), Lebenskrisen - Lebenschancen, München,

MAREK, J., SCHOPP, J., (2010a), Würde und Respekt als Dialogische Qualität - Ein Zwischenruf, in: Zeitschrift für systemische Therapie und Beratung, Dortmund,

MATURANA, H.R., PÖRKSEN, B., (2002), Von Sein zum Tun - Die Ursprünge der Biologie des Erkennens, Heidelberg,

MÖLLER, M. L., (1994), Die Wahrheit beginnt zu zweit - Das Paar im Gespräch, Hamburg,

MUTH, C., (1998), Erwachsenenbildung als transkulturelle Dialogik, Schwalbach/Ts.,

MUTH, C., Hrsg., NAURATH; A., (2008), Dialog und Diagnostik - Ein praxisorientiertes Handbuch für Lehrende, Wien,

MUTZECK, W., (1996), Grundlagen und Methoden der Beratung und Supervision, Weinheim,

MUTZECK, W., (1996), Kooperative Beratung - Grundlagen und Methoden der Beratung und Supervision, Weinheim,

PREKOP, I., SCHWEIZER, C., (2000), Kinder sind Gäste, die nach dem Weg fragen – ein Elternbuch, München,

OMER, H., SCHLIPPE A. v., (2003) Autorität ohne Gewalt – Coaching für Eltern von Kindern mit Verhaltensproblemen, „Elterliche Präsenz" als systemisches Konzept, Göttingen,

OMER, H., SCHLIPPE A. v., (2004) Autorität durch Beziehung – Die Praxis des gewaltlosen Widerstands in der Erziehung, Göttingen,

ON DIALOGUE, (1995), Dialog – Newsletter - Die Chance gebündelten Denkens, Salzburg,

PALMOWSKI, W., (1995/96), Der Anstoß des Steines - Systemische Beratungsstrategien im schulischen Kontext, Dortmund,

PALMOWSKI, W., (1998), Anders handeln - Lehrerverhalten in Konfliktsituationen, Dortmund

PETZOLD, TH. D., (2010), Praxisbuch Salutogenese - Warum Gesundheit ansteckend ist, München

PETZOLD, TH. D., Lehmann, N., (Hrsg.), (2011), Kommunikation der Zukunft - Sa-lutogenese und Resonanz, Bad Gandersheim,

POLLAK, K., (2008), Durch Begegnung wachsen – Für mehr Achtsamkeit und Nähe im Umgang mit Anderen, München

PORTELE, H.,(1994), Martin Buber für Gestalttherapeuten, in: Gestalttherapie, 8. Jahrgang, Heft 1, Düsseldorf,

REIFARTH, W., (1989), Grenzüberschreitungen - Zur Praxis und Theorie selbsterfahrungsbezogener Lernprozesse, Frankfurt/M.,

REIFARTH, W., u. SCHERPNER, M., (1993) Der Elefant - Texte für Beratung und Fortbildung, Frankfurt/M.,

REIFARTH, W., (1997), Das Enneagramm - Idee Dynamik Dimension, Frankfurt/M.,

REIFARTH, W., (2009), Wie anders ist der Andere? - Enneagrammatische Einsichten, Berlin,

REMEN, R., N., (2002), Aus Liebe zum Leben – Geschichten, die der Seele gut tun, Kempten,

REMEN, R., N., (2007), Kitchen Table Wisdom – Geschichten, die heilen, München,

SAGEBIEL, J., (1994), Persönlichkeit als pädagogische Kompetenz in der beruflichen Weiterbildung, Frankfurt/M.,

SATIR, V., (1994), Kommunikation, Selbstwert, Kongruenz, Paderborn,

SCHARMER, C. O., (2011), 2. erweiterte Auflage, Theorie U - Von der Zukunft her führen, Presencing als soziale Technik, Heidelberg,

SCHIFFER, E., (2001), Wie Gesundheit entsteht - Salutogenese: Schatzsuche statt Fehlerfahndung, Weinheim,

SCHINDLER, H., SCHLIPPE A. v., (2005), Anwendungsfelder systemischer Praxis – Ein Handbuch, Dortmund,

SCHLIPPE, A., v., SCHWEITZER, J., (1996), Lehrbuch der systemischen Therapie und Beratung, Göttingen,

SCHMIDT-LELLEK, CHR.J., (2006), Ressourcen der helfenden Beziehung, Modelle dialogischer Praxis und ihre Deformationen, Köln,

SCHOPP, J. (2004), Elterntreffen im Dialog, in: TPS/Theorie und Praxis der Sozialpädagogik, 8, S. 34-36, Hannover,

SCHOPP, J. (2005a), ELTERN STÄRKEN - Dialogische Elternseminare - in: Thema Jugend, Zeitschrift für Jugendschutz und Erziehung, Nr. 2/2005, S. 14 ff., Münster,

SCHOPP, J. (2005b), Eltern Stärken - Dialogische Elternseminare - in: forum Erwachsenenbildung, Beiträge und Berichte, 2/2005, S. 55 ff., Frankfurt/M.,

SCHOPP, J. (2005c), Wenn radikaler Respekt zum Leitsatz wird, in: HARTKEMEYER, J. & HARTKEMEYER, M:, Die Kunst des Dialogs - Kreative Kommunikation entdecken, S. 119 ff., Stuttgart,

SCHOPP, J., (2006b) Bildungsungewohnte Menschen - die gibt es für mich gar nicht! Interview in Jugendhilfe aktuell, 3/2006, Münster,

SCHOPP, J., (2006c) (Mit) Eltern im Dialog - Wie eine respektvolle Atmosphäre echte Begegnung ermöglicht, in TPS/Theorie der Sozialpädagogik, 7/2006, Darmstadt,

SCHOPP, J., (2006d) Elternseminare - Ein gleichwürdiger Dialog, in PÄDAGOGIK, Heft 9/2006, Weinheim,

SCHOPP, J., Bozkurt, F., (2006e), Martin Bubers Dialogphilosophie in der Praxis mit Migrantinnen, in systhema, Heft 3, 2006, Weinheim,

SCHOPP, J., Wehner, J., (2007a), Dialogfähigkeit in der Elternbildung nach dem Konzept ELTERN STÄRKEN in Teheran, 2007, Seminarbericht, Dortmund,

SCHOPP, J., (2008a), Von oben sehe ich, wie nahe wir Menschen eigentlich beieinander sind - Dialogische Elternbildung in der Praxis, Johannes F. Hartkemeyer im Gespräch mit Johannes Schopp, Osnabrück,

SCHOPP, J., Grabowsky, K., (2008b), ELTERN STÄRKEN - Jugendamt und Eltern im Dialog, Ein innovatives Konzept aus Dortmund, Abschlussbericht des 8. Präventionstags, Berlin,

SCHOPP, J., Wehner, J., (2008c), Bitte nicht helfen - es ist schon schwer genug! - Dialog zwischen Jana Wehner, Johannes Schopp und Martina Leshwange über das Konzept ELTERN STÄRKEN, in Jugendhilfereport 3/2008, Köln,

SCHOPP, J., Wehner, J., (2008d), Eltern Stärken - Erfahrungen in Teheran, Persönliche Eindrücke, in Jugendhilfereport 3/2008, Köln,

SCHOPP, J., (2008e), Nicht Belehren - Dialogische Haltung, in Kinderschutz aktuell, 3/2008, Berlin,

SCHOPP, J., (2010), 3. völlig überarbeitete Aufl., Eltern Stärken - Die Dialogische Haltung in Seminar und Beratung. Ein Leitfaden für die Praxis, Opladen,

SCHOPP, J., MAREK, J., (2011), Der Dialog als Inspirationsquelle - Erfahrungen mit Eltern in der Beratung und im Seminar – ein Paradigmenwechsel in: Sozial Extra 9/10, S. 37 ff.

SENGE, P., (1996), Die Fünfte Disziplin - Kunst und Praxis der lernenden Organisation, Stuttgart,

SMITH, SH., (1994), Wege in die Freiheit- Durchbrechen Sie den Teufelskreis von Co-Abhängigkeit und Sucht, Berlin,

SPECK, O., (1983), Frühförderung mit Eltern, Basel,

TSCHÖPE-SCHEFFLER, S., (2003a), Fünf Säulen der Erziehung – Wege zu einem entwicklungsfördernden Miteinander von Erwachsenen und Kindern, Mainz,

TSCHÖPE-SCHEFFLER, S., (2003b), Elternkurse auf dem Prüfstand - Wie Erziehung wieder Freude macht, Opladen,

TSCHÖPE-SCHEFFLER, S., (2004), Qualitätsanfragen an Elternkurse – wie man Konzepte leichter beurteilen kann, in: Theorie und Praxis der Sozialpädagogik, 8/2004), S. 4 -7, Hannover,

TSCHÖPE-SCHEFFLER, S., (2005a), Konzepte der Elternbildung – eine kritische Übersicht, Opladen,

TSCHÖPE-SCHEFFLER, S., (2005b), Perfekte Eltern und funktionierende Kinder? – Vom Mythos der „richtigen" Erziehung, Opladen,

TSCHÖPE-SCHEFFLER, S., (2012): Starke Eltern - starke Kinder, in: Sozialpädagogische Impulse, Bundesinstitut für Sozialpädagogik, Baden, S.14–16

TSCHÖPE, H. TSCHÖPE-SCHEFFLER, S., (2012), Große Kraft in kleinen Dingen - Spiritualität im Zusammenleben mit Kindern, Düsseldorf,

WAIS, M., (1995), Über den roten Faden im Lebenslauf des Menschen, Esslingen,

WAIS, M., (2002), Suchtprävention beginnt im Kindesalter – Erziehung als Begleitung zur Eigenständigkeit, Stuttgart, Berlin,

WATZLAWICK, P. (1996), Menschliche Kommunikation - Formen, Störungen, Paradoxien, Bern,

WATZLAWICK, P., (1997), Vom Unsinn des Sinns oder von Sinn des Unsinns, München,

ZIMMERMANN, J., COYLE, V., (2010), Der große Rat, Das Council - mit dem Herzen hören und sprechen, den Kreis erweitern, Freiburg im Breisgau

„Zu verlangen, daß einer alles, was er je gelesen hat, behalten haben sollte, ist wie verlangen, daß er alles, was er je gegessen hat, noch in sich trage. Er hat von diesem leiblich und von jenem geistig gelebt und ist dadurch geworden, was er ist."

Arthur Schopenhauer